高等职业教育"十三五"规划教材

大学生就业指导与实训

主　编　林咏君　谭炯玲
副主编　李小宁　赵玲霞　曾　妍

北京邮电大学出版社
www.buptpress.com

内容简介

本书从目前高职生的就业环境和就业形势着手分析,依据大学生成长过程和择业需求分为认知就业、把握就业信息与制订就职计划、求职简历与求职礼仪、求职方式与应对技巧、劳动关系与权益保护、毕业流程、大学生自主创业之路、职业素养提升等模块进行了详细论述,中间穿插了丰富的案例和延伸阅读,对广大青年学生提升自我素质、明确职业规划、培养创业素养、提高就业适应性具有良好的指导作用;对从事大学生就业指导的教师和有关人员也具有较高的参考价值。

图书在版编目(CIP)数据

大学生就业指导与实训 / 林咏君,谭炯玲主编. -- 北京:北京邮电大学出版社,2016.8(2019.7重印)
ISBN 978-7-5635-4904-7

Ⅰ.①大… Ⅱ.①林… ②谭… Ⅲ.①大学生－就业－高等职业教育－教材 Ⅳ.①G647.38

中国版本图书馆 CIP 数据核字(2016)第 193333 号

书　　　名：	大学生就业指导与实训
著作责任者：	林咏君　谭炯玲　主编
责 任 编 辑：	满志文　穆晓寒
出 版 发 行：	北京邮电大学出版社
社　　　址：	北京市海淀区西土城路 10 号 (邮编:100876)
发　行　部：	电话:010-62282185　传真:010-62283578
E-mail：	publish@bupt.edu.cn
经　　　销：	各地新华书店
印　　　刷：	北京鑫丰华彩印有限公司
开　　　本：	787 mm×1 092 mm　1/16
印　　　张：	13.5
字　　　数：	348 千字
版　　　次：	2016 年 8 月第 1 版　2019 年 7 月第 6 次印刷

ISBN 978-7-5635-4904-7　　　　　　　　　　　　　　　　　　　　定　价:36.00 元
· 如有印装质量问题,请与北京邮电大学出版社发行部联系 ·

前　　言

高校毕业生是我国重要的人力资源,是中国特色社会主义事业建设的重要力量,也是国家和民族的希望与未来。随着我国高等教育大众化步伐的加快,越来越多的年轻人走进大学校园,随之而来的是每年数以百万计的高校毕业生走向社会。据不完全统计,2016年全国高校毕业生770万人以上,再加上出国留学回来的约30万海归,以及之前没有找到工作的往届毕业生,全国有1000多万大学生同时竞争。

不断增加的就业人数使高校毕业生的就业形势愈加严峻。党的十八大报告明确提出,"就业是民生之本",并特别强调"要做好以高校毕业生为重点的青年就业工作"。可见,高校毕业生的就业工作已经成为关乎国计民生和推动社会主义和谐社会建设的重要工作。

按照上级要求,就业指导课程成为高校学生的必修课程;根据现实需求,高校面向毕业生开展就业创业指导及服务工作。种种措施之下,理论与实践脱节、对自身缺乏认知、对未来缺少规划、求职知识与技巧匮乏等问题依然凸显。高校毕业生找不到"合适的单位"、单位找不到"合适的高校毕业生"这样"两两相怨"的情境仍然存在。基于此,近年来,大学生就业指导课程被越来越多的高校所重视。

《礼记·中庸》有言:"凡事预则立,不预则废。"成功的职场人士应该从在校生开始准备。本书结合大学生就业现状,以活泼的文字和学练结合的形式,概要介绍我国大学生的就业创业制度与政策、求职准备、应聘技巧、职场情商的培养、就业权益保护等。旨在帮助大学生对自己的就业生涯作出理性思考,为进入职场做好准备。

本书是集体智慧的结晶:由南华工商学院林咏君任主编,具体分工如下:林咏君负责编写第三、第八章,李小宁负责编写第一、第七章,谭炯玲负责编写第二、第五章,赵玲霞负责编写第四章,曾妍负责编写第六章。林咏君对全书进行统稿整合和再次修订。

本书在编写中参考了一些相关资料,在此我们对相关作者表示感谢。由于编写时间仓促,加之编者水平有限,疏漏之处在所难免,敬请广大读者批评指正!

编　者

目　　录

第一章　认知就业 ……………………………………………………………… 1

第一节　大学·专业 …………………………………………………………… 1
一、大学 ………………………………………………………………………… 1
二、专业 ………………………………………………………………………… 3
三、职业 ………………………………………………………………………… 5

第二节　大学生需要职业生涯规划 …………………………………………… 7
一、职业生涯规划的含义 ……………………………………………………… 7
二、职业生涯规划的原则 ……………………………………………………… 8
三、职业生涯规划的步骤 ……………………………………………………… 8
四、入职后的职业生涯规划阶段 ……………………………………………… 9
实践训练营 ……………………………………………………………………… 10

第三节　大学生就业政策与就业项目 ………………………………………… 11
一、基层就业项目 ……………………………………………………………… 11
二、升学深造 …………………………………………………………………… 24
三、应征入伍 …………………………………………………………………… 27
四、公务员招录 ………………………………………………………………… 29

第二章　运筹帷幄——把握就业信息与制订求职计划 ……………………… 34

第一节　职业环境认知 ………………………………………………………… 34
一、企业类型与行业 …………………………………………………………… 34
二、企业招聘与用工形式 ……………………………………………………… 36
实践训练营 ……………………………………………………………………… 38

第二节　信息准备 ……………………………………………………………… 38
一、求职途径 …………………………………………………………………… 38
二、招聘陷阱 …………………………………………………………………… 42
实践训练营 ……………………………………………………………………… 44

第三节　就业心理调查 ………………………………………………………… 45
一、就业心理调查 ……………………………………………………………… 45
二、求职中常见的心理问题 …………………………………………………… 46
三、求职者应具备的心理素质 ………………………………………………… 48

四、求职心理调适 ……………………………………………………………… 50
　　实践训练营 ………………………………………………………………………… 52

第三章　精心准备，自我包装——求职简历与求职礼仪 ……………………… 56

第一节　求职信 ………………………………………………………………… 56
　　一、什么是求职信 ………………………………………………………………… 56
　　二、求职信的格式和写作要点 …………………………………………………… 56
　　三、如何制作求职信 ……………………………………………………………… 57
　　四、求职信写作的注意事项 ……………………………………………………… 58
　　五、求职信案例分析 ……………………………………………………………… 59

第二节　简历制作 ……………………………………………………………… 62
　　一、简历几问 ……………………………………………………………………… 62
　　二、简历的种类 …………………………………………………………………… 62
　　三、简历的撰写 …………………………………………………………………… 63
　　实践训练营 ………………………………………………………………………… 72
　附件1　简历模板 …………………………………………………………………… 73
　附件2　就业推荐表 ………………………………………………………………… 77

第三节　自我包装 ……………………………………………………………… 80
　　一、个人形象包装 ………………………………………………………………… 81
　　二、面试礼仪 ……………………………………………………………………… 84
　　实践训练营 ………………………………………………………………………… 88

第四章　有备而来，高下立现——求职方式与应对技巧 ………………………… 89

第一节　笔试 …………………………………………………………………… 89
　　一、常见的笔试类型 ……………………………………………………………… 89
　　二、笔试前的准备 ………………………………………………………………… 91
　　三、笔试时注意事项及技巧 ……………………………………………………… 91
　　四、笔试题型 ……………………………………………………………………… 92
　　实践训练营 ………………………………………………………………………… 96

第二节　面试 …………………………………………………………………… 97
　　一、常见的面试类型 ……………………………………………………………… 97
　　二、面试技巧 ……………………………………………………………………… 99
　　三、常见的面试题目 ……………………………………………………………… 101
　　四、体验求职面试 ………………………………………………………………… 105

第三节　求职模拟实训 ………………………………………………………… 108
　　一、招聘广告分析 ………………………………………………………………… 108
　　二、35个经典面试问题 …………………………………………………………… 108
　　三、模拟面试 ……………………………………………………………………… 109

四、无领导小组讨论 ·· 109
　　实践训练营 ·· 109

第五章　白纸黑字——劳动关系与权益保护 ·· 112

　第一节　签订《全国普通高等学校毕业生就业协议书》 ······························· 112
　　一、《就业协议书》的作用 ·· 112
　　二、签订《就业协议书》的程序 ·· 113
　　三、签订《就业协议书》的注意事项 ·· 113
　第二节　签订《劳动合同》 ·· 114
　　一、《就业协议书》与《劳动合同》的异同 ·· 114
　　二、签订《劳动合同》的注意事项 ·· 115
　　三、劳动合同中常见问题解答 ·· 116
　　附件1：劳动合同范例 ··· 119
　　附件2：就业协议书 ··· 123
　　附件3：中华人民共和国劳动合同法 ·· 124
　第三节　权益与义务 ·· 133
　　一、社会保险 ·· 133
　　二、劳动争议 ·· 136
　　实践训练营 ·· 140
　　三、明辨职责 ·· 142
　　实践训练营 ·· 144
　　四、信守规矩 ·· 145
　　实践训练营 ·· 147

第六章　离校——毕业流程 ·· 149

　第一节　毕业派遣 ·· 149
　　一、就业指导部门的工作程序 ·· 149
　　二、派遣 ··· 150
　　三、暂缓就业 ·· 152
　　四、毕业生改派 ·· 152
　　五、结业生 ··· 153
　　六、升学等特殊情况 ··· 153
　第二节　毕业生毕业流程与离校报到 ·· 153
　　一、毕业生毕业流程 ··· 153
　　二、毕业生离校、报到须知 ··· 154
　第三节　毕业生登记表与毕业生档案 ·· 156
　　一、毕业生登记表 ··· 156
　　二、毕业生档案 ·· 164

第七章　升华——大学生自主创业之路 165

第一节　创业概述 165
一、创业的含义 165
二、创业的基本类型 165
三、创业的动机和原因 166

第二节　大学生创业素质 166

第三节　创业素质的提升 169
一、学习创业知识 169
二、参加创业社团 169
三、访谈创业人士 169
四、投入创业实践 169

第四节　创业计划书的撰写 170
实践训练营 171
一、创办市场主体基本流程 172
二、创业优惠政策 176

第八章　职业素养提升 181

第一节　工作态度 181
一、正确的工作态度的重要性 181
二、树立正确的工作态度 183
三、正确工作态度的表现 186
实践训练营 187

第二节　人际交往、沟通能力 188
一、人际交往沟通能力的含义和功能 188
二、提高人际交往沟通能力 189
实践训练营 192

第三节　团队精神与团队合作能力 193
一、团队精神与团队合作能力的含义要点 193
二、培养团队精神与团队合作能力 195
实践训练营 196

第四节　自我管理 197
一、时间管理 197
二、情绪管理 201
三、压力管理 203
实践训练营 205

第一章 认知就业

第一节 大学·专业

有人说：

小学时："你要是不好好读书，将来就考不上初中。"

初中时："你要是不好好读书，将来就考不上高中。"

高中时："你要是不好好读书，将来就考不上大学。"

大学时："你要是不好好读书，将来就找不到工作。"

工作时："你在学校的时候就只知道读书吗？真傻！"

当我们带着录取通知书走进大学校园，便开始了大学生涯。那么我们在大学应该读什么？有人说学知识、读专业，学好专业知识就能找到一份好工作，而事实呢？当年所谓的"天之骄子"已经逐渐成为就业的困难群体之一，随便一个人都可以不屑地说："大学生满地都是"。当用人单位一次又一次退回我们的求职简历，或者给我们提供的薪水少得可怜时，我们可能就会想：读了大学跟不读大学——读高中、读技校有什么区别。

一、大学

"所谓大学者，非谓有大楼之谓也，有大师之谓也。"——梅贻琦

大学与中学区别在哪儿？学校的占地面积不同，中学不过几十亩，大学动辄数千亩；专业课程设置不同，中学最多分成文科和理科，大学却分成五花八门的院系、专业；上课的方式不同，中学每个班都有固定的教室，早晚自习也都要乖乖地坐在各自的座位上，大学却很少有固定的教室，往往是在这栋楼上完一节课再赶往另一栋楼上下一节课，自习也很少是强制性的。毕业后的出路也不同，中学都以升学为目的，大学却没必要把考研当成唯一的出路……然而，所有这一切都不是大学与中学的根本区别。中学生是在高考的指挥棒下读书，衡量学习成绩好坏的唯一标准就是考试分数。考试是有标准答案的，答案的唯一性决定了中学更多的不是学能力，而是学知识。知识是确定的，是不允许质疑的。例如，秦朝建立于公元前221年，我们要说是公元前222年就不得分。大学却没有同高考一样的考试大纲，大学的考试不再像中学一样用标准答案来确定我们的分数。秦朝为什么灭亡？当我们试着用一篇论文来回答这个问题时，如果所有的观点都是教材上已有的，或者是他人的论文已经阐述过的，那么我们的论文就没有任何价值。

如果说中学是学习已有的、确定的知识，大学则是利用掌握的知识去探索未知的、不确定的知识；中学老师告诉我们前人发现并解决了什么问题，大学则需要我们自己独立地去发现问

题、解决问题。学习已有的知识需要"信",探索未知的知识则需要"疑"。这是两种截然不同的学习方式,也是大学与中学最根本的区别所在。

中学学得好不好,高考说了算;大学学得好不好,用人单位说了算。究竟如何才算学得好呢?

下面是一位应届毕业生张小姐的求职经历:

大学临近毕业,就业形势相当严峻,而我又属于运气最差的那类。

第一次,有家电器公司通知我面试。出门前因打扮得太久,加上路上堵车,结果我整整迟到了一个小时。工作人员扬起手上一堆报名表对我说:"小姐,你不适合做员工,适合做老总。"

第二次,我素面朝天地提前来到一家礼仪公司,可工作人员依然摇着头对我说:"注重仪表是对别人的尊重,你在学校没有学过吗?"

几天后,一家英国公司的招聘广告让我重新打起精神。这次的应聘与前两次都不一样,公司对形象也没什么要求,我也很准时地到了应聘现场。所有面试的人都集中在一个大房间里,面试官给每个人发了一张试卷,上面只给出一道看起来简单的题目:英国每年买几个高尔夫球?没有其他数据,要求在45分钟内完成。一看到这个无厘头的题目,我几乎傻眼了。后来仔细一想,发现这道题不是要我答出一个确定的数字,而是需要一个思考的过程。这样的题目对我这个经济系的学生来说并不算难,中间涉及的很多管理问题对我来说也轻而易举。所谓的"英国买"其实就是英国进口。进口的数量与市场需求有关,市场需求与人口有关。英国有多少人口,这个我脑子里要有数。可以假设16岁至70岁之间有多少英国人,其中最有可能打高尔夫球的30岁至45岁之间有多少人。为了使数据精确,我还在答题纸上写明了如何进行抽样调查。写完步骤后,我再假设50万人在打高尔夫球,这些人当中经常打的有多少人,这些人估计每年要用多少球,其他的人会多久打一次,需要用多少球。这些数字加起来就是英国总的市场需求。最后我写下一组数字,并满意地交了答卷。一个月后,我收到这家公司的录用通知。

张小姐第一次面试因为迟到而失败,第二次又因为仪表欠佳而被拒绝。作为一个求职者,她犯了两个很不应该犯的错误,因为守时和注重仪表都是做人的基本要求,也是对别人最起码的尊重。但是,我们并不能因此而断定张小姐不是一个合格的大学生。虽然一个受过高等教育的大学生更加应该知道守时和注重仪表,但是,这种做人的常识每个人都应该知道。我们不应该用做人的标准来衡量一个大学生是否合格,否则就抹杀了大学生和非大学生之间的区别。一个没上过学的农民可能非常守时,而一个著名学者却可能非常邋遢,但这都不影响他们继续做农民或者做学者。

张小姐第三次面试的时候证明了自己作为一个合格大学生的实力。如果面试时问题的答案只是一个确定的数字,那么一个读过大学的人和没读大学的人比较起来丝毫不占优势,因为大学生没有理由地一定会比他人的记忆力更好。很多孩子拥有过目不忘的能力,但他们并不是大学生。既然张小姐面试的题目考察的不是一个数字,而是一种分析问题的方法,那么作为大学生的优势便凸显出来了。张小姐在大学期间经过系统的思维训练,对于分析问题、解决问题有着丰富的理论知识,所以在面对一个问题的时候不会再单纯地从简单记忆或者机械模仿的角度来考虑,而能够站在更高的高度来分析、解决问题。此时,被动的记忆能力已经上升为主动的分析能力和独立的思考能力,而这种能力正好是一个合格大学生最本质的特征。

知识不等于能力,大学生不仅要学知识,还要把知识上升为能力。如果一个大学生能把每一本教材都倒背如流,但仅能如此,又有什么公司愿意用他呢?

当今是个信息大爆炸的时代,资讯发达,很多知识都可以轻松从网上获得。大学生的知识如果能用搜索引擎搜索出来,那他还有什么价值呢?

很多大学生毕业参加工作后,不管从事的工作是否专业对口,都有同样的感慨:专业不对口的人会说,大学学的专业跟现在的工作没有一点关系,以前学的一点用都没有。比如,学中文的去做市场营销,学行政管理的去搞新闻媒体工作……专业对口的也会说,以前老师课堂上教的与实际应用的根本就不是一回事,比如学会计的去从事会计财务工作,学计算机的去从事编程、软件开发工作……

如此一来,大学生是否都该退学了?大家都去工作中积累经验,因为大学学的知识以后也是没用的,读大学又有什么价值呢?大学生凭什么成为对社会有用的人才呢?用人单位为什么愿意雇用大学生?大学生跟高中生、技校生有什么区别呢?

这个时代有价值的人才会用一种不会被遗忘也不会过时的能力去解决搜索引擎找不到的问题。读中学是学习已有的知识,读技校是掌握已有的技能,那么读大学则是探索新的知识,创造新的技能。衡量一个人大学读得好不好,不是看他学到多少知识和技术,而是要看他是否学会了独立地思考,是否具备批判性创新思维,是否可以参与新思想的孕育与传播。

二、专业

(一) 专业的含义

"专业"在《辞海》中表述为:"高等学校或中等专业学校根据社会分工需要而划分的专业门类。"广义的专业是指某种职业不同于其他职业的一些特定的劳动特点;狭义的专业主要是指某些特定的社会职业。这里的专业主要是指根据社会职业分工需要,确定人才培养规格,通过整合科学资源和社会实践可利用的资源,分类分层进行高深知识和专门知识、专门工作经验和技术技巧,以及行业道德规范和教、学、研、训等活动的基本单位。它是高校教学的基本单元,同时也是高校与社会接轨的接口。

(二) 高校专业教育

高等教育的主要功能之一是对学生进行专业教育,培养学生的专业能力。专业教育是随着学科分化和职业分化而产生的。专业教育在于专业知识的传授,训练学生的某一项技能,为其能尽快参加社会建设做准备。专业教育所培养的是某一行业的专家。所以,它满足的是人或社会的工具性和实用性的需要。大学专业教育的内容主要是传授一些专业知识,如工、农、医、财经、法律、管理等方面的专业应用性知识,以使受教育者在接受了专业教育之后能从事相关专业的实际工作。

在高等教育大众化的背景下,高等院校的结构呈现出了多层次性和多样化趋势,这是由社会对人才需求的多层次性和多样性决定的,同时也是由大学发展水平和发展阶段不同所决定的。不同类型、不同层次的高等教育机构具有不同的社会职能、培养目标、办学模式和价值取向。参照国内外的分类方法,我国的高等学校分为研究型、教学研究型、教学型三大类。研究型大学的定位是精英教育,其专业设置是面向全国的经济社会发展需要,侧重于基础理论学科、国家重点发展的学科和具有相对优势的学科,以国家发展所需要的知识和技术创新为主要任务,为全国的发展服务。教学研究型大学主要面向地方,为区域的经济社会发展需要而进行学科建设和专业设置,培养各类具有高新技术研发和应用能力的高级专门人才。教学型大学则主要定位于实用型的应用技术教育,主要承担高等教育大众化的任务,根据其区域服务定位,面向生产一线岗位设置专业。而教学型大学又可分为技术应用教学型(一般本科院校)和技能教学型高校(高职高专学校),其培养人才类型和服务领域也有区别。一般本科院校培养从事生产、建设、服务和管理的各类技术应用型高级专门人才;高职高专院校培养在第一线从事生产、建设、服务和管理的各类技能型人才。承担大众型教学任务的高等学校通过培养掌握并善于应用科学知识和技术的人才,将高新科学技术转化为生产力,促进社会的发展和进步。

因此,一般本科院校的专业主要按学科门类划分。2012年公布的《普通高等学校本科专业目录》中分设12个学科门类,基本专业352种,特设专业154种,并确定了62种专业为国家控制布点专业。而高职高专教育的专业设置与普通本科专业设置有根本的不同,它是面向不同的职业分工来设置专业的,正是由于这一重大区别,高等职业教育的专业设置具有明显的自身规律。我国2004年公布的高职专业目录的分类就是坚持"以职业岗位群或行业为主,兼顾学科分类"的原则进行划分的,分设农林牧渔、交通运输、生化与药品、资源开发与测绘、材料与能源、土建、水利、制造、电子信息、环保气象与安全、轻纺食品、财经、医药卫生、旅游、公共事业、文化事业、艺术设计传媒、公安、法律19个大类,下设78个二级类,共532种专业。2008年教育部进行高职高专专业设置整理工作,核定准予招生的《普通高等学校本科专业目录》外专业共247种。高职高专教育的专业划分原则是以技术性、职业性和职业岗位群为主。

(三) 专业与职业的关系

大学生进入学校后应该尽早了解所学专业的培养目标、人才培养规格要求与知识、能力、素质结构,了解专业的就业去向及与专业相关的职业。了解这些知识要做调查研究,可以从辅导员或者专业老师那里获得帮助,因为他们掌握着比较全面的知识和信息;可以到人才市场进行调查,去招聘现场研究;可以到学校就业指导部门了解本专业就业状况;也可以通过网络信息获得提示,从国家发布的行业动态中获取信息。

对所学专业和就业方向有了详细的了解后,学生要根据对自身性格、兴趣、能力、知识、职业倾向等的认识和了解,明确职业发展方向,也就是职业定位,然后再考虑与专业的关系,明确自己首选的职业与所学专业的关系属于以下哪一种类型。

专业包容职业:自己选择的职业与所学专业高度一致,要求学精专业。

专业与职业部分重合:以专业为基础发展职业,有重点地沿着某些方向发展。要求学好专业,辅修其他喜欢的专业,最好能相近,互为补充。

以专业为核心:以专业为核心发展职业并有较大的扩展,学好专业选修与职业发展一致的课程。

专业与职业相切:职业发展与专业基本无关系或者在专业边缘发展职业,保证专业合格,辅修其他适合的专业,有可能的话争取调整专业。

专业和职业分离:职业发展与专业完全无关,个人选择的职业和所修专业很不符合,尽量调整专业,如果不行,辅修其他专业。

确定了自己想从事的职业与所学专业的相互关系后,就可以有目的地指导自己更好地学习专业,反过来,学好专业也会促进自己职业的发展。

所谓学以致用,狭义上是指"专业对口",广义上则是指毕业生无论将来从事何种类型的职业,其工作性质都与所学专业有密切的联系,可以是本专业范围内的工作,也可以是相近专业的工作。学以致用,可以充分发挥自己的专业特长,在工作中如鱼得水,脱颖而出,取得事业上的成功,同时也能避免人才浪费。许多用人单位在选择人才的时候,除了考虑专业外,往往非常注重综合素质。那些走出校门很快能融入社会并被用人单位认可和接受的大学毕业生,都是在知识准备、能力准备和观念心理准备相对充足的前提之下才获得发展机会的。即便他们遭遇挫折,也能依靠自身的实力重新调整。而另一些求职失败者往往是因为这三个方面的发展不均衡,而非专业选择错误。

三、职业

(一) 职业的含义

职业作为一种社会现象,是社会分工的产物。从词义的角度看,"职业"一词由"职"和"业"构成,"职"是指职位、职责、职务、职权和义务,"业"是指行业、事业、专业、业务。"职业",表示担负有某种责任、义务和权益的行业性专业活动。因此,所谓职业是指参与社会分工,利用专门的知识和技能,创造物质财富、精神财富,获得合理报酬,满足物质生活、精神需求的工作。

职业的含义包含以下四个方面的关系:

其一是个人与社会的关系。从事了某种职业,就意味着参与了社会分工。

其二是知识技能与创造的关系。人们利用专业知识技能创造物质财富和精神财富,由此引入职业化的概念。

其三是创造财富和获得报酬的关系。只有为社会创造了物质财富和精神财富,才有资格获得报酬,而且是获得合理的报酬。

其四是工作和生活的关系。人们通过工作获得合理报酬,满足其物质生活与精神生活的需求。

在日常生活中,人们习惯使用的"工种""岗位"等概念,实质上就是将职业按不同需要或要求进行的具体划分。通常,一个职业包括一个或几个工种,一个工种又包括一个或几个岗位。因此,职业与工种、岗位之间是一种包含和被包含的关系,其间有着密切的内在联系。例如"焊工"职业就包含"电焊工""气焊工"等12个工种。同样是负责"销售"的工种,有的侧重市场开拓,有的侧重客户服务,有的侧重市场调研,可以细分为销售经理、市场专员、客户代表、终端服务员、大客户专员等不同岗位。

职业在人们的社会生活中居于重要地位,成千上万的职业构成了现代文明社会的复杂结构,不同的职业分工成为社会与个人、整体与个体的纽带。

(二) 职业的特点

1. 社会性

职业是劳动者所获取的为满足社会需求的一种分工角色,具有社会性特征。每一种职业必须有一定的从业人数,职业与职业之间互相联系、相辅相成。

2. 经济性

劳动者要从职业活动中获取经济收入,作为个人生存和维持家庭物质生活的来源。

3. 专业性

职业是人们从事的专门业务,一个人要从事某一种职业,就必须具备专门的知识、能力和特定的职业道德素质。每一种职业都有一定的技术含量或技术规范要求。

4. 行业性

行业性是指每种职业都存在、聚集于一定的行业之中。

5. 时代性

职业会随时代的需求而产生,随时代的变化而变迁,新的职业不断产生,旧的职业不断消亡,原有的职业也会发展新的时代内容。

6. 差异性

不同职业之间可能存在着巨大的差异,包括职业劳动的内容、职业的社会心理、从业者个人的行为模式等。

7. 层次性

职业评价的层次性源于不同职业的体力、脑力付出的不同和工作复杂程度的不同,以及工作的轻松性、教育资格条件、在工作组织权力结构中的地位、工作的自主权、收入水平、社会声望等方面的差别。

(三)职业的功能

1. 职业的个人功能

第一,职业是个人谋取利益的重要手段。一方面,作为谋生手段,职业活动能够带来稳定的经济收入和物质生活资料,能够满足基本的生存需要,成为维持人类自身存在的物质基础;另一方面,职业活动还能够带来精神上的满足。职业活动过程是个人获得名誉、地位、权利、社会交往和尊重的重要来源。

第二,职业是促进个性发展的途径。人们参与职业活动不仅可以在特定的岗位上发挥专长和才能,还能够在长期的实践过程中不断提高自身的水平,完善自身的素质。

第三,职业是承担社会义务的重要方式。当个人进入社会分工体系参与某种活动,那么他在获取个人利益的同时也在为社会作贡献。

2. 职业的社会功能

首先,职业是社会存在的基础。职业的内容、结构和形式是社会经济制度的重要组成部分,是社会经济发展水平的体现。职业自身的运动变化丰富了人类社会运动的内容。

其次,职业是社会发展的动力。在人类历史进程中,不同的社会生产活动形成合力,共同推动社会发展。社会进步就体现在各行各业的具体劳动当中。

最后,职业是社会控制的手段。职业提供了满足个人需求和愿望的条件,从而达到安居乐业、生活安康的目的,也就相应减少了各种社会问题的发生。

(四)职业的分类

为了便于对众多职业进行管理,必须进行职业分类。所谓职业分类,是指按一定的规则和标准把一般特征和本质特征相同或相似的社会职业分类,并归纳到一定类别系统中去的过程。

我国曾于1999年颁布了第一部《中华人民共和国职业分类大典》。2015年7月29日,由国家人社部、国家质检总局和国家统计局牵头成立的国家职业分类大典修订工作委员会审议、表决通过并颁布了新修订的2015年版《中华人民共和国职业分类大典》。新版《大典》职业分类结构为8个大类、66个中类、434个小类、1481个职业(表1-1)。

表1-1 《中华人民共和国职业分类大典》(2015年版)类目介绍

类别	名称	中类	小类	细类
第一大类	党的机关、国家机关、群众团体和社会组织、企事业单位负责人	6	15	23
第二大类	专业技术人员	11	120	451
第三大类	办事人员和有关人员	3	9	25
第四大类	社会生产服务和生活服务人员	15	93	278
第五大类	农、林、牧、渔业生产及辅助人员	6	24	52
第六大类	生产制造及有关人员	23	171	650
第七大类	军人	1	1	1
第八大类	不便分类的其他从业人员	1	1	1
小计		66	434	1481

在八个大类的划分中,第一、二大类主要是脑力劳动者,第三大类包括部分脑力劳动者和部分体力劳动者,第四、五、六大类主要是体力劳动者,军人和不便分类的其他从业人员是特别类别。

第二节 大学生需要职业生涯规划

你是在校学生或者已经工作,需要谋划出清晰的未来;
你正在求职或将要求职,却没有清晰而精准的求职目标;
你对未来感到迷茫,搞不清楚应该向哪个方向发展;
你不喜欢当下在做的工作,对工作提不起劲来;
你每天忙碌,但成果有限;
你感觉职业发展不顺、徘徊不前,你看不到前途;
你对是否跳槽犹豫不决,你希望工作稳定,收入更高,职业生涯发展顺利;
你想创业,但不知道自己是否适合创业;
你希望能学些专业的方法、理念,从而有效掌控自己的职业生涯。
以上都是适合于通过职业生涯规划来解决自身的职业问题。

一、职业生涯规划的含义

职业生涯规划(career planning),也称"职业规划""职业生涯设计",是指个人与组织相结合,在对一个人职业生涯的主客观条件进行测定、分析、总结的基础上,对自己的兴趣、爱好、能力、特点进行综合分析与权衡,结合时代特点,根据自己的职业倾向,确定其最佳的职业奋斗目标,并为实现这一目标做出行之有效的安排。

准备踏入职场的大学生,在职业能力的自我评估上,容易存在高估或低估的倾向,呈现出明显偏差;在职业信息的了解上,往往过于关注职业是否符合自身需要,却忽略了职业要求与自身素质的匹配程度;在职业准备的投入上,表现出比较被动,比如简历的制作、自我介绍等方面准备不足。这些表明,大学生完全有必要做好职业生涯规划。

案例分析

彷徨迷茫是成功路上的绊脚石

金某是某院校2009届微电子专业毕业生,曾想出国留学,因德语口语面试不合格,与留学擦肩而过。于是他开始四处寻找工作,也曾在网上投递多份简历,大都是应聘电子技术工程师之类的岗位,但由于缺乏工作经验,很少有面试的机会。一家销售公司给予了他面试机会,但因专业不对口,又无销售工作经验,结果又以失败而告终。后来他进了一家朋友开的公司工作,主要从事简单的计算机操作。但干了几个月,他觉得长此以往,不仅对自己的职业发展相当不利,而且大学三年所学的知识将付诸东流。

内心的彷徨和迷惘使金某迷失了求职的方向。经过几次职业指导,他逐步了解了自己的特长和适合自己的职业之路。之后,他被成功地推荐到某电子公司参加职业见习。通过一个月的实习,他不仅了解了企业的文化和背景,还学到了书本上没有的知识和技能,心境也豁然开朗起来。

> 大学生初涉职场，往往只急于找到一份工作而忽视了规划自己的职业生涯，俗话说，"磨刀不误砍柴工"，只有制定了适合自己的职业生涯规划，才能找到努力的方向，才会有奋发的动力，才会激发潜能，提高自信，进而向成功迈进。

二、职业生涯规划的原则

一是清晰明确原则。由于每个个体所处的具体职业发展阶段不同，能力、性格、职业发展愿望等特点不同，每个人所处的组织环境也有所差异，因此在进行职业生涯规划时，不能硬搬其他人的职业发展模式和职业规划，要因人而异。职业发展目标和接近与达到目标的措施也必须是清晰而明确的，实现目标的步骤也应直截了当。

二是职业关联原则。专业或职业之间是否有关联，不是以专业或职业本身之间的关联来衡量的，而是以将来要从事职业的要求来判断的。正是因为考虑到职业关联的原则，面对不喜欢自己专业的大学生，专家们常常建议他们寻找专业与兴趣的结合点，而不是鼓励他们换专业。

三是挑战性原则。应考虑目标或措施是否具有挑战性，还是仅保持其原来的状况，目标选择能否对自己起到内在的激励作用，完成计划能否带来成就感。不具有挑战性的规划对个人发展来说是没有多大意义的。

四是变动性原则。应考虑目标或措施是否有弹性或缓冲性，是否能随着环境的变动而做出调整。

五是激励性原则。应考虑目标是否符合自己的性格、兴趣和特长，是否能对自己产生内在激励作用。

六是合作性原则。应考虑个人的目标与他人的目标是否具有合作性与协调性。

七是一致性原则。应考虑主要目标与分目标是否一致，目标与措施是否一致，个人目标与组织发展目标是否一致。

八是全程原则。即拟订生涯规划时必须考虑到生涯发展的整个历程。人生的各个发展阶段应该持续连贯地衔接下来，做规划也应考虑到生涯发展的整个历程，做全程的考虑。

九是实际原则。实现生涯目标的途径很多，在规划时必须要考虑自己的特质、社会环境、组织环境及其他相关的因素，选择切实可行的途径。

十是可评量原则。设计应有明确的时间限制或标准，以便评量、检查，使自己随时掌握执行状况，并为规划的修正提供参考依据。

三、职业生涯规划的步骤

具体地说，一个系统的生涯规划应当包括觉知与承诺、认识自己、认识职业环境、决策、行动、评估与修正六个步骤。

第一步，觉知与承诺。在这个阶段，学生了解到生涯规划的重要性和作用，并愿意花时间来规划自己的生涯。

第二步，认识自己。系统化的生涯规划是一个"从内而外"的过程。因此，在进行生涯规划时，首先要认识自己。

第三步，认识职业环境。职业环境信息与自我信息是生涯规划中重要和基础的部分。

第四步，决策。决策是综合整理和评估信息的部分，在决策时有可能因信息不全而重新回到前面两个步骤。

第五步,行动。行动是将全部的探索和思考落实的阶段。学生要通过行动来实现自己设立的工作目标。

第六步,评估与修正。当学生在实践中迈出生涯的重要一步——进入职场时,随着外部环境的变化,他们或许会继续沿着过去的规划前进,也有可能发现过去的规划已不适合自己,或者发现过去的规划并不尽如人意。这就需要再次进行生涯探索,修正生涯规划。生涯规划是一个循环的过程,需要不断地探索。

四、入职后的职业生涯规划阶段

1. 职业实践(大学毕业 1～3 年)

大学毕业 1～3 年为职业实践阶段,也就是实现学生向职业人角色转变阶段,这是成功走向职场的第一步。实现学生向职业人角色转变的方法如下:一是注重第一印象,建立良好的人际关系;二是树立自信心,相信天生我材必有用;三是克服完美心理,做好自身职业规划;四是脚踏实地,做好艰苦创业的准备,要摆正自己在新岗位上的位置,切忌眼高手低,好高骛远,忽视身边的小事。要从零开始,踏实勤奋,艰苦创业。

2. 职业塑造(大学毕业 3～6 年)

职业塑造不是在短时间内形成的,需要在实践中随着自身素质和社会的发展变化形成职业意识。职业意识有以下几个方面:第一,角色意识。现代分工使得每个人都是处在具体工作岗位上的人,每一个岗位都有特定的职责权限和工作内容。做岗位要求的事,并把事情做到岗位要求的程度,是角色意识的根本体现。第二,主动意识。属于岗位职责范围内的事情,就要主动地去完成。以主人翁的心态对待自己的工作,考虑自己的工作能否为公司带来价值。第三,规则意识。没有规矩,不成方圆。团队协作和合作是靠大家共同遵守一定的规则,最终实现优势互补的。第四,问题意识。能够发现工作中存在的问题并及时解决问题,经常拿现实和理想境界比较,找出差距,不断改进。第五,效益意识。要有投入产出思维,考虑工作的轻重缓急,考虑成本和收益,在各种约束条件存在的情况下做到最好。第六,经营意识。关注投资回报率。弄清楚自己的投入是多少,回收是多少,回收的时间有多长,回收与投入之间的比率是多少。第七,客户意识。职业化的核心就是客户意识。必须为客户着想,给客户带来方便。第八,学习意识。人的职业发展最怕止步不前。第九,创新意识。没有创新就没有发展。要不断进行观念创新、制度创新、管理创新和技术创新。第十,质量意识。质量是企业的灵魂,产品质量体现企业商誉。第十一,危机意识。懈怠容易导致堕落。要不断否定自我,超越自我。第十二,沟通意识。沟通是一种态度,而非一种技巧。一个好的团队当然要有共同的愿望,非一日可以得来,而是需要无时不在的沟通。

3. 职业锁定(大学毕业 6～10 年)

如今大学生高流动求职不仅会给其本人的职业生涯增加不安定因素,还会给工作单位、社会造成不应有的损失。可以说,职业锁定就是要找到自己的"职业锚"。在设计自己的职业生涯时请锁定自己的"职业锚",寻找自己的"职业锚"是职业定位的基础。

4. 职业开拓(大学毕业 10～15 年)

职业生涯规划不可能一次完成,需要在实践中随着自身素质和社会发展的变化积极主动地开拓。职场开拓具备"5C"职业素质,即信心(Confidence)、能力(Competence)、沟通(Communication)、合作(Cooperation)和创造(Creation)。

5. 职业平稳(大学毕业 15～30 年)

职业生涯前 20 年,工作以量为中心;后 20 年,工作以质为中心。这个阶段对人生目标有了明确理解,职业趋于稳定。

➤ 实践训练营

项目:探究我的专业

以班级为单位,将同学分成小组,查找资料,分工合作,在两周之内完成对自己所学专业的系统探究,并填好专业探索分工表。

小组成员:　　　　　　　　　　　负责人:

专业十项	任务内容	完成人	日期
1. 我的专业是什么	专业的定义、内容是什么 各机构、学界对本专业的定义是什么		
2. 我的专业学什么	专业通常开设哪些课程 涉及哪些领域,各领域的知名学者都是谁 专业有哪些分支,有哪些主要理论 专业最新动态有哪些 国外这一专业发展态势		
3. 这个专业的价值何在	开设这一专业的意义何在 这一专业培训人才的目标是什么 这一专业在整个社会经济中具有什么样的作用		
4. 这个专业的优势院校有哪些	国内外的一流学校有哪些 这些学校的核心特色是什么 有什么可值得借鉴学习之处		
5. 什么人适合学习这个专业	这个专业比较适合什么样的人学 有哪些具体的素质要求		
6. 与这个专业相关的专业有哪些	这个专业的相关专业有哪些 具体都是研究什么的,与这一专业是怎样的关系		
7. 这个专业出过哪些名人	哪些名人、伟人或有知名度的人学过这个专业 他们现在取得了哪些成就 他们在学习这个专业时有哪些特别方法和故事		
8. 这个专业有哪些就业出路	这个专业的毕业生一般从事哪些工作 这些工作发展空间如何,会给个人带来哪些影响 不同的具体工作对人有哪些具体要求		
9. 这个专业的学习圈子有哪些	有哪些图书馆、网站、论坛、博客、QQ 群、报刊、课程等是这个专业的一流学习资源,它们的特色是什么 可以怎么利用这些资源		
10. 社会对这个专业的看法与期待	学此专业的人、专家学者、社会各界对这一专业的看法和评价是什么 这一专业能够给社会作出的贡献有哪些		
总结: 你对专业的理解与看法	综合以上对专业的了解,加之通过自己学习的体会,给出一个你个人的独特看法		

第三节 大学生就业政策与就业项目

一、基层就业项目

（一）大学生村官工作

项目以中央组织部为主负责,到2012年,中央财政补助的大学生村官名额达到30万名,以后根据实际情况调整选聘计划,逐步实现"一村一名大学生村官"的目标。不断改进选聘方式,坚持学生党员优先、优秀学生干部优先、回原籍任职的优先,进一步提高大学生村官队伍的整体质量。通过实施政策支持、企业帮扶等措施,帮助大学生村官在农村创业。完善大学生村官岗位目标、教育培训、日常管理、跟踪培养、监督考核等制度,进一步提高大学生村官工作的制度化、规范化水平。拓宽和完善留村任职、考录公务员、自主创业、另行择业和学习深造等渠道,建立健全期满大学生村官流动机制。引导优秀大学生村官留村担任村干部,注重从大学生村官中考录乡镇公务员、选任乡镇领导干部,逐步形成来自基层一线的党政干部培养链。

1. 报名条件

30岁以下应届和往届毕业的全日制普通高校专科以上学历的毕业生可报名应聘,重点是应届毕业和毕业1~2年的本科生、研究生,原则上为中共党员(含预备党员),非中共党员的优秀团干部、优秀学生干部也可报名应聘。

2. 选聘工作

选聘高校毕业生到村任职工作的宏观指导由中央组织部牵头,会同中农办、教育部、公安部、民政部、财政部、人力资源和社会保障部、农业部、国家林业局、国务院扶贫办、团中央共同组织开展。各地的选聘工作由省(区、市)党委、政府组织人事部门负责组织。

选聘工作坚持公开、平等、竞争、择优和德才兼备的原则,一般通过个人报名、资格审查、组织考察、体检、公示、决定聘用、培训上岗等程序进行。各地在开展选聘工作时,将把选聘条件、选聘办法、选聘程序、选聘结果及时公布,接受社会的公开监督。是否组织统一考试,由各地根据报名应聘情况和到村任职的需要自行确定。

3. 激励和保障政策

为引导和鼓励高校毕业生积极应聘到村任职,中组部会同有关部门,研究制定了以下8项激励和保障政策:

(1) 比照本地乡镇从高校毕业生中新录用公务员试用期满后工资收入水平确定工作、生活补贴标准,在艰苦边远地区工作的,按规定发放艰苦边远地区津贴、补贴,津贴按月发放;参加养老社会保险。

(2) 在村任职期间,办理医疗、人身意外伤害商业保险。

(3) 符合国家助学贷款代偿政策规定、聘期考核合格的,其在校期间的国家助学贷款本息由国家代为偿还。

(4) 在村任职2年以上,具备"选调生"条件和资格的,经组织推荐,可参加选调生统一招考。

(5) 在村任职2年后报考党政机关公务员的,享受放宽报名条件、增加分数等优惠政策,同等条件下优先录用。县乡机关公务员应重点从选聘到村任职的高校毕业生中招录。

（6）聘期工作表现良好、考核合格的，报考研究生享受增加分数等优惠政策，在同等条件下优先录取。

（7）被党政机关或企事业单位正式录用（聘用）后，在村任职工作时间可计算工龄、社会保险缴费年限。

（8）到西部和艰苦地区农村任职的，户口可留在现户籍所在地。此外，对选聘到村任职的高校毕业生，中央财政还将按人均2000元的标准发放一次性安置费。各地也将根据《关于引导和鼓励高校毕业生面向基层就业的意见》精神和上述政策规定，结合本地实际，细化选聘高校毕业生到村任职工作的有关规定。

选聘到村任职高校毕业生的补贴资金由中央财政和地方财政共同承担。中央财政按照东、中、西部地区人均每年0.5万元、1万元、1.5万元的标准给予补贴，不足部分由地方财政承担。

资料链接

2014年广东省翁源县公开招聘大学生村官公告

根据中组部《关于进一步加强大学生村官工作的意见》（组通字〔2012〕36号）精神，为落实好《翁源县开展大学生村官选聘工作计划》，经县委、县政府研究，决定向社会公开招聘高校毕业生到我县村委工作和服务。现将有关事项公告如下：

一、招聘原则

参照《广东省事业单位公开招聘人员办法》（广东省人民政府令139号）和《翁源县开展大学生村官选聘工作计划》相关规定进行。

二、招聘条件

（一）遵守中华人民共和国宪法和法律。

（二）具有良好的品行和职业道德。

（三）自愿到农村基层工作，能吃苦耐劳，对农村工作有所了解，具备一定的组织协调能力。

（四）适应本岗位要求的身体条件。

（五）学历和专业要求：全日制普通高校大专以上学历的毕业生（大专学历限韶关地区户籍），专业不限。

（六）招聘人数：27人。

（七）年龄要求：年龄在30周岁以下（指1984年4月30日以后出生），研究生学历可放宽至35周岁（指1979年4月30日以后出生）。

（八）凡受到党纪政纪处分期限未满或者正在接受纪律检查，以及处于刑事处罚期间或者正在接受司法调查尚未做出结论的人员，不接受其报名。

三、报名办法

符合招考条件、要求的人员自愿报名。

（一）报名时间：2014年2月10—21日（工作日：上午8:30—12:00，下午2:30—5:30）。

（二）报名地点：翁源县人力资源和社会保障局办公楼二楼县人才工作管理办公室。联系人：何××、陈××、谢××，联系电话：×××××××（县人才工作管理办公室）。

(三)报名时需提供如下资料：

1. 本人身份证、户口本、毕业证(如有学位证请一并提供)原件及复印件各两份，户口本复印件要将户主及本人信息复印在同一页。

2. 计划生育证明(韶关地区考生需使用统一的"韶关市计划生育证明书")。

3. 近期正面免冠小一寸同版彩照3张。

(四)本次招考只受理现场报名，由县公开招聘大学生村官工作领导小组组织进行资格审查，条件符合者填写《2014年翁源县公开招聘大学生村官报名表》。应聘人员所提交的有关证件材料必须真实、有效，如有不符或弄虚作假，一经发现，即取消资格。

《2014年翁源县公开招聘大学生村官报名表》可在翁源县人民政府门户网(http://www.wengyuan.gov.cn/)、翁源县党员干部现代远程教育网(http://www.wyyj.gov.cn/)下载。

四、招考办法

招考办法采取笔试、面试、体检、考察的方式择优录用。笔试、面试由县委组织部牵头组织实施。笔试、面试分值各100分。综合成绩由笔试、面试组成，总分为100分(笔、面试成绩各占50%)。

(一)笔试

1. 笔试时间：2014年3月22日(星期六)上午9:00—12:00(领取准考证时间：2014年3月20—21日)

2. 笔试地点：县委党校

3. 笔试内容：《行政职业能力测试》和《申论》知识合卷，实行闭卷考试，不指定参考书籍。

4. 笔试成绩将在翁源县人民政府门户网、翁源县党员干部现代远程教育网公示。

(二)面试

面试设定最低分数线。面试采取结构化面试方式进行，即通过面试考官提问、面试对象作答的方式。不预先指定面试内容和范围，主要测试面试对象政策理解与落实能力、综合分析能力、事务处理能力、语言表达与沟通能力、举止仪表等。

面试时间：2014年4月12日(星期六)

面试地点：县委党校

面试对象：面试根据考生的笔试成绩从高分到低分按招考岗位人数1:1.5比例确定面试人选，如人选出现空缺按照笔试成绩从高分到低分依次递补其他考生。

笔试和面试总成绩将在翁源县人民政府门户网、翁源县党员干部现代远程教育网公示。

(三)体检

体检根据考生的综合成绩由高分到低分按招考岗位人数1:1的比例确定人选，体检标准参照《广东省公务员录用体检工作细则(试行)》执行，体检不合格或考生自动放弃体检资格时依次替补。

(四)考察

对体检合格的人员由县委组织部牵头组织考察工作。考察主要包括思想政治表现、道德品质、学历情况、综治、安全生产、计生等情况，在体检和考察合格的考生中择优确定拟聘用人员名单，报县公开招聘大学生村官工作领导小组审定后，在翁源县人民政府门户网和翁源县党员干部现代远程教育网公示7天。公示期满没有异议的，按有关规定办理聘用手续。公示期间，对当面向组织反映或署名检举揭发被公示人员的存在问题且线索明确、事实清楚的，组织单位将认真组织力量调查核实；对反映不具体的匿名材料则不予受理。

五、聘用及分配

按照招聘岗位名额,经笔试、面试、体检、政审合格后按综合成绩高低为序,经聘用审批机关审核,并公示后择优聘用,如审核时发现有提供伪造报考资料则取消该考生的聘用资格。面试成绩低于60分的不予聘用。如有人放弃招聘资格或政审不合格者,由综合成绩高低依次替补。由县委组织部统一分配到村,聘用人员须服从分配。

六、任职

选聘的高校毕业生是中共正式党员的,一般安排担任村党组织书记助理职务;是中共预备党员或非中共党员的,一般安排担任村委会主任助理职务。是共青团员的,可安排兼任村团组织书记、副书记职务。

选聘的高校毕业生是中共正式党员的,经过一年的实际工作,被大多数党员和群众认可,经年度考核合格,可通过推荐参加选举担任村党组织书记、副书记等职务。

七、待遇和保障

选聘到村任职的高校毕业生,享受以下政策待遇:

(一)大学生村官任职期间享受县财政核发的工作、生活补贴,标准为每人每月1300元(含县为大学生村官购买"五险"的费用)。

另外,中央财政按每人2000元的标准一次性发放安置费,并按每人每年8000元的标准在年度考核后下拨专项补贴(大学生村官购买"五险"情况纳入年度考核,与专项补贴挂钩)。

(二)在村任职期间,按照有关规定以镇为单位办理购买"五险"相关手续。

(三)任满1个聘期、当选村"两委"副职及以上职务、考核称职以上的大学生村官,可参加面向优秀村干部的乡镇公务员定向考录(由省统一安排)。同时,在县、乡镇事业单位公开招聘中,在同等条件下优先聘用大学生村官,逐步提高面向大学生村官考录公务员、招聘事业单位工作人员的比例。

(四)任职期满后,未实现再就业并有就业愿望的,纳入城镇失业人员范畴统筹管理。

八、管理及服务

(一)选聘到村任职的高校毕业生为"村级组织特设岗位"人员,系非公务员身份。

(二)任职期间人事档案由县人力资源和社会保障局所属人才服务机构免费代理,党团关系转至所在村。工作期间,由县委组织部、县人力资源和社会保障局与选聘到村任职的高校毕业生签订聘任合同。户口可留在现户籍所在地,也可迁入任职村所在的镇集体。镇党委、政府负责对选聘到村任职高校毕业生的工作管理,安排好他们的食宿及日常生活,为他们开展工作创造条件、提供方便。到村任职的高校毕业生可安排住在村级组织活动场所。各地要保持到村任职的高校毕业生队伍的稳定性,不得随意抽调使用。

(三)由所在镇负责对选聘到村任职的高校毕业生进行年度考核,结果报县委组织部,并记入人事档案,作为奖惩或提拔使用的依据。选聘的高校毕业生连续两次年度考核不合格,或自行提出辞职,可解聘,不再享有各种待遇和保障政策。

(四)对服务期满考核合格的,颁发高校毕业生到农村任职工作证书,作为服务期满享受有关政策待遇的依据。

本公告未尽事宜,按相关政策法规处理。本公告由县委组织部、县人力资源和社会保障局负责解释。

附:2014年翁源县公开招聘大学生村官报名表

中共翁源县委组织部
翁源县人力资源和社会保障局
2014年1月14日

(二)农村学校教师特设岗位计划、免费师范生培养计划、免费医学生培养计划

项目以教育部为主要负责人,旨在进一步推进实施农村义务教育阶段学校教师特设岗位计划,缓解农村地区教师紧缺和结构性矛盾。实施师范生免费教育,鼓励高中毕业生报考师范专业,鼓励优秀青年长期从教,为基层培养大批优秀教师。在高等医学院校开展农村订单定向医学生免费培养工作,为乡镇卫生院及以下的医疗卫生机构培养从事全科医疗的卫生人才。

以广东省为例,广东省教育厅于2007年印发《广东省高校毕业生到农村从教上岗退费实施办法(试行)》,规定自2008年起,在全省实行高校毕业生到农村从教上岗退费政策。

(1)对象:省内全日制普通高校应届及暂缓就业的本、专科毕业生(其中,外省生源毕业生须具有本科以上学历和学士以上学位),省外全日制普通高校应届及暂缓就业的广东生源本、专科毕业生。

(2)适用范围:除广州、深圳、珠海、佛山、东莞、中山、江门7个市(不含恩平)以外的乡镇(不含县城所在镇)及乡镇以下的中小学校(以下简称农村学校)。

(3)退费标准:按每人每年6000元。

(4)服务年限:5年。

广东省教育厅每年都针对该项目专门举办"高校毕业生农村从教供需见面会",一般是每年4月底,地点常设在华南师范大学石牌校区西区田径运动场。在供需见面会现场,毕业生可现场与各地教育局进行沟通交流、面试并确定录用意向。以2016年为例,全省一共提供2365个适用上岗退费的岗位,其中本科及以上1492个,专科776个,专科以下97个。

资料链接

广东省高校毕业生到农村从教上岗退费实施细则(试行)

为做好高校毕业生到农村从教上岗退费(以下简称上岗退费)有关工作,根据《广东省高校毕业生到农村从教上岗退费实施办法(试行)》,制定本实施细则。

一、享受上岗退费政策的对象、基本条件和范围

(一)对象:从2008年起,省内全日制普通高校应届及暂缓就业的本、专科及以上学历(学位)毕业生(其中,外省生源毕业生须具有本科以上学历和学士以上学位),省外全日制普通高校应届及暂缓就业的广东生源本、专科及以上学历(学位)毕业生,服务期满考核合格的"三支一扶"大学生。

（二）基本条件

1. 政治素质好，热爱社会主义祖国，热爱教育事业，拥护党的路线、方针和政策，有强烈的事业心和责任感，品行端正，遵纪守法，在校期间表现良好，志愿到农村学校从教。

2. 符合教师资格条件要求和任教岗位基本要求。非师范教育类高校毕业生应取得相应任教岗位的教师资格证书。担任高中阶段学校教师应具有本科以上学历和学士以上学位，担任义务教育阶段学校教师应具有大专以上学历。所学专业应与任教学科一致或相近。

3. 身体健康，符合《广东省教师资格申请人员体格检查标准（2007年修订）》规定的条件。

（三）适用上岗退费政策的地域范围和学校类型：汕头、韶关、湛江、肇庆、茂名、惠州、梅州、汕尾、河源、阳江、清远、潮州、揭阳、云浮14个市以及恩平市的乡镇（不含县城所在镇）及乡镇以下的中小学校（包括全日制普通中小学和中等职业学校，以下简称"农村学校"）。

县城中小学校不在上岗退费政策适用的范围内。

二、上岗退费的标准、退费时限、计划名额及经费来源

上岗退费的标准按每人每年6000元计算。本科及以上学历（学位）高校毕业生上岗退费以4年为限，从上岗满1年后逐年退费，连续退费4年；大专学历高校毕业生上岗退费以3年为限，从上岗满1年后逐年退费，连续退费3年。上岗退费每年的计划名额为10000名，其中专科6000名，本科及以上学历（学位）4000名。上岗退费所需经费由省财政厅统一安排。

三、上岗退费申请程序和要求

（一）高校毕业生经县（市、区）教育局按规定程序录用为公办在编正式教师后，如本人符合上岗退费政策规定的条件，且承诺履行到农村从教上岗退费协议书规定的义务，应于当年9月30日前由本人向县（市、区）教育局提出申请（申请表样本见附件1），经县（市、区）教育局审核批准后，与县（市、区）教育局签订《高校毕业生到农村从教上岗退费协议书》（协议书样本见附件2）。

各有关县（市、区）录用公办在编正式教师时，应根据省委组织部、省人事厅、省教育厅等八部门联合印发的《关于引导和鼓励高校毕业生到农村基层从事支教、支农、支医和扶贫工作的实施意见》（粤人发[2007]141号，以下简称粤人发[2007]141号文）规定优先录用服务期满考核合格的"三支一扶"大学生。其中，从事支教服务的"三支一扶"大学生服务期满考核后愿意到本《细则》第一条第（三）项规定的农村学校从教的，应直接办理聘（录）用手续。

高校毕业生到农村民办中小学校从教，如本人符合上岗退费政策规定的条件，且承诺履行到农村从教上岗退费协议书规定的义务，可申请享受上岗退费政策。申请程序和时间与公办教师相同，但在提出申请时还需同时提交教师资格证书原件、学历（学位）证书原件以及与用人单位签订的聘用合同。

（二）县（市、区）教育局应如实填报《符合高校毕业生到农村从教上岗退费政策人员基本情况审核表》（见附件3），并在全县（市、区）教育系统内进行公示，公示期不少于5天。公示期满后，县（市、区）教育局会同本级人事、编制、财政部门签署审核意见，于当年10月15日前将《符合高校毕业生到农村从教上岗退费政策人员基本情况审核表》（一式4份）上报市教育局。

（三）市教育局会同市财政局对各县（市、区）上报的材料进行审核，并于当年10月30日前将各县（市、区）报送的《符合高校毕业生到农村从教上岗退费政策人员基本情况审核表》（一式2份，另外2份分别由市教育局和财政局备案）汇总上报省教育厅。

（四）省教育厅对各市上报的材料进行审核和汇总，并于当年11月15日前将各市报送的《符合高校毕业生到农村从教上岗退费政策人员基本情况审核表》（一式1份，另外1份由省教育厅备案）报送省财政厅审核。

四、享受上岗退费政策教师的考核办法及退费的工作程序

（一）县（市、区）教育局于次年7月31日前对享受上岗退费政策的教师（包括民办学校教师）进行考核。考核内容以上岗退费协议书以及县（市、区）教育局与教师签订的任教协议书规定的条件为准，考核与教师的年度考核工作结合进行。

（二）考核工作结束后，县（市、区）教育局应如实填报《符合高校毕业生到农村从教享受上岗退费政策人员变动情况审核表》（见附件4），对考核结果不合格的教师、因特殊原因本人提出中止协议的教师、调离农村学校的教师等情况作为调减本年度及以下年度享受上岗退费人数的因素填列，会同本级人事、编制、财政部门签署审核意见后，于次年8月10日前将《符合高校毕业生到农村从教享受上岗退费政策人员变动情况审核表》（一式4份）上报市教育局。

（三）市教育局会同市财政局对各县（市、区）上报的材料进行审核，并于次年8月20日前将各县（市、区）报送的《符合高校毕业生到农村从教享受上岗退费政策人员变动情况审核表》（一式2份，另外2份分别由市教育局和财政局备案）汇总上报省教育厅。

（四）省教育厅对各市上报的材料进行审核和汇总，并于次年8月30日前将各市报送的《符合高校毕业生到农村从教享受上岗退费政策人员变动情况审核表》（一式1份，另外1份由省教育厅备案）报送省财政厅。

（五）省财政厅根据变动情况，减少相应人数及款额后于次年9月份将退费金额按县拨到各县（市、区）财政局，各县（市、区）财政局通过工资统发系统于次年10月份将退费发到上岗教师个人工资账户。

五、上岗退费履约规定及违约责任

上岗教师应按照《高校毕业生到农村从教上岗退费协议书》的有关规定和要求在农村学校任教，任教服务期为5年。上岗教师在服务期内可在所在县域农村学校间流动，可参加教师在职进修或培训，但不得从事教育行政管理工作，不得报考脱产本科生和研究生。

上岗教师在服务期内违反协议有关规定的，县（市、区）教育局应通知本级财政局停止退费，要求上岗教师退还以前年度已领取的补助金额并缴纳违约金，退还的补助金额及缴纳的违约金由县（市、区）教育局统一退缴本级财政局，统筹用于上岗教师退费。上述金额清偿前，不予办理工作调动手续。

上岗教师在服务期内经县（市、区）教育局认可的教师资格认定体格检查指定医院确认，因身体原因不宜从事教师职业的，由其本人提出申请，并附上医院检查报告和意见报县（市、区）教育局，县（市、区）教育局会同本级财政局审核同意后报市教育局，市教育局会同市财政局报省教育厅，经省教育厅审批同意后可终止任教协议。协议终止后，县（市、区）教育局应及时通知本级财政局停止退费，以前年度已领取的补助金额不需退还，不需缴纳违约金。

六、上岗退费政策与其他优惠政策的衔接

高校毕业生到农村公办学校任教,见习(试用)期工资可直接按见习(试用)期满后的工资确定,转正定级时级别工资(或薪级工资)高定2档(上岗教师如在服务期内违反协议有关规定的,其高定的2档工资予以取消);其户籍可根据毕业生本人意愿,迁回生源所在地或迁往就业所在地的县城,有条件的可迁往就业所在地级市的城区。高校毕业生在农村学校从教服务2年期满考核合格后,其在服务期内及服务期满后2年内申报评审专业技术资格时,在坚持业绩、水平、能力要求的前提下,可免试职称外语、计算机。

服务期满考核合格的"三支一扶"大学生自期满之日起1年内被符合本《细则》第一条第(三)项规定的农村学校录用为公办正式在编教师,或农村民办中小学校教师,本人愿意履行到农村从教上岗退费协议书规定义务的,除继续享受粤人发[2007]141号文规定的各项优惠政策外,还可享受上岗退费政策。申请程序和方法同当年其他享受上岗退费政策的高校毕业生。其中,根据粤人发[2007]141号文第四条规定享受国家助学贷款本息代偿优惠政策的"三支一扶"大学生,代偿本息不足上岗退费金额的差额部分,仍依本《细则》第二条之规定分期返还。

七、上岗退费组织分工和工作要求

上岗退费管理工作以省、市、县(市、区)三级分级实施,各级教育、财政、人事、机构编制等部门分工负责。

省教育厅负责指导省内高校做好高校毕业生到农村从教的宣传、动员和招募工作,负责指导市、县(市、区)教育局做好高校毕业生的招聘录用、考核以及退费工作。省财政厅负责落实上岗退费所需经费并及时下拨,负责指导市、县(市、区)财政局做好退费的具体工作。省人事厅、省编办负责指导、督促、检查本系统落实上岗退费管理工作的相关政策。

市、县(市、区)教育、财政、人事、机构编制部门按照各自职能负责高校毕业生到农村从教上岗退费的具体工作。

各级教育、财政、人事、机构编制部门应切实负起责任,加强联系、沟通和协调,形成工作合力,共同实施好高校毕业生到农村从教上岗退费政策。

各级财政、教育部门应加强对上岗退费专项经费的管理,实行专款专用、专账核算。对弄虚作假,套取财政专项资金或挤占、挪用、滞留专项经费的行为,一经查实,将追究直接责任人和相关领导的责任,并在全省范围内予以通报。

八、本实施细则由省教育厅负责解释

(三)高校毕业生"三支一扶"计划

为贯彻落实党中央、国务院关于引导和鼓励高校毕业生面向基层就业的重大决策部署,2006年,原人事部联合中央组织部、教育部、财政部、农业部、原卫生部、国务院扶贫领导小组办公室、共青团中央7个部委,组织实施了高校毕业生到农村基层从事支教、支医、支农和扶贫工作(简称"三支一扶"计划)。项目在第一轮"三支一扶"计划的实施经验基础上,计划连续5年时间内,每年招募2万名高校毕业生,选派到基层工作,服务期限为2~3年。同时,适当扩大实施领域,充实基层社会服务管理岗位。

9年来,全国共选拔招募近30万名高校毕业生参与"三支一扶"计划,一方面充实了基层专业技术人才队伍,为基层经济社会发展注入了新鲜血液,促进了社会主义新农村建设;另一

第一章 认知就业

方面也拓宽了高校毕业生面向基层就业的渠道,促进了大学生就业观念的转变,加深了大学生对国情、社情、民情的认识,为国家培养和储备了一批后备人才。实践证明,"三支一扶"计划是促进大学生成长成才的一种好形式。

以广东省为例,自2006年"三支一扶"计划实施以来,项目一共招募了近13039名高校毕业生参加"三支一扶"计划。2016年计划招募1500名。

(1) 招募对象:主要分三类:(1)2016年广东省高校应届毕业生(包含广东生源与非广东生源,其中非广东常住户口(生源)报名者限全日制普通高等院校本科以上学历并取得学士以上学位的人员);(2)2016年外省高校应届毕业生的广东省生源;(3)广东省生源回到生源地尚未就业的往届高校毕业生。

(2) 服务期限:2年。

(3) 服务地区与岗位:粤东西北16个地级以上市、52个山区县和欠发达地区的乡镇一级基层单位。根据支教、支医、支农和扶贫等不同项目性质,服务单位主要为乡镇中小学、乡镇卫生所、乡镇水利站、农技站、人社所和乡镇扶贫办等,在不同的岗位上开展不同的服务工作。

(4) 待遇:2年服务期认定工龄,服务期内为"三支一扶"大学生提供一定的工作生活补贴、交通补贴,并统一购买社会保险和组织岗前培训。

资料链接

广东省招募2016年"三支一扶"高校毕业生实施方案

2016—2020年,国家将实施第三轮"三支一扶"计划,现结合实际,制定我省2016年高校毕业生"三支一扶"实施方案。

一、指导思想

通过招募高校毕业生参加"三支一扶"志愿活动,提倡和支持青年学子到基层锻炼和提高,让广大高校毕业生熟悉国情,了解民情,不断增强热爱农村、扎根基层、服务人民、报效祖国的责任感和使命感,让他们在艰苦的基层经风雨、见世面,丰富阅历,磨炼意志,提高能力,全面发展,进而引导和鼓励高校毕业生踊跃到基层就业或开展阶段性服务,进一步改善农村人才队伍结构,为建设社会主义新农村提供人才支持,促进我省农村经济社会事业全面发展。

二、目标任务

按照公开招募、自愿报名、量化测评、公平选拔、统一派遣的方式,招募1 500名高校毕业生,到我省山区县及东西两翼欠发达地区的农村基层从事支教、支农、支医和扶贫工作,服务期限为2年。

三、招募原则、对象、条件

(一)招募原则

1. 公开透明。招募岗位按"一人一岗"设置,岗位需求条件明确。1 500个岗位信息详见《广东省2016年"三支一扶"高校毕业生基层岗位需求信息表》,可在广东省高校毕业生"三支一扶"专题网站(以下简称专题网站,http://www.szyf.org.cn)、广东人社网(http://www.gdhrss.gov.cn)、广东人才网(http://www.gdrc.com)上查询。同时可在专题网站查询"三支一扶"相关政策以及2016年招募方案、招募程序、选拔原则、测评标准和招募结果,确保招募过程信息公开、程序透明。

2. 公平公正。岗位需求条件明确,系统按照统一的量化测评指标和评分标准,自动对资格复核合格的学生进行综合评分排序。

3. 择优选拔。系统对成功报名的人员,按综合评分从高到低自动筛选,确定招募对象。

(二)招募对象

1. 省内高校应届毕业生(其中外省生源毕业生须具有本科以上学历和学士以上学位);

2. 省外高校的广东生源应届毕业生;

3. 广东生源往届毕业回到生源地尚未就业的高校毕业生(已参加过"三支一扶"的不能再参加)。

(三)招募条件

1. 热爱祖国,拥护党的基本路线和方针政策,具有敬业奉献精神,遵纪守法,作风正派;

2. 具有大专及以上普通类全日制学历,学习成绩合格,具有相应的专业知识(应届毕业生应有学校出具的普通高校毕业生就业推荐表,往届毕业生须有毕业证书);

3. 身体健康。为统一体检项目、保证体检结果公平公正,"三支一扶"高校毕业生体检参照《广东省事业单位公开招聘人员体检通用标准》(详见附件1)和《广东省事业单位公开招聘人员体检表》(详见附件2)执行;

4. 往届大专、本科毕业生年龄不超过25周岁(1991年5月6日后出生),往届研究生年龄不超过27周岁(1989年5月6日后出生);

5. 符合招募岗位需求的其他条件(详见专题网站公布信息)。

四、宣传动员

(一)宣传口号:到农村去,到基层去,到人民最需要的地方去。

(二)省"三支一扶"工作协调管理办公室(以下简称省"三支一扶"办)按照工作部署,在广东人社网、广东人才网和广东省高校毕业生"三支一扶"专题网站发布"三支一扶"工作实施方案、"三支一扶"基层岗位需求信息表等,并充分利用广播电视、报刊、互联网等各类媒体向社会宣传"三支一扶"工作。

(三)围绕招募活动,省内各高校、省人才服务局及各地级以上市人力资源和社会保障(人力资源)局(以下简称人社局)要充分利用校园广播、校园网、公告栏、微信公众号等渠道及时发布招募信息,宣传"三支一扶"岗位需求、招募政策及工作实施方案,并做好发动、组织等工作。

五、招募流程

(一)网上报名

1. 报名时间:5月6日8:00至5月20日18:00

2. 报名方式:

(1)个人登录专题网站注册,并按系统要求填报个人信息,上传近期免冠证件照和二代身份证扫描件。提交成功后直接在网上打印《广东省2016年"三支一扶"高校毕业生报名登记表》(以下简称《报名登记表》,附件3)。

(2)每位学生只能选择一个岗位报名,同时须填报是否服从系统调剂到其他岗位。在网上报名时段内,审核机构资格审核前,学生可使用注册账号登录专题网站查看每个岗位报名人数和相关信息,并调整和修改所填报岗位信息。

(3)网上填报信息和按要求提交的纸质资料,应真实、准确、完整并保持一致。凡网上信息和纸质材料不一致的,涉嫌弄虚作假的,将取消参加"三支一扶"服务资格。

（二）资格审核

1. 审核内容：为确保量化测评的公正有效，各审核机构应严格把关，认真核对《报名登记表》信息与提交的相关纸质材料的真伪以及是否匹配，特别是量化测评标准表涉及的八项内容（详见附件4）。

2. 审核时间：在规定时间内，报名学生提供齐全相关材料后，各审核机构即可开展资格审核工作。

3. 审核机构及方式：

（1）省内高校应届毕业生（含外省生源应届毕业生），应将《报名登记表》及其他所需材料（详见附件5）报所在高校学生就业指导部门进行资格审核。各高校学生就业指导部门负责审核并在网上确认，然后将本高校所有报名学生名单汇总表（直接在网上生成并打印）加盖公章，并按要求将相关纸质材料一并报省"三支一扶"办（地址详见附件6）。

（2）省外高校的广东生源应届毕业生，应将《报名登记表》及其他所需材料报广东省人才服务局进行资格审核。省人才服务局负责审核并在网上确认，然后将报名学生名单汇总表（直接在网上生成并打印）加盖公章，并按要求将相关纸质材料一并报省"三支一扶"办。

（3）广东生源回到生源地尚未就业的往届高校毕业生，应将《报名登记表》及其他所需材料到所在地级以上市人社局资格审核。地级以上市人社局负责审核并在网上确认，然后将报名学生名单汇总表（直接在网上生成并打印）加盖公章，并按要求将相关纸质材料一并报省"三支一扶"办。

4. 2016年5月25日18:00前，各审核机构要完成资格审核工作，并将相关材料报省"三支一扶"办，逾期系统将会自动取消缺少纸质材料人员的报名资格。

5. 各高校就业指导部门、省人才服务局及各地级以上市人社局和报名学生，在网上填报和提交信息过程中遇到问题，可直接与专题网站工作人员（黄工程师）联系解决，电话：020-37605622、37607181。

（三）资格复核

1. 5月26日至5月31日，省"三支一扶"办将对各审核机构报送的报名材料进行复核，复核内容同样是核对《报名登记表》信息与相关纸质材料的真伪以及是否匹配。

2. 对资格复核合格的学生，6月1日，省"三支一扶"办将通过系统发送短信通知。6月3日18时前，收到短信通知的学生，应使用个人账号登录专题网站，确认能否在规定时间内到所报岗位报到。

3. 在规定时间确认参加的，系统将自动确认为今年"三支一扶"计划备选对象；确认不参加的或在规定时间内没有确认的（以在网站反馈时间为准），系统将自动取消其报名资格。

（四）量化测评

系统将对确定的备选对象，对照量化测评指标自动进行评分和排名。若同一岗位出现综合得分相同的，按网上报名首次提交成功的时间先后确定排名顺序。

（五）确定招募对象

1. 6月6日，系统对各个岗位排第一位且已提交符合要求的《体检表》体检合格的备选对象，将直接确定为招募对象。对各个岗位排第一位，但未提交符合要求的《体检表》的学生，系统当天将发送体检通知短信，要求其在9天内（即6月14日18时前）按要求体检，按时向省"三支一扶"办提交符合要求的《体检表》证明体检合格的学生，将被确定为招募对象；逾期未将符合要求的《体检表》送达的，或体检结果不合格的，将被取消备选资格。

2. 6月15日，系统将对因体检原因被取消排名第一位备选对象资格的岗位，自动递补排名第二位的为备选对象。递补的第二位如已提供符合要求的《体检表》证明身体合格的，系统将直接确定为招募对象。若未提供符合要求的《体检表》的，系统将发送体检通知短信，要求其在9天内（即6月23日18时前）按要求体检，按时向省"三支一扶"办提交符合要求的《体检表》证明身体合格的学生，将被确定为招募对象；逾期未将符合要求的《体检表》送达的，或体检结果不合格的，将被取消备选对象资格。

3. 6月15日，系统递补岗位排名第二位的备选对象后，将开始对无递补人员的空缺岗位进行人员调剂。办法是：系统将按空缺岗位的排序和要求，对本人同意调剂且已提交了符合要求的《体检表》身体合格的所有备选对象，重新进行量化测评，自动进行排名，排第一位的确定为该岗位的招募对象。

4. 6月24日，系统将对排名第二位但因体检原因被取消资格的，进行递补调剂。办法是：优先从报本岗位且有符合要求的《体检表》的人员中顺序递补；如本岗位没有递补人员，则系统将按空缺岗位的排序和要求，对本人同意调剂且已提交了符合要求的《体检表》身体合格的所有备选对象，重新进行量化测评，自动进行排名，排第一位的确定为该岗位的招募对象。

（六）补招

6月中旬如有无法递补调剂的岗位空缺，将会按程序进行一次补招，并在省"三支一扶"专题网上公布补招岗位，接受高校毕业生网上报名（前期已确定被招募的，系统不再接受报名）。具体补招通知将会在省"三支一扶"专题网上公布。

（七）公示

1500个招募对象名单将于7月1—5日在广东人社网、广东人才网和专题网上公示5天。经公示无异议的，确定为派遣对象，并由省"三支一扶"办采取手机短信和网上通报等方式通知本人。

公示期间有异议的，一经核实，取消其招募对象资格。空出的岗位，系统将继续在本人同意调剂且已提交了符合要求的《体检表》身体合格的所有备选对象中补选，补选名单将在专题网站上公布。

六、派遣培训

（一）7月7日前，省"三支一扶"办印发《广东省2016年"三支一扶"高校毕业生派遣计划》（以下简称《计划》）。各有关地级以上市"三支一扶"办要严格按照《计划》要求，将参加本市"三支一扶"人员名单分配到服务地的县（市、区）人社局，并督促县（市、区）人社局及服务单位在规定的时间内落实"三支一扶"高校毕业生的服务岗位和住宿场所等。

（二）7月13日前，"三支一扶"高校毕业生凭身份证、毕业证等到各有关地级以上市"三支一扶"办报到，当地人社局根据《计划》审核名单发放银行卡及其他相关资料。本人已确认能按时报到并参加2年"三支一扶"工作的，因故不能按时报到的，要提前主动登录专题网站报告情况，或电话报告当地"三支一扶"办，并书面报省"三支一扶"办，未主动报告或逾期不报到的，名单将在省"三支一扶"专题网公布。

（三）7月14—15日，各有关地级以上市"三支一扶"办根据省"三支一扶"办组织编写的《广东省"三支一扶"高校毕业生岗前培训大纲》，结合本地实际，对参加"三支一扶"工作的高校毕业生进行上岗前的集中培训。培训结束后，要及时将参加"三支一扶"的高校毕业生介绍到有关县（市、区）人社局，不得出现人员滞留情况。确需变动志愿岗位的，需经"三支一扶"高校毕业生本人书面同意，并报省"三支一扶"办备案。

（四）7月30日前各有关地级以上市"三支一扶"办须将本市参加"三支一扶"高校毕业生派遣工作完成情况（含人员岗位落实地点、单位、住宿等情况）书面报省"三支一扶"办。

（五）因招募后学生未报到或报到后两个月内退出的空缺岗位，各有关地级以上市"三支一扶"办可在回到生源地的未就业的应届高校毕业生中补选，补选学生材料报省"三支一扶"办同意后培训上岗，补选工作原则上只进行一次。

七、有关要求

（一）提高思想认识

1. 实施"三支一扶"计划是政府引导和鼓励高校毕业生面向基层就业的一项志愿项目，是在基层培养人才的重要举措，是向基层输送建设发展急需专业人才的重要途径。各有关部门要统一思想，提高认识，从全局和战略的高度深刻认识实施高校毕业生"三支一扶"计划的重要意义，制定具体的实施方案，明确一名领导负责，具体工作要落实到部门和人员，确保"三支一扶"计划各项工作顺利实施。

2. 各地"三支一扶"办和服务单位要坚持使用与培养、管理与服务并重的原则，进一步做好"三支一扶"高校毕业生工作。各地"三支一扶"办要加强在岗"三支一扶"高校毕业生的日常考核管理，思想上加强引导，专业上加强培养，生活上主动关心，引导他们树立积极向上的人生观、乐于在基层奉献的精神和正确的择业观，并解决他们的实际困难。服务单位要敢于压担子，充分发挥"三支一扶"高校毕业生特长才干，让他们学有所用，并在实践中磨炼成长；要针对岗位的实际问题和工作需求加强培训，落实传帮带和"一对一"导师培养机制，注重传思想、传经验、传技能，不断提高"三支一扶"高校毕业生的综合素质和解决实际问题的能力。

（二）落实相关政策

各有关部门要高度重视"三支一扶"高校毕业生就业工作，积极引导高校毕业生到基层就业，扎实推进"原服务单位留用一批，事业单位招聘一批，人力资源服务机构推荐一批"的"三个一批"就业服务模式，促进期满人员的就业创业。要继续贯彻落实《关于统筹实施引导高校毕业生到农村基层服务项目工作的通知》（人社部发〔2009〕42号）、《关于开展从大学生"村官"等服务基层项目人员中考试录用公务员工作的通知》（人社部发〔2010〕52号）、《关于引导和鼓励高校毕业生到农村基层从事支教、支农、支医和扶贫工作的实施意见》（粤人发〔2007〕141号）和《广东省支教、支农、支医和扶贫高校毕业生管理暂行办法》（粤人发〔2007〕259号）等文件的相关规定，确保各项政策落实到位。

（三）加强经费保障

1. 各地要继续加大财政支持力度，严格按照《广东省高校毕业生"三支一扶"转移支付资金管理办法》（粤财教〔2014〕136号）要求，落实"三支一扶"高校毕业生工作生活等补贴标准。

2. 各地"三支一扶"办要按照国家和省政策要求，每个季度上报一次在岗人员补贴发放情况，确保各项补贴按时足额发放。

（四）大学生志愿服务西部计划

项目以共青团中央为主负责，每年招聘一定数量的高校应届毕业生，到西部基层从事为期1~3年的志愿服务工作。计划自2011年起，将赴新疆等边疆少数民族地区西部计划志愿者实施规模从7200人扩大到每年10000人，中央财政支持的年度实施规模从15000人扩大到17600人。同时，做好服务期满志愿者的就业工作。

(1) 主管单位：共青团中央。

(2) 官网：http://xibu.youth.cn/。

（3）服务项目：分西部计划专项和地方项目。

西部计划专项包括七个模块，分别是：①基础教育。在县乡中小学从事教学及教学管理工作，包括研究生支教团。②农业科技。在县乡农业（林业、牧业、水利）技术单位从事农业科技工作。③医疗卫生。在乡镇卫生院以及部分县级医院、防疫站从事医疗卫生工作。④基层青年工作。在县级团委从事加强团的基层组织建设、促进青年就业创业、预防青少年违法犯罪、维护青少年合法权益等工作。⑤服务新疆。围绕新疆和兵团经济社会发展需要在基层单位从事基础教育、农业科技、医疗卫生等服务。⑥服务西藏。围绕西藏经济社会发展需要在基层单位从事基础教育、农业科技、医疗卫生等服务。⑦基层社会管理。围绕西部基层社会公益、社会保障、社会福利、法律援助、扶贫开发、金融开发等公共服务需求及党政、司法、综治等工作需要开展服务。

地方项目包括河北大学生志愿者健康行动计划、大学生志愿服务辽西北计划、江苏大学生志愿服务苏北计划、浙江大学生志愿服务山区、海岛、边远地区计划、福建大学生志愿服务欠发达地区计划、大学生志愿服务西部计划山东项目、河南大学生志愿服务贫困县计划、广东大学生志愿服务山区计划，等等。

（4）服务保障。

① 按照《关于统筹实施引导高校毕业生到农村基层服务项目工作的通知》（人社部发〔2009〕42号）、《关于做好艰苦边远地区公务员考试录用工作的意见》（人社部发〔2014〕61号）等文件有关规定，服务期满2年或3年且考核合格的西部计划志愿者，在考研加分、报考公务员或事业单位和学费补偿、助学贷款代偿等方面享受相应的政策。

② 志愿者相应服务期满考核合格的，依实际服务年限计算服务期及工龄，并在服务证书和服务鉴定表中体现。服务期满2年内，志愿者户籍、档案未迁出毕业院校的志愿者，可享受一次应届毕业生就业创业和落户等政策。出省服务的和在本省服务的志愿者享有同等的优惠政策。鼓励各地积极出台志愿者扎根当地的政策措施。

③ 财政支持经费。西部地区每人每年2.5万元，中部地区每人每年1.8万元。各地落实为志愿者缴纳社会保险，并积极为志愿者提供交通、住宿和伙食等方面的便利。

二、升学深造

在国内，本科毕业生是有比较畅通的升学渠道——攻读硕士研究生。硕士研究生的招生考试范围广、招生计划多。报考硕士研究生的考生资格要求为：国家承认学历的应届本科毕业生及往届本科毕业生；国家承认学历的专科毕业生报考硕士研究生，须毕业两年（从专科毕业到录取为研究生当年的9月1日）或两年以上，并达到与大学本科毕业生同等学历。但是，招生单位有权根据本单位的实际情况，对考生的学历提出高于大专毕业的要求。

对于高职高专的应届毕业生来讲，最直接的升学渠道就是"普高专升本"招考项目了。但由于普高专升本考试是各省招生主管单位组织的招考项目，不同的省份，其政策及实施规定不尽相同，所以下面我们针对广东省的情况，对普高专升本项目进行解读与介绍。

1. 招生对象与报考条件

拥护中国共产党的领导，热爱祖国，品德良好，遵纪守法，愿为社会主义现代化建设勤奋学习且具培养前途，身体健康状况符合普通高校招生的体检要求，并符合下列条件之一的人员可以报考：

（1）广东省户籍且就读广东省普通高校的专科应届毕业生。

解读：此条为在广东省户籍就读专科的应届生的规定，也就是2016年6月份的毕业生可以报考2016年广东专升本考试，包含二年制和三年制的毕业生，普高、普高单招、高职高考单招、3+证书高职高考、五年一贯制考生在毕业那一年第一学期末报考(三年制的就大三、二年制的就大二、五年一贯制高职班的就第五年),第二学期初考试(2015年以及之前毕业的考生以往届生身份报考,看下面报考条件第4点)。

(2)外省生源就读广东省普通高校的专科应届毕业生(不含办理了暂缓就业的往届专科毕业生)。

解读:此条为非广东省户籍在广东省就读专科的应届生的规定,2016年6月份的毕业生可以报考;注意:只有一次机会,毕业之后不可以再考,落户广东省的除外。

(3)广东省户籍或广东生源就读省外普通高校的专科应届毕业生。

解读:此条为广东省户籍在外省就读的应届生的规定,2016年6月份的毕业生可以报回广东省专升本考试。

需要说明的是:专科是"成人高考、自学考试、远程教育(网络)和电大"的考生一般是没有应届生这个概念的,一般以往届生的身份报考专升本(报考时需提供毕业证原件,且要求是广东省户籍)。往届生的规定看第4点。

(4)广东省户籍且在报名确认截止日期(2016年1月15日)前取得国家承认的专科毕业证[指经教育部审定核准的国民教育系列高等学校或高等教育自学考试机构颁发的专科毕业证书(含普通高等教育、成人教育、自学考试、网络教育)]的毕业生(不含毕业后仍持广东省普通高校集体户口的外省生源往届专科毕业生)。

解读:本条为往届生的规定,也就是已经毕业了的考生,注意必须是广东省户籍。已经毕业了的广东省户籍的考生报考专升本是不限报考次数的。只要是国民系列的毕业证,不管是在广东省学校还是非广东省的学校的毕业证,均可报考。

(5)符合上述四个条件之一且报考职教师资专业的考生,必须在报名确认截止日期(2016年1月15日)前取得与报考专业相对应的中级以上(含中级)职业资格技能等级证书。职业资格技能等级证书应属省级以上人力资源和社会保障部门主考(或授权)的中级以上(含中级)职业技能等级证书或省教育考试院主考的专业技能课程B级以上(含B级)证书。具体证书种类由高校根据专业培养要求指定,并经教育考试院备案后在招生简章中向社会公布。

解读:职教师资类专业会在专业那有"职教师资"字样,只注明是"师范"或者没有注明属性的不属于职教师资类的专业,无须提供技能证书;只有注明是"职教师资"类或者"职教师资(师范)"的才属于职教师资类的专业。

(6)具有普通高职专科毕业学历的退役士兵(只招2015年冬季退出现役的考生)。

解读:只有2015年冬季退出现役的考生,报考2016年考试的,录取时才按"退役士兵分数线",在这之前退役的不算。

(7)在服役期间荣立三等功以上奖励的、具有普通高职专科毕业学历的应届、往届退役士兵考生免试入读。

下列人员不得报考:

(1)应届毕业生之外的高等学校专科在校生;

解读:大一、大二的在校生不可以报,大三的才可以报(二年制的就大二,五年一贯制的就第五年)。

(2)非广东省户籍的高等学校专科往届毕业生;

解读:在广东省就读专科的非广东省户籍学生只有大三那一年可以考,只有一次机会,毕业之后就不能再考。

(3)2015年参加本科插班生考试,因作弊被取消各科考试成绩并被禁止下年度参加本科

插班生考试的人员;

(4)因触犯刑律已被有关部门采取强制措施或正在服刑者。

2．报名时间与方式

每年的11月开始,各招考院校即陆续公布下一年的考升本招生简章,广东省教育考试院一般在12月至次年1月公布招生工作规定。

报名网址:http://www.ecogd.edu.cn/cbsbm(广东省本科插班生网上报名系统),报名流程一般分为网上预报名、现场确认、提交资料与资格审查。报名考试费为每人200元。

3．考试时间

每年的3月中下旬,一般是第三个周六日,考试时间为两天。

4．考试内容

普通高校本科插班生的招生考试科目为五门,其中省统一考试三门,高校自主考试两门。省统一考试的三门为《政治理论》《英语》《专业基础课》。《专业基础课》包括《大学语文》《高等数学》《管理学》《教育理论》《艺术概论》《民法》《生态学基础》,高校可根据专业特点选择其中一门,参见当年公布的《普通高校本科插班生拟招生专业与统一考试科目对应表》。

英语专业考试科目为五门,包括两门统考科目为《政治理论》《专业基础课》(考《大学语文》),及三门专业课,不考统考科目《英语》。英语专业口语、听力考试,由招生学校自行组织,考试时间由学校自行决定并通知考生。

考试各科满分为100分,五科总分为500分。每科考试时间为120分钟。

省统考科目的考试大纲和考试范围由省教育考试院根据教育部专科升本科同一层次的要求编写确定,并于报名前向社会公布。

考试时间安排大致如下表所示:

项目 日期	上午		下午	
	时间	科目	时间	科目
第1天(周六)	8:00—10:00	政治理论	15:00—17:00	专业基础课
	10:30—12:30	英语		
第2天(周日)	9:00—11:00	专业课1	15:00—17:00	专业课2

5．招生计划与专业

本科插班生招生专业名称按照《教育部关于印发〈普通高等学校本科专业目录(2012年)〉〈普通高等学校本科专业设置管理规定〉等文件的通知》(教高〔2012〕9号)要求执行,具体招生专业由各高校在《广东省2016年普通高校本科插班生和拟招生专业与统一考试科目对应表》中选定。

普通高校本科插班生的招生计划纳入学校年度招生计划总规模管理。招生计划、专业以及收费标准、专业课考试指定参考书,由省招生办公室汇总向社会公布。各高校根据审核通过的招生计划及专业印制招生简章,按照招生简章公布录取标准进行招生录取。

解读:各高校公布的招生简章是毕业生备考的主要根据,因为报名时只允许报一所高校中的一个专业,所以备考时可参照往年的招生简章,提前了解考试科目和专业课考试指定参考书。

6．录取

普通高校本科插班生招生由省招生委员会根据当年招生计划和考生成绩情况划定五门考试科目总分和省统考三科总分的最低录取控制分数线。最低录取控制分数线分文科类、理科类、体育类、艺术类和英语类专业划定。其中,文科类专业包括全省统考的《大学语文》《民法》《教育理论》《管理学》等专业基础课考试科目;理科类专业包括全省统考的《高等数学》《生态学》等专业基础课考试科目;体育类、艺术类单独划线。英语类专业为五门考试科目总分和省统考两门科目总分单独划线。招生院校按省划定的两条最低录取控制分数线按总分由高分到低分择优录取。

普通高校本科插班生录取根据考生报考专业及对应的专业课考试成绩择优录取,不得跨专业录取。

7. 插班生管理

本科插班生为国家任务生,秋季入学,全日制脱产学习。插班生入学后,由招生学校进行专科毕业资格、思想政治、业务、健康情况复查。复查合格并经注册后,即成为学校的正式学生,插入本科专业三年级学习,并按插入年级的管理办法进行管理。

8. 毕业与就业

本科插班生修完本科教学计划规定的课程,德、智、体考核合格,准予本科毕业,发给本科毕业证书。符合《中华人民共和国学位条例》规定者,授予相应的学士学位。本科插班生毕业后的就业办法,与普通高校本科毕业生相同。

9. 招考院校

韶关学院、韩山师范学院、岭南师范学院、肇庆学院、嘉应学院、广州美术学院、广东技术师范学院、广东白云学院、广州大学、仲恺农业工程学院、五邑大学、广东石油化工学院、佛山科学技术学院、广东培正学院、广东财经大学华商学院、广东海洋大学寸金学院、华南农业大学珠江学院、北京师范大学珠海分校、广东工业大学华立学院、广州大学松田学院、广州商学院、吉林大学珠海学院、广东科技学院、东莞理工学院城市学院、中山大学新华学院。

三、应征入伍

大学生是国家的宝贵人才资源,征集大学生参军入伍,既是建设巩固国防和强大军队的迫切需要,也是服务经济社会发展和维护国家长治久安的客观要求,是一项利国利军利民的大事好事。大学生走入军营,能够改善部队士兵队伍的素质结构,为军队信息化建设注入生机和活力;大学生士兵退役后,经过军队这个"大学校""大熔炉"的培养教育,能吃苦、有特长、守纪律,必将在地方各行各业中发挥重要作用。

根据有关文件精神,目前大学生参军入伍优惠政策如下:

(一)服役期间享受的优惠政策

(1)享受优先政策。大学生入伍享受优先报名应征、优先体检政审、优先审批定兵、优先安排使用政策以及体检绿色通道,大学文化程度青年未批准入伍前不得批准高中以下文化程度青年入伍。

(2)享受优待政策。优待金由批准入伍地发放,其家庭享受军属待遇,由户籍所在地负责落实相关优待。

(3)大学毕业生可选拔为军官。普通高等学校全日制毕业生应征入伍的士兵可被选拔为军官,所称选拔军官包括:大学毕业生士兵提干、报考军队院校和保送入学。

① 大学毕业生士兵提干:符合本科以上学历,截至当年6月30日,入伍1年半以上(服役期间取得学历和学位的应当入伍2年以上),且在推荐的旅(团)级单位工作半年以上等基本条件的,可以列为提干对象;根据规定符合一定条件的,优先列为提干对象。

② 报考军队院校:参加全国普通高等学校招生统一考试,经省招生办公室专科统一录取且取得全日制专科学历的毕业生士兵,可以参加全军统一组织的本科层次招生考试,录取的入

有关军队院校学习,学制2年,毕业合格的列入年度生长干部毕业学员分配计划。报考条件、考试组织、录取办法等另行规定。

③ 保送入学:大学毕业生士兵参加优秀士兵保送入学对象选拔,年龄放宽1岁,同等条件下优先列为优秀士兵保送入学推荐对象,选拔办法按照优秀士兵保送入学有关规定执行。大学毕业生士兵保送入学对象具有本科以上学历的,安排6个月任职培训;具有专科学历的,安排2年本科层次学历培训。

(4) 优先选取为士官。对于符合士官选取条件的士兵,同等条件下具有全日制大专以上学历的要优先选取;师(旅)级单位范围内相同专业岗位的士兵,在任职能力相当的情况下,应优先选取高学历士兵。

(二) 退役后享受的优惠政策

(1) 设立"退役大学生士兵"专项硕士研究生招生计划。根据实际需求,每年安排一定数量专项计划,专门面向退役大学生士兵招生。专项计划规模控制在5000人以内,在全国研究生招生总规模内单列下达,不得挪用。

(2) 将高校在校生(含高校新生)服兵役情况纳入推免生遴选指标体系。鼓励开展推荐优秀应届本科毕业生免试攻读研究生工作的高校在制定本校推免生遴选办法时,结合本校具体情况,将在校期间服兵役情况纳入推免生遴选指标体系。在部队荣立二等功及以上的退役人员,符合研究生报名条件的可免试(指初试)攻读硕士研究生。

(3) 将考研加分范围扩大至高校在校生(含高校新生)。退役人员在继续实行普通高校应届毕业生退役后按规定享受加分政策的基础上,允许普通高校在校生(含高校新生)应征入伍服义务兵役退役,在完成本科学业后3年内参加全国硕士研究生招生考试,初试总分加10分,同等条件下优先录取。

(4) 退役大学生士兵专升本实行招生计划单列。高职(专科)学生应征入伍服义务兵役退役,在完成高职学业后参加普通本科专升本考试,实行计划单列,录取比例在现行30%的基础上适度扩大,具体比例由各省份根据本地实际和报名情况确定。

(5) 高校新生录取通知书中附寄应征入伍优惠政策。高校向新生寄送《录取通知书》时,附寄应征入伍宣传单,宣传单主要内容包括优惠政策概要、报名流程指南、学籍注册要求等。

(6) 放宽退役大学生士兵复学转专业限制。大学生士兵退役后复学,经学校同意并履行相关程序后,可转入本校其他专业学习。

(7) 复学(入学)政策。应征入伍服义务兵役前正在高校就读的学生(含高校新生),服役期间按国家有关规定保留学籍或入学资格,退役后2年内允许复学或入学。

(8) 国家资助学费。国家对应征入伍服义务兵役的高校学生,在入伍时对其在校期间缴纳的学费实行一次性补偿或获得的国家助学贷款实行代偿;应征入伍服义务兵役前正在高校就读的学生(含高校新生),服役期间按国家有关规定保留学籍或入学资格、退役后自愿复学或入学的,国家实行学费减免;学费补偿、国家助学贷款代偿和学费减免标准,本专科学生每人每年最高不超过8000元,研究生每人每年最高不超过12000元。

(9) 考试升学加分。普通高校应届毕业生应征入伍服义务兵役退役后3年内参加全国硕士研究生招生考试,初试总分加10分,同等条件下优先录取;在部队荣立二等功及以上的,符合研究生报名条件的可免试(指初试)攻读硕士研究生。

(10) 高职(专科)升学。高职(专科)在校生(含高校新生)入伍经历可作为毕业实习经历;具有高职(专科)学历的毕业生,退役后免试入读成人本科;荣立三等功以上奖励的高职(专科)

在校生(含高校新生),在完成高职(专科)学业后,免试入读普通本科。

(11) 政法干警招录。各地拿出政法干警招录培养体制改革试点招录培养计划的20%左右,用于招录大学生退役士兵,不再实行加分政策。鼓励高学历退役士兵报考试点班,并适当增加招录大学生退役士兵的比例。

(12) 免修军事技能。高校在校生(含高校新生)参军入伍退役后复学或入学,免修军事技能训练,直接获得学分。

(13) 退役就业服务。高校毕业生士兵退役后一年内,可视同当年的应届毕业生,凭用人单位录(聘)用手续,向原就读高校再次申请办理就业报到手续,户档随迁(直辖市按照有关规定执行);退役高校毕业生士兵可参加户籍所在地省级毕业生就业指导机构、原毕业高校就业招聘会,享受就业信息、重点推荐、就业指导等就业服务。

(三) 福利待遇

各个地方的福利待遇标准可能会不一样,大概的情况如下:

(1) 义务兵津贴第一年为500元/月,第二年为600元/月,奖励津贴500元/年,两年津贴共计13700元。

(2) 义务兵退役金为9000元(4500元/年)。

(3) 义务兵家庭优抚金14830元。

(4) 士兵服役期间享受社保待遇,养老保险金两年为10456元。

(5) 进疆、进西藏服役的义务兵由政府双倍优抚金。

(6) 全日制大学生由政府补贴学费和代偿国家助学贷款,本专科学生每人每年最高不超过8000元,研究生每人每年最高不超过12000元。

(7) 义务兵服役满两年后,可转士官,其工资第一年,下士为3000元/月左右,中士为4000元/月左右,上士为5000元/月,四级军士长为6000元/月。其退役金根据年度相应增加。

(8) 根据服役地区的不同,还可享受特区补助、地区津贴和伙食补助等。

统一报名网址:全国征兵网(http://www.gfbzb.gov.cn),报名时间:每年8月5日前。应征入伍报名流程大概分为:网上登记、初审初检、体检政审、走访调查、预定新兵、张榜公示、批准入伍。

四、公务员招录

公务员考试是公务员主管部门组织的担任主任科员以下及其他相当职务层次的非领导职务公务员的录用考试。中国从20世纪90年代开始引入公务员考试,在进入21世纪之后,该项考试趋于成熟和稳定。中央公务员考试每年都会在国庆过后发布招考公告,公共科目笔试时间都在11月底(最后一个周日),如遇其他较为重要的会议或者活动,可能会推后到12月进行。每年年底举行的考试都是下一年度的公务员考试。由于公务员相对较高的福利和待遇以及就业压力的不断增大,每年公务员考试都引得众多考生报考,竞争十分激烈。2012年10月15日,2013年公务员考试报名工作开始,招考20839人,创历年最高,据预测报名人数很可能接近200万,招录比例或达90∶1,竞争强度也创历年之最。

中国公务员正规统一都称国家公务员,不管是中央还是地方都是国家公务员,具体才分为中央、国家机关公务员和地方国家公务员。

中央和地方考试单独进行。地方公务员招考一般都在中央公务员考试之后,各地时间并不完全一致。

资料链接

广东省2016年考试录用公务员公告

根据《中华人民共和国公务员法》《公务员录用规定(试行)》《广东省公务员录用办法(试行)》等规定,中共广东省委组织部、广东省人力资源和社会保障厅、广东省公务员局决定组织2016年全省各级机关(含参照公务员法管理单位,下同)考试录用主任科员以下非领导职务公务员(含参照公务员法管理单位工作人员,下同)17412名。现将有关事项公告如下:

一、招考对象

招考对象为全日制普通高等院校2016年应届毕业生和社会上具有国家承认学历的大专毕业以上人员(监狱及戒毒管理机关一线护理职位放宽到中专以上)。2016年国内普通高等院校应届毕业生须于2016年9月30日前取得相应毕业证书、学位证书,其他报考人员须于报名之日(即2016年3月18日)前取得相应毕业证书、学位证书。

二、报考条件

(一)具有中华人民共和国国籍,拥护中华人民共和国宪法。

(二)遵纪守法,具有良好的品行。

(三)报考年龄一般为18~35周岁(即1980年3月18日至1998年3月18日期间出生),2016年应届硕士、博士研究生(非在职,须以最高学历报考)报考年龄放宽到40周岁(即1975年3月18日以后出生)。

根据组通字〔2015〕46号、人社部发〔2011〕115号等文件规定:

1. 报考法检两院法检官助理职位的年龄为18~35周岁(即1980年3月18日至1998年3月18日期间出生);

2. 报考司法行政部门监狱、戒毒系统一线管理机构人民警察和法检两院司法警察职位的年龄为18~30周岁(即1985年3月18日至1998年3月18日期间出生),报考此类职位的2016年应届硕士、博士研究生(非在职,须以最高学历报考),以及报考监狱、戒毒系统一线管理机构狱医、心理矫正类等特殊职位的年龄放宽到35周岁(即1980年3月18日以后出生);

(四)具有大专以上文化程度(部分职位放宽到中专)。非广东省常住户口(生源)报考者限全日制普通高等院校本科以上学历并取得学士以上学位的人员(报考面向"服务基层项目人员"专门职位的除外)。

(五)具有正常履行职责的身体条件和符合职位要求的工作能力。

(六)具有拟任职位所要求的其他资格条件:

1. 报考要求"具有2年以上基层工作经历"职位,须曾在基层和生产一线工作累计满2年。

2. 报考面向"本地大专以上学历人员"专门职位,应为职位所在地级市生源或本人、父母、配偶中一方户口在职位所在地级市的大专以上学历人员。报考粤东西北地区乡镇(含街道,下同)机关此类专门职位的人员录用后需在职位所在县(含县级市、市辖区,下同)的乡镇工作满5年;报考其他地区此类专门职位的人员录用后需在录用单位工作满5年。

3. 报考面向"服务基层项目人员"专门职位,应为我省招募的、服务期满且考核合格的参加大学生村官、"三支一扶"计划、"大学生志愿服务西部计划"和"广东大学生志愿服务山区计划"等服务基层项目的人员。考生可报考服务所在市、生源所在市或省直单位的专门职位。报考粤东西北地区乡镇机关服务基层项目专门职位的人员录用后需在职位所在县的乡镇工作满5年;报考其他地区服务基层项目专门职位的人员录用后需在录用单位工作满5年。

（七）法律、法规规定的其他条件。

年龄、基层工作经历、大学生村官等服务基层项目期限以及相关资历如专业技术资格证书、执业（职业）资格证书、从业资格证书、结婚证、居民户口本等取得时间的计算截止日期为2016年3月18日。

现役军人、在读的非应届普通高等院校毕业生、在职公务员（含试用期人员）、因犯罪受过刑事处罚的人员和被开除公职的人员、在各级公务员招录中被认定有舞弊等严重违反录用纪律行为的人员、公务员被辞退未满5年的，以及法律法规规定不得录用为公务员的其他情形的人员，不得报考。

三、报名办法

（一）查询职位。本次考录分粤东西北地区乡镇机关、县以上机关和珠三角地区乡镇机关职位、公安系统职位。粤东西北地区乡镇机关职位及其资格条件见附件1；县以上机关和珠三角地区乡镇机关职位及其资格条件见附件2；公安系统职位另文公告。

（二）网络报名。本次考试采取网络报名的方式，统一在广东省公务员考试录用管理信息系统（由http://www.gdzz.cn，http://www.gdhrss.gov.cn，http://www.gdrsks.gov.cn进入）报名。报名时间为2016年3月18日9:00至3月24日16:00，按以下程序进行：

1. 提交报考申请。报考人员应仔细阅读招考公告和报考指南（附件3），清楚具体职位资格条件，确认符合条件后在公告规定的报名时间登录广东省公务员考试录用管理信息系统，填写报名登记表，并上传本人近期免冠2寸正面证件电子照片（格式为*.JPG格式，大小为20 KB以下）。

2. 系统初步审核。广东省公务员考试录用管理信息系统将自动实时对报考人员提交的报名登记表进行初审。

3. 报名确认。通过广东省公务员考试录用管理信息系统审核的报考人员需网上缴费确认，缴费截止时间为3月25日16:00，未按期缴费确认的视为自动放弃考试。报名期间，报考人员未缴费确认的可改报其他职位，缴交考试费后不能再改报其他职位。2016年3月24日16:00至3月25日16:00期间，只能进行缴费，不可再更改所报职位。

4. 网上打印准考证。报名缴费确认成功后，报考人员可于2016年4月18日9:00后登录广东省公务员考试录用管理信息系统下载打印准考证。

（三）报名注意事项。

1. 报考人员须按《广东省考试录用公务员专业目录（2016版）》（附件4）进行报考，所学专业应符合报考职位的专业要求，学位种类不等同于报考专业。

2. 报考人员只能选择一个职位进行报名，不得报考录用后即构成回避关系的职位。报名必须使用有效期内的二代身份证。考生须诚信报名、诚信考试。凡提供虚假报考申请材料的，一经查实，即取消报考资格。对伪造、变造有关证件、材料、信息，骗取考试资格的，以及恶意报名、攻击报名系统的，将按有关规定予以处理。涉嫌犯罪的，移送司法机关处理。

3. 国有单位正式员工报考，须征得工作单位同意，并在面试资格审核时出具工作单位同意报考书面证明。

4. 具有国（境）外学历、学位人员须于2016年3月18日前取得相应的国（境）外学历学位证书方可报考，并在面试资格审核时出具国家教育部所属的相关机构的学历、学位认证函及有关证明材料方可参加面试。

5. 享受国家最低生活保障金的城镇家庭、农村绝对贫困家庭的考生，免交考试和体检等费用。

四、考试

考试包括笔试和面试。

（一）笔试

笔试科目为《行政职业能力测验》《申论》两科。有关情况详见《广东省2016年考试录用公务员笔试科目考试大纲》（附件5）。

笔试时间：2016年4月23日上午
08:00—09:30 《行政职业能力测验》
10:30—12:30 《申论》

笔试成绩按《行政职业能力测验》成绩占60%和《申论》成绩占40%加权计算，按四舍五入保留小数点后2位。

报考人员可凭身份证号和准考证号登录报名网站查询笔试成绩。

本次笔试将实行雷同卷甄别鉴定，对作弊者严肃处理。

（二）面试

除面试前加考专业技能测试的职位外，其他职位的面试对象根据笔试成绩高低按招录人数1:3比例确定。笔试合格考生达不到规定比例的，按合格人数确定面试对象。

本次省水利厅、省商务厅、省卫生和计划生育委员会、省审计厅、省统计局等5家单位招录的专业技术类职位，在面试前组织专业技能测试。参加专业技能测试的人员根据笔试成绩高低按招录人数1:6比例在笔试成绩合格考生中确定。专业技能测试的内容、方式、时间、地点以及具体的组织工作由招录机关负责，相关事宜将在招录机关网站上公布。

有专业技能测试的职位，根据笔试成绩×60%＋专业技能测试成绩×20%计算，由高到低顺序按招录人数1:3比例确定面试对象。

面试对象须按公务员主管部门或招录机关规定的时间、地点进行资格审核和面试。不按规定时间参加资格审核和面试的，视为自动放弃。资格审核不合格的，不得参加面试，招录机关可依次递补面试对象。凡有关材料信息不实，影响资格审核结果的，取消面试资格。

报考监狱、戒毒管理机关人民警察和法检两院司法警察职位的考生，通过资格审核后，还须进行体能测评。体能测评由公务员主管部门会同招录机关组织实施，具体测评时间、地点等事项另行通知。鉴于往年体能测评都有一定淘汰率，为能有效递补和按时完成体能测评，资格审核和体能测评可在考生自愿基础上按不低于招录人数1:4不高于1:6进行组织。通过资格审核和体能测评、排名在面试名额以外的为面试递补人员。体能测评不组织补测，不合格者不能参加面试。

面试工作严格按中央《公务员录用面试组织管理办法（试行）》《广东省公务员录用面试工作实施细则（试行）》的规定，全省统一命题，统一时间进行。面试成绩按四舍五入保留小数点后2位。面试时间、地点等具体事项另行通知。

考试总成绩＝笔试成绩×60%＋面试成绩×40%（其中：面试前加考专业技能测试职位的考试总成绩＝笔试成绩×60%＋专业技能测试成绩×20%＋面试成绩×20%）。考试总成绩四舍五入保留小数点后3位，若同一职位考生总成绩相同的，则依次按照笔试成绩、行政职业能力测验成绩高低顺序确定名次。

笔试成绩、考试总成绩的合格分数线由省级公务员主管部门划定。

五、体检和考察

考试结束后，按考试总成绩由高到低的顺序，按职位招录人数从考试总成绩合格考生中等额确定体检人员名单。

体检工作按照修订后的《公务员录用体检通用标准（试行）》《公务员录用体检操作手册（试行）》《公务员录用体检特殊标准（试行）》和《广东省公务员录用体检工作实施细则（试行）》等规定组织实施。具体体检事项另行通知。

体检合格的考生确定为拟录用考察人选，由招录机关按照公务员录用考察工作的有关规定，对其政治思想、道德修养、能力素质、学习和工作表现、遵纪守法、廉洁自律、社会关系以及是否需要回避等方面的情况进行考察，重点对考察对象的个人档案进行严格审核，全面核实其是否符合报考资格条件。

如出现体检、考察不合格或放弃体检、考察、录用资格的，相应职位可依次递补体检、考察人选。公示中发现问题不予录用的，可依次递补。是否递补体检、考察人选，由招录机关研究决定。

六、录用

考察合格的，确定为拟录用人选，由招录机关通过互联网等媒体公示7天后无异议的，按规定程序和权限报批录用。本次考录的部分职位设置职位组（即包括2个以上不同的具体岗位），报名人员按职位组报考，录用时按照考试总成绩由高到低的顺序，在所报考职位组中选择一个具体岗位（不得挑选录用后即构成回避关系的岗位）。

粤东西北地区乡镇机关如出现职位空缺，可在报考同一县同一项的考生中按总成绩从高到低进行调剂补录，不区分空缺职位原规定的专业条件，总成绩高的考生优先选择职位，不愿接受调剂的考生可放弃补录机会。如本县内调剂补录后尚有空缺，可在本市内同一项考生中调剂补录。调剂补录的考生须在职位所在县的乡镇工作满5年。

七、任职定级

新录用公务员试用期一年，试用期满合格的予以任职定级。招考职位标明"主任科员以下"的，任职定级按照《新录用公务员任职定级规定》执行；招考职位标明具体职务的，可按招考职位任职定级。

八、其他注意事项

（一）考生报名前需认真阅读本公告和报考指南。

（二）本公告及其附件的"以上""以下"均包含本级基数。

（三）准考证是考生参加公务员录用考试各环节的重要证件，请妥善保管。考生参加笔试、资格审核、体能测评、专业技能测试、面试、体检时，必须同时携带准考证和本人有效居民身份证（与报名时一致）。

（四）本次考试不举办，也不委托任何机构举办考试辅导培训班，也不指定任何参考用书和资料。社会上任何以公务员考试命题组、专门培训机构等名义举办的辅导班、辅导网站或发行的出版物、参考资料、上网卡等，均与本次考试的组织方无关。

本公告及报考相关要求的附件同时在广东组织工作网（http://www.gdzz.cn）、广东省人力资源和社会保障厅网（http://www.gdhrss.gov.cn）、广东人事考试网（http://www.gdrsks.gov.cn）发布，并在各市公务员主管部门门户网站同步转发，由中共广东省委组织部、广东省人力资源和社会保障厅、广东省公务员局负责解释。

广东省公安机关（含森林公安）考试录用人民警察（公务员）工作另行公告。

中共广东省委组织部
广东省人力资源和社会保障厅
广东省公务员局
2016年3月15日

第二章
运筹帷幄——把握就业信息与制订求职计划

第一节 职业环境认知

一、企业类型与行业

应届毕业生就业的过程，其实是选择职业与就业单位的过程。职业决定我们想做什么，而就业单位决定我们能做什么，并且可以做到什么程度。社会组织类型不同，其内部运作、规章制度、人际关系也不同。就业单位决定行业，行业决定个人的职业，职业影响个人的一生。因此，了解社会组织类型及其特点，有助于毕业生从所学专业、个人性格、兴趣爱好、职业发展等方面，在行业中做出较为正确的选择。

（一）社会组织类型

广义的社会组织是指人们从事共同活动的所有群体形式，包括氏族、家庭、秘密团体、政府、军队和学校等。狭义的社会组织是为了实现特定的目标而有意识地组合起来的社会群体，如政府、企业、学校、医院、社会团体等，它只是指人类的组织形式中的一部分，是人们为了特定目的而组建的稳定的合作形式。而就业，面对的是狭义的社会组织。

社会组织可以划分为不同的类型。

1. 行政组织

根据2006年1月实施的《中华人民共和国公务员法》第二十一条规定，录用担任主任科员以下及其他相当职务层次的非领导职务公务员，采取公开考试、严格考察、平等竞争、择优录取的办法。

2. 事业单位

事业单位是指国家以社会公益为目的的，由国家机关举办或者其他组织利用国有资产举办的，从事教育、科技、文化、卫生等活动的社会服务组织。我国的事业单位主要包括教科文卫、新闻出版、体育、环境监测、城市建设等，此外，还有一些行政组织的附属机构和法律服务所等。

3. 企业

只有在工商局登记注册的，才能称为企业，行政单位、事业单位、社会团体或者非企业性单位不能以"企业"来称呼。以企业登记的角度来看，企业分为以下几个类型：

(1) 有限责任公司。有限责任公司是指根据《中华人民共和国公司登记管理条例》规定登记注册，由五十个以下的股东出资设立，每个股东以其所认缴的出资额对公司承担有限责任，公司以其全部资产对其债务承担责任的经济组织。有限责任公司包括国有独资公司以及其他有限责任公司。

(2) 个人独资企业（由一个自然人投资设立）。即个人出资经营，归个人所有和控制，由个人承担经营风险和享有全部经营收益的企业。

(3) 合伙企业（合伙人可以是两个以上自然人，也可以是有限公司、企业法人、事业法人、社团法人等）。它分为普通合伙和有限合伙，如下设分支机构，性质为"合伙企业分支机构"。

(4) 全民所有制企业。"国有"和"全民"统称为全民所有制。它分为企业法人和营业单位两种。

(5) 集体所有制企业。集体所有制企业法人主办单位一般是事业单位、社团组织、工会、村委会等。营业单位可以由企业法人下设成立，也可由事业单位、社团组织、工会、村委会等法人组织直接下设成立。

需说明的是，平时人们所说的私营企业主要是指"个人独资企业、合伙企业和有自然人投资的有限公司"，还有一种类型是"个体工商户"，它规模较小，不是企业，不能以企业来对待。

（二）不同社会组织的特点及用人

1. 国有企业

国有企业一般涉及的是关系国计民生的重要领域，因此企业管理规范，企业发展稳定；国有企业需要知识面宽的复合型人才，要求学历高，强调政治面目，但人际关系比较复杂。

2. 私营企业

随着市场经济的不断推进，我国的私营企业也越来越壮大，成为国民经济的重要组成部分。私营企业数量庞大，一般规模较小，需求人才较多；私营企业人数较少，往往需要刚毕业的大学生从基层做起，企业各部门都可能涉足，这就为毕业生提供了磨炼机会，发展空间大。对毕业生要求一专多能，沟通能力强，敬业，有团队精神。

3. 外资企业

外资企业有着国际化管理理念，信息丰富，薪水待遇高，企业文化较为宽松，人际关系简单。要求员工综合能力强、技术能力强、计算机操作技能与流利的英语表达能力。

（三）行业与职业

行业是指从事国民经济中同性质的生产或其他经济社会的经营单位或者个体的组织结构体系，如林业、汽车业、银行业、饮食行业、服装行业、机械行业等。

根据《国民经济行业分类与代码》（GB/T 4754—2002），我国的行业分成18门类，每个门类下面又划分为大类、中类、小类三种，具体见表2-1。

表2-1 国民经济行业分类与代码

GB/T 4754—2002

门　类	大类	中类	小类
A. 农、林、牧、渔业	5	18	38
B. 采矿业	6	15	33
C. 制造业	30	169	482

续表

GB/T 4754—2002 门类	大类	中类	小类
D. 电力、燃气及水的生产和供应业	3	7	10
E. 建筑业	4	7	11
F. 交通运输、仓储和邮政业	9	24	37
G. 信息传输、计算机服务和软件业	3	10	14
H. 批发和零售业	2	18	93
I. 住宿和餐饮业	2	7	7
J. 金融业	4	16	16
K. 房地产业	1	4	4
L. 租赁和商务服务业	2	11	27
M. 科学研究、技术服务和地质勘查业	4	19	23
N. 水利、环境和公共设施管理业	3	8	18
O. 居民服务和其他服务业	2	12	16
P. 教育	1	5	13
Q. 卫生、社会保障和社会福利业	3	11	17
R. 文化、体育和娱乐业	5	22	29
S. 公共管理和社会组织	5	12	24
T. 国际组织	1	1	1

职位即岗位,是指在一个特定的企业组织中、在一个特定的时间内、由一个特定的人所担负的一个或数个任务所组成。

职位由三个要素构成:

(1) 职务,是指规定承担的工作任务,或为实现某一目标而从事的明确的工作行为。

(2) 职权,是指依法或企业的规定所赋予职位的相应权利,以提供完成某项工作任务的保障。

(3) 责任,是指承担一定职务的员工,对其工作标准与要求的同意或承诺。

岗位与职位还是有明显不同的。首先,按照"职位"的定义,职位是组织重要的构成部分,泛指一个阶层(类),面更宽泛,而岗位则具体得多。职位是按规定担任的工作或为实现某一目的而从事的明确的工作行为,由一组主要职责相似的岗位组成。职位是随组织结构定的,而岗位是随事定的,也就是我们常说的因事设岗。岗位是组织要求个体完成的一项或多项责任以及为此赋予个体的权利的总和。一份职位一般是将某些任务、职责和责任组为一体;而一个岗位则是指一个人所从事的工作。

岗位与人对应,通常只能由一个人担任,一个或若干个岗位的共性体现就是职位,即职位可以由一个或多个岗位组成。比如,制造型企业的生产部门的操作员是一个职位,这个职位由很多岗位的员工担任。如果具体到某个工序,就是岗位了,比如操作员的职位可能由钻孔操作员、层压操作员、丝印操作员等岗位组成。

二、企业招聘与用工形式

(一) 企业用工形式

随着社会的发展,人才流动机制越来越灵活,企业为了降低成本,在用工形式上也在不断改变。根据《劳动合同法》的规定,企业的用工形式可以分为全日制用工、劳务派遣用工、非全日制用工三种形式。下面简要介绍这几种用工形式的内容。

全日制用工。全日制用工,用人单位与劳动者应当订立书面劳动合同。标准的全日制用工实行每天工作不超过 8 小时,每周不超过 40 小时的标准工时的工时制度。

劳务派遣。劳务派遣又称人才派遣、人才租赁、劳动派遣、劳动力租赁,是指由劳务派遣机构与派遣劳工订立劳动合同,由要派企业(实际用工单位)向派遣劳工给付劳务报酬,劳动合同关系存在于劳务派遣机构与派遣劳工之间,但劳动力给付的事实则发生于派遣劳工与要派企业(实际用工单位)之间。

非全日制用工。非全日制用工是指以小时计酬为主,劳动者在同一用人单位一般平均每日工作时间不超过 4 小时,每周工作时间累计不超过 24 小时的用工形式。

(二) 三种用工形式的区别

全日制用工形式的劳动关系是由用人单位与劳动者直接建立的,只存在两方关系;而劳务派遣用工存在劳务派遣单位与用工单位之间及劳务派遣单位与被派遣劳动者之间的三方关系;在非全日制用工形式中,劳动者可与一个以上用工单位建立劳动关系。

在工时方面:全日制用工与劳务派遣用工基本相同,平均日用工不超过 8 小时,每周工作时间不超过 40 小时;非全日制用工平均每日不超过 4 小时,每周累计不超过 24 小时。

在合同订立形式方面:全日制用工与劳务派遣用工都应当订立书面合同;非全日制用工可以订立口头协议。

在试用期方面:全日制用工与劳务派遣用工除以完成一定工作任务为期限的劳动合同和 3 个月以下固定期限劳动合同外,其他劳动合同可以依法约定试用期;非全日制用工双方当事人不得约定试用期。

在合同解除与终止方面:全日制用工与劳务派遣用工,双方当事人都须依法解除劳动合同,单位可能还须依法支付一定的经济补偿金;而非全日制用工双方可随时解除且不用支付经济补偿金。

在劳动报酬方面:全日制用工与劳务派遣用工,劳动报酬的下限执行的是月最低工资标准,工资应当至少每月支付一次;非全日制用工不得低于用人单位所在地政府规定的最低小时工资标准,劳动报酬结算周期最长不得超过 15 日。

(三) 企业招聘渠道

直接到高校招聘。用人单位直接到高校招聘,有较强的针对性,一般对学校的专业设置、毕业生人数、学生质量有所了解。因此,毕业生都可通过自己所在的学校的就业办公室了解招聘情况;学校从事就业工作的相关老师也会及时发布招聘信息。

通过媒体发布招聘信息。网络、报纸、杂志作为信息传播的重要工具,受众广泛,因此,很多用人单位都会利用这些媒体发布招聘信息。

人才招聘会。促进就业,特别是保证大学生就业,是各级政府部门的重要职责。在大学较为集中的城市,政府每年都会安排若干次大型的人才招聘会,邀请上百家用人单位在指定的时间、指定的地点统一招聘。人才招聘会是应届大学毕业生找工作的主要场所。

人才市场及其网站。人才市场,又称劳动力市场、职业市场、求职市场、招聘市场、人力市场等,是指劳工供求的市场。人才市场及其网站,面向所有求职者,长期有招聘信息,用人单位多,招聘时间不受限制。

用人单位网站。一些大型、知名企业,都有自己的官方网站,他们凭借自身的知名度,在自己的官网上开设有类似"招贤纳士"的专栏,招聘信息都会通过此专栏发布。

> **实践训练营**

项目:以下企业属于什么组织?

中国人民银行:_____   中国银行:_____
广州市天河区兴华街道办事处:_____
美的集团:_____   联想集团:_____
广州市天河区员村街华颖社区居委会:_____
中国移动深圳分公司:_____
诺基亚(中国)有限公司:_____
中兴通讯股份有限公司:_____   中国石化广东分公司:_____
深圳市宝安区人力资源与社会保障局:_____
腾讯控股有限公司:_____
小超人糖果淘宝店:_____

第二节 信息准备

一、求职途径

(一)招聘会

招聘会求职途径一般包括校园招聘会和人才市场招聘会,再细分为企业专场招聘会、行业人才招聘会、区域人才招聘会等,各有各的特点,成功率也不尽相同。一般来说,区域人才招聘会讲究大而全,场面经常人山人海,被媒体夸张地放诸报端,用来形容求职之难。这样的招聘会通常竞争激烈,效率低下,容易跟风,让人迷失。企业招聘会则比较有针对性,但一般只有大企业才愿意举办,而且在名校举办居多(至少是行业内的名校),客观上对普通的求职者来说,是一个限制。行业人才招聘会通常由各地人才市场举办,针对某一具体行业招聘人才,因此具有效率高、覆盖广的特点。

相对于人才市场招聘会,校园招聘会针对性更强,成功率更高,而且企业进入校园开展招聘活动,学校相关部门进行严格审核和把关,可以有效减少学生外出求职可能遭遇的各种风险,也为学生节约了外出求职的各种成本。因此,学生应充分把校园招聘会提供的各种机会,积极关注学校就业部门发布的招聘信息和资料,有效提高求职成功率。

总的来说,招聘会作为一种传统的招聘方式,能够提供比其他招聘方式更多的企业和职位信息,在今后一段时间内都将是招聘的重要手段之一。不过,传统招聘会由于时间成本高,越来越多的求职者开始青睐网站招聘。

小资料

　　(1) 会前准备。会前重点要做好三件事：首先是定位，问问自己"想干什么？""能干什么？""长处是什么？""优势在哪里？""工作能力如何？"这些想清楚了，我们也就给自己做出了一个准确的定位。其次是写一份简历，精明而充分地展示自己的能力，暗藏着对工作的渴望和自信。另外别忘记复印几份，因为到会上排队复印要花很长时间。最后是要设计好自己的衣着。假如我们到一家大公司应聘，工作人员都西装笔挺，如果我们衣着太随便的话，招聘者对我们的第一印象分一定不会高，而且在那样的环境下，自己也会缺乏自信。

　　(2) 进入会场。进入会场要把握四点：首先，不要焦躁。熙熙攘攘的人流，铺天盖地的招聘启事，面对这一切千万别自己先乱了方寸。其次，寻找目标。应该仔细阅读办会单位准备的会刊招聘单位一览表，我们可根据事先准备好的谋职方向和谋职层次，找出最适合我们的招聘单位和拟招职位。再次，等待时机。假如我们找到某个单位的展位时，这里正挤得水泄不通，千万别因此而放弃，其实一拥而上的大多数人不一定合适。遇到这种情况，我们可先要一份"单位介绍"仔细阅读一下，印证一下自己的选择是否恰当。或者我们可先到其他展位转一转，等我们要找的单位展位不拥挤时再去谈。我们大可不必担心理想的职位被捷足先登者抢走，单位要找的是最适合的人，而不是按先来后到选人的。最后，简明扼要。洽谈会上不可能谈得很细，所以交谈要简明扼要，表明我们对该公司的兴趣和胜任所聘岗位的信心，引起招聘主管的重视，给他一个良好的印象，如果能够争取再见面，希望就更大了。

(二) 招聘网站

　　如今，随着互联网时代的到来，网络招聘发展迅猛。

　　网上求职是通过搜索获得招聘信息进行网上投递简历，避免了人才市场的奔波和拥挤，省事省费用(网站对招聘单位收费、求职者免费)，还可远距离求职，天南海北都有平等的表现机会。

　　网上求职较有效的渠道主要有以下几种：

　　(1) 专业人才网。如南方人才、前程无忧、中国人才热线、智联招聘等，都是国内较著名的人才网站。各地人事机构或人才市场都有相应的网站。

　　(2) 行业信息网。各行各业都有信息网或协会网，本行业的企业和从业人员都会在网上发布或寻找行业信息，同时也会在行业信息网的招聘栏上招聘专业技术人才和有行业经验的人才。如服装行业有服装网，钢铁行业有钢铁网等。

　　(3) 一些大企业和人力资源公司的网站。这些企业如果有招聘计划首先会在自己的企业网上发布。

　　企业网上招聘，除了求职者点击外，对专业性比较强的职位，企业大多还是通过搜索获得求职者的个人信息的。所以，在发布相关信息时，就有一些技巧。比如说求职者的职位名称和行业经历及专业术语，一定要写成行业通用的，这样被检索到的概率就会更大一些。网上求职，除了让别人找我们之外，我们也可以找别人。很多知名公司都在网上发布招聘信息，求职者可以及时通过点击或发 E-mail 来投简历。

　　在"找别人"的时候，发送简历后不能守株待兔，还要综合运用职位搜索、与用人单位联系等多种方式，增强求职的针对性，增加推销自己的机会。

小资料

要在网上求职,应避免的十个常见问题:

① 漫不经心地四处张贴简历。

② 把简历贴在附件里。虽然简便,但是由于计算机病毒的流行,老板们最不愿意打开的就是电子邮件的附件。相反,他们希望求职者能把简历直接贴到信的正文或是申请表的后面。

③ 邀请老板光顾并非十全十美的私人站点。

④ 冗长的电子邮件和应征信。

⑤ 激怒网友。

⑥ 在网上迷路。在求职前应确定具体目标,比如说工作职位、工作地点以及报酬多少等,然后据此排列符合条件的公司。

⑦ 把所有的"蛋"都放在网络这一个"篮子"里。

⑧ 同时在一家公司应征数个职位。不要在同一个站点应征同一个公司的数个职位。一般来说,老板会同时阅读各个招聘窗口的应征材料。我们越专注于某个职位,给公司的感觉就越认真,千万别忘了只应聘自己真正感兴趣的那份工作。

⑨ 随意在简历上列出证明人。

⑩ 海量群发简历。

(三)人脉

据调查,招聘网站和招聘会两种渠道占招聘总量的80%以上。但同样有一种求职方式令我们不敢小觑,这就是人脉。人脉是前两种主流招聘方式的有益补充,在一些地方甚至是中小企业的主要招聘方式。大学生求职,常看着别人这样那样的亲戚眼红,其实每个人都会有人脉,关键要自己做一个有心人。比如,本院上一届的学长,以及老师、同乡,每个人都有,但很少有人认真想过,这些资源能给自己带来哪些机会,为了得到这些机会,我们应该付出什么。再比如,每年学校都会举办各种有企业人力资源经理参加的讲座,这个大好的机会,有谁认真把握过?

人脉求职的重要性可以从这里可见一斑:在一些地方的中小企业,通过人脉招聘甚至成为企业的主要招聘方式,很多企业 HR 甚至认为其他招聘方式都不可靠,只有熟人介绍的才靠得住。这当然过分夸大人脉的作用,比如大企业特别是跨国公司的招聘,通常是有组织、有计划的,人脉的作用就相对比较小。但认识这些公司的员工,并对他们的工作情况有大致的了解,然后在面试中亮出来,一定能获得不少加分。

(四)招聘广告

大量搜索报纸招聘广告是一条有效的求职途径。但我们要做好三件事:首先是舍得花时间大量搜集,各种公开发行的报纸有专门的人才版,职业介绍服务中心、人才交流中心也都印有独自散发的小报,这些都要搜集在册。其次要归类整理。按照职业或岗位进行归纳整理,罗列在一起,保证层次清楚,查询方便。最后是寻找最佳目标。根据广告时间、招聘条件进行详细分析,去粗取精,选定目标,注意不要只认大广告,忽视小广告,广告版面的大小只反映岗位的多少。一定要给自己至少制订两套方案,同时去试。好单位、好职位必定存在很大竞争,如果我们的条件不是很好,就要避免和几百人争抢一个职位。

通过招聘广告求职,有很高的成功率,但关键还要看我们是否在第一时间获得相关信息,看我们是否善于分析其中奥秘。职业指导专家建议,采用这种方法求职要做到三个字:"量",大量获取信息;"细",仔细分析,认真剖析;"快",迅速反应出击。灵不灵试一试便知!

(五)实习单位

紧紧地抓住实习单位的机会,努力表现,如果双方合适,省心省力,则当然是最简单的求职方式。同时,经过一段时间的实习,对单位的领导、同事及各方面的情况都有些了解,正式进入后也便于工作的继续开展。

实习期间,努力表现是最重要的,但不要忘记"公关",重要的是争取推荐人,争取决策人,要让他们了解自己,理解自己,喜欢自己,尤其要感觉到少不了自己,这样下来就稳操胜券!

(六)人才超市、人力银行

所谓的"人才超市",就是求职者可以根据自己的学历、经验、行业认知度等各种条件,为自己开出适合的月薪或者年薪,连同自己所需求职的基础信息公布在其网站上,以期有岗位空缺的雇主单位选择。人力银行号称"不仅找工作,也为你找方向",网络人力银行的出现,让求职者只要上网填写履历,就可以坐等工作机会上门。

这两个概念也是近年炒得火热,然而无论是"人才超市"还是"人力银行",与"博客求职"比起来,还是换汤不换药。两者为人诟病之处在于,履历虽多,但高质量的履历不多,而且在谋合求职者与用人单位的机制上做得不精确。实际上,某大型IT公司的人事主管直言不讳,真正的一流人才,在校园招聘的时候已经被提前抢走了,那些还需要通过人力银行找工作的人,通常都不会是一流人才。

(七)圈子求职

此处的"圈子"不仅包括网络上的MSN、QQ、微信圈子,也包括各种博客和论坛圈子。一言以蔽之,"圈子求职"是一种网络求职手段,它利用各种网络渠道形成人脉圈,在圈子内,企业利用该圈子招聘紧缺人才,求职者利用圈子找到合适岗位。"圈子求职"介于"人脉求职"和"网络求职"之间。虽然不能与大规模的招聘会、网络招聘相媲美,但作为主要求职手段的重要补充,圈子求职以其便捷的条件和较高的命中率,受到了求职者的青睐,未来前途不可限量。

(八)职客代求职

找工作实在是件足够头疼的大事,当有些人发现仅靠个人力量不足以找到一份满意的工作,或者懒于自己辛苦地寻找的时候,"职客"就诞生了。"职客"是手里握有丰富的资源者,职客会应资源贫乏的求职者的需求,为他们提供帮助,从而收入费用,少则几百元,多则几千元。

目前这份职业是否"阳光"还没有单位承认,帮助得是否"阳光"也只有做职客的人才知道。它到底发展前途如何,如果确实能"阳光"地帮助求职者找到合适的工作,我们也乐见其成。

(九)走一条独特的求职道路

曾经看到过一则故事:有一位年轻人毕业后来到美国西部,他想当一名新闻记者,但人生地不熟,一直没有找到合适的工作。于是,他想起了大作家马克·吐温。年轻人写了一封信给他,希望能得到他的帮助。

马克·吐温接到信后,给年轻人回了信,信上说:"如果你能按照我的办法去做,你肯定能得到一席之地。"马克·吐温还问年轻人,他希望到哪一家报社。

年轻人看了十分高兴,马上回信告诉了马克·吐温。于是,马克·吐温告诉他:"你可以先到这家报社,告诉他们你现在不需要薪水,只是想找到一份工作,打发无聊时间,你会在报社好好地干。一般情况下,报社不会拒绝一个不要薪水的求职人员。"

"你获得工作以后,就努力去干。把采写的新闻给他们看,然后发表出来,你的名字和业绩就会慢慢被别人知道,如果你很出色,那么,社会上就有人会聘用你。然后你可以到主管那儿,对他说,如果报社能够给我相同的报酬,那么,我愿意留在这里。对于报社来说,他们不愿意放弃一个有经验且熟悉单位业务的工作人员。"

年轻人听了,有些怀疑,但还是照着马克·吐温的办法做了。不出几个月,他就接到了其他报社的聘任书。而这家报社知道后,愿意出更高得薪水挽留他。

这条求职途径,专业职业指导书中都很少描述,但它又确实是一种有效办法。在职业竞争激烈的今天,这种办法值得一试!对于每一位求职者而言,机会永远是平等的。但是,通向成功的路却不可能是一样的。

二、招聘陷阱

社会中充斥着形形色色的人,有的人遵纪守法,有的人坑蒙拐骗。对于初出茅庐的毕业生,在求职过程中,需要提高警惕,对招聘信息要仔细推敲,多留个心眼,防止落入不法之人的陷阱。俗话说"道高一尺,魔高一丈",陷阱的外表千变万化,要想穷尽是不可能的,但是我们可以掌握陷阱的本质。针对目前招聘中存在的问题,本节重点列举一些比较常见的陷阱,供毕业生们参考。

招聘陷阱第一类:巧立名目,骗取钱财

1. 录用须交押金

某大学计算机系的饶同学经常通过上网发邮件找工作。近日,他接到江苏一家电子公司的邮件,表示对他的简历很满意,决定在他毕业后给予录用,但是得先交500元的押金。小饶看到对方许诺的待遇还不错,于是就把费用寄了过去,之后就再也没有回音了。当他按照邮件留下的电话打过去时却发现是空号。事后,小张仔细查看了自己发出的邮件,之前并没有给这家公司发过求职简历,后悔当时由于自己发送的求职邮件过多,没有来得及分辨,要是仔细对照一下就好了。

2. 先交体检费,再安排面试

按照正规的招聘,一般的流程是笔试、面试、体检。一些招聘机构却与私立医院串通,把体检放在前面,先收取体检费,此后,以面试不合格为由拒绝应聘者。

湖北的应届毕业生小张,就遇到了这样的事。他收到一封电子邮件,全文如下:"你好:你的简历经审核符合我司招聘条件,如愿意参加面试考核,请通过中国工商银行汇款交纳报名费用及体检费用380元,交费账号:××,收款人:××。同意参加招聘面试并已经交费的应聘者请回复邮件,并在邮件主题注明'姓名+联系方式+交费时间(如10月15日上午)',以便及时统计、确定面试人员。面试考核相关事宜请等候10月下旬电话通知。不交费的不再通知面试。"

3. 五花八门的其他费用

行骗单位都具有一些共性:证件齐全、手续合法、招聘规范,并与求职者签订合同,而一旦钱财到手,就"人间蒸发"。行骗单位为了骗取求职者的信任,往往通过合法的渠道取得招聘资格:在工商局正常注册,凭工商部门的营业执照,获得人才市场招聘展位。用面试或录用作诱饵,避开人才市场现场的各种警示,通知求职者到单位,然后收取"考试费""服装费""培训费"

等,最后借口单位需要装修或利用休息日卷款逃走。等到求职者找上门来时,已经人去楼空。

防骗支招:根据《劳动法》规定,用人单位不得以任何名义向应聘者收取报名费、抵押金。求职者不要因为工作难找或害怕失去这个机会而轻易掏钱,当单位提出"交费"时,一定要慎重,或拒交或向单位索要正规发票,并妥善保管,一旦出现问题,可以利用发票上的序号查找相关责任人。对于单位收取的抵押金,当事人可以拿着当初单位开出的收据到劳动部门投诉或者申请仲裁。遇到单位以各种名义不合理收费的,求职者应该及时举报以维护权益。

招聘陷阱第二类:以假乱真,坑蒙拐骗

1. 冒名顶替,异地骗局

有一年,不少毕业生收到自称"××银行人力资源中心"的电话和邮件,声称这些同学已经通过简历筛选,并在电话中进行了电话面试,15分钟左右的电话面试后直接发了录取通知书。最后该银行要求这些同学在指定时间内到广东某山区市报到,对方留下个人的邮箱和手机号码。这个骗局最让人容易上当的地方在于,他们发出的邮件还煞有介事地发出正式邀请函,并附有注意事项:

(1) 报到流程

① 收到通知书之日起,在公司规定时间内到指定地点报到,请预先订购车票。

② 乘坐开往梅州的火车,到站后及时与公司取得联系,安排接待。

③ 从全国各地乘坐飞机到广州白云机场,然后转车到梅州火车站或汽车站,安排接待。

④ 新员工自收到通知书之日起需提前买票,上车前把车次和到站时间反馈给公司后勤接待处××主管(电话:×××)。反馈给负责接待部后,按照公司负责接待部之人安排到指定地点等待接待及相关事宜安排。出于公司和您个人考虑,请不要自作主张。公司所需要的员工是能够服从公司安排及注重团队配合的人;公司崇尚"以人为本"。

(2) 食宿安排

本公司设有餐厅和公寓,培训期间,统一安排食宿,但床上用品和生活用品均需自行购买。住宿为两室一厅、三室一厅,为让新老员工和谐生活和工作,将安排新老员工同住,望新员工理解。新员工可在老员工带领下熟悉环境及工作生活事宜,我们将尽量为新员工提供家庭般的温馨环境,尽快熟悉新环境,全身心投入到培训当中,有任何问题可向同舍老员工请教,为以后之合作打好基础。新员工要谦虚好学。

(3) 体检安排

报到后,由集团公司统一安排体检。

这些说明内容详细,往往使刚毕业的同学信以为真。但这个招聘却是一个骗局,一旦同学们按照说明去了,可能会出现的严重后果,如被抢劫、落入传销团伙等。其实,只要多留个心眼,就会发现,该案例中的招聘信息虽然详细缜密,但有一些信息骗子是无法做到的,比如非××银行官方邮箱和联系电话。所以请同学们高度警惕,天上不会掉馅饼。

因此,通过网络投简历,应聘者收到来自所谓某某大公司的邀请,但这类大公司通常都是在比较偏远的地区,还有类似"到企业报到不要告诉亲戚朋友"的说明时,要及时通过官方网站查询,或拨打当地114查询台,询问招聘电话就会水落石出。

2. 高薪引诱,皮包公司

很多招聘信息,通过各种花言巧语,告诉求职者不需要太多的钱,不需要太精的手艺,也不用辛苦跑市场,但是回报却异常丰厚,让人一夜致富。一件事如果能赚很多钱,却一直没有人来竞争,只能说明这里面风险太大,坐享暴利的事是不存在的。

防骗支招：遇到不熟悉的公司，可以在工商登记系统查询真实性。以广州市的企业为例，可以登录广州信用网 http://credit.gz.gov.cn/，在主页上可以查出公司的性质、注册资本和地址，也可按照法定代表人进行查询，虽然看不到全部的身份证号，但是根据显示出的数字可以看出该法定代表人开过的其他公司。不同省市的都有工商登记查询系统，毕业生都可以自行上网搜寻。

招聘陷阱第三类：虚情假意

1. 利用试用期，降低用工成本

试用期是指包括在劳动合同周期内，劳动关系还处于非正式状态，用人单位对劳动者是否合格进行考核，劳动者对用人单位是否符合自己要求进行了解的时期。在试用期间，劳动者的工资与福利都较低，往往只有正式入职的一半。有部分小企业，将试用期定得较长，在试用期结束时，又以各种理由辞退求职者，以此来利用廉价劳动力。

2. 夸大职位，货不对板

一些用人单位夸大其词，招聘启事上写的是储备经理，实际上是商场售货员；所谓的编辑、记者，实际上就是广告业务员。这类公司在发布招聘信息时，对职位的工作内容与标准，写得很宽泛，用一些听起来级别较高的虚职欺骗求职者；还有一些公司以岗前培训、轮岗为借口，让求职者从事其他体力型工作。

3. 假招聘，实宣传

有些企业为了提高知名度，在人才市场及网站上不断出现，而且开出的招聘条件非常诱人，却少有投简历者被面试。这些企业的目的其实是为了宣传自己。

更多曝光求职陷阱，可以登录应届生论坛 http://bbs.yin 由 iesheng.com/forum438-1.html。

➤ 实践训练营

你的兴趣：_____

你喜欢的行业（1～3个）：_____

你父亲工作单位所在的行业：_____

你母亲工作单位所在的行业：_____

你家庭关系网所在的行业：_____

你想凭自己找工作吗：_____

你依赖家人找工作吗：_____

你喜欢在大城市工作吗：_____

总结：我将在_____地方从事_____行业。

附：常用就业网站

中华英才网：http://www.chi.nahr.com

中国人才热线：http://www.cj01.com

中国大学生就业在线：http://www.100hr.com.cn

南方人才网：http://www.jobl68.com

前程无忧网：http://www.51job.corn

广东省大学生就业在线：http://www.gradjob.com.cn

应届生求职网：http://www.yingjiesheng.corn

高校人才网：http://www.gaoxiaojob.com/

智联招聘：http://www.zhaopin.com

人力资源和社会保障部网站：http://www.mohiss.gov.cn

广东省人事考试局公务员考试网：http://www.humanassess.com.cn

广东人才网：http://www.gdrc.com/

广东省各高校的就业指导中心网站可查看广东省大学生就业在线。

第三节 就业心理调查

一、就业心理调查

大学生就业心理与期望值调查问卷

亲爱的同学：

您好！大学生的就业问题一直是社会关注的焦点，而大学生的就业心理以及期望是影响大学生就业的一个重要的因素。为了更好地了解大学生目前的就业心理状态，帮助大学生更好地适应社会环境实现就业，我们特别组织这次调查，希望得到您的支持和配合。本次调查采用匿名形式，不涉及个人隐私，所以真诚希望您能如实地把自己的实际情况和想法反馈给我们。谢谢！

1. 您现在的情况是（　　）。
   A. 在校大学生　　　　　　　　B. 已毕业学生
2. 您的性别（　　）。
   A. 男　　　　　　　　　　　　B. 女
3. 您的年级（　　）。
   A. 大一　　　B. 大二　　　C. 大三
   D. 大四　　　E. 研究生
4. 您所学专业（　　）。
   A. 管理类　　B. 财经类　　C. 工科类
   D. 计算机类　E. 理科类　　F. 其他
5. 您对您目前的专业满意吗？（　　）
   A. 非常满意　B. 满意　　　C. 一般
   D. 不满意　　E. 非常不满意
6. 您对本专业的就业前景感觉如何？（　　）
   A. 非常好　　B. 很好　　　C. 一般　　　D. 感觉很迷茫
7. 您毕业后的打算是（　　）。
   A. 就业　　　B. 考研　　　C. 考公务员　D. 自主创业
8. 您认为当前的就业形势如何？（　　）
   A. 形势严峻，就业难　　　　　B. 形势正常
   C. 形势较好，就业相对容易　　D. 不了解
9. 如果面临就业难的情况，您的态度是（　　）。
   A. 先就业再择业　　　　　　　B. 先择业再就业

C. 继续深造　　　　　　　　　　　　D. 自主创业

10. 您从什么时候起开始关注就业信息？（　　）
  A. 大一　　　　　B. 大二　　　　　C. 大三
  D. 大四　　　　　E. 暂时还没考虑

11. 在校期间，您曾经做过怎样的就业准备？（　　）
  A. 制定目标或做规划　B. 听过讲座　　C. 看过相关书籍
  D. 上过指导课　　　　E. 考过相关证书　F. 其他

12. 在求职过程中您会选择哪些途径？（　　）
  A. 现场招聘会　　　B. 网络　　　　C. 亲友介绍
  D. 报纸杂志等　　　E. 上门自荐　　F. 其他

13. 您在择业时考虑的首要因素是（　　）。
  A. 家庭情感因素　　B. 个人发展前途　C. 薪资待遇
  D. 工作地点　　　　E. 其他

14. 毕业了，第一份工作，您最希望在哪里？（　　）
  A. 一线城市　　　　　　　　　　　B. 二、三线城市
  C. 自己的家乡　　　　　　　　　　D. 到中西部或者农村基层锻炼

15. 您最希望到什么样的单位就业？（　　）
  A. 国有企业　　　　B. 外资企业　　C. 合资企业
  D. 民营企业　　　　E. 政府部门　　F. 其他

16. 您如何看待就业专业对口问题？（　　）
  A. 一定要对口　　　B. 最好对口，但不是首要因素
  C. 无所谓　　　　　D. 不会选择所学专业就业

17. 对于第一份工作，您的薪酬期望最低是（　　）。
  A. 2000 元以下　　B. 2000～3000 元　C. 3000～4500 元　D. 4500 元以上

18. 您认为目前最欠缺的素质是（　　）。
  A. 沟通协调能力　　　　　　　　　B. 相关工作、实习经验
  C. 专业知识和技能　　　　　　　　D. 处理人际关系的能力
  E. 抗压、解决问题能力　　　　　　F. 其他

19. 作为过来人，您希望什么时候开始设立就业指导课程？（　　）
  A. 大一　　　　B. 大二　　　　C. 大三　　　　D. 大四

20. 您觉得学校除了提供就业指导课程及专业课程外，还应提供哪些方面的指导？（　　）
  A. 职业生涯规划　　　　　　　　　B. 素质拓展
  C. 就业体验　　　　　　　　　　　D. 其他

21. 哪些就业指导方式最感兴趣（最多三种）（　　）
  A. 经验分享　　　B. 案例分析　　　C. 集体活动　　　D. 专题讲座
  E. 角色扮演　　　F. 面对面咨询　　G. 其他

二、求职中常见的心理问题

当今社会人才济济、竞争激烈，面对各种困扰和人生的多重选择，毕业生们往往存在不同程度的心理问题，大多数毕业生能够经过自己的理性思考以及与亲友和老师的交流后排解心

理困惑,调整心态,愉快地走向工作岗位。但是也有个别毕业生面对各种压力和选择,因为缺乏交流出现心理和行为的异常,给今后的发展带来不利影响。

(一) 求职中常见的矛盾心理

大学生择业中常见矛盾心理,主要有以下几种表现:

1. 有远大理想,但往往不能正视现实

人的一生,总是在不断地追求美好的未来。大学生在择业时这种追求和憧憬更为强烈,更为远大。经过充实而丰富的大学生活,大学生知识的羽翼已逐渐丰满,面对市场经济大潮,他们满怀豪情,准备搏击一番。然而由于他们涉世尚浅,理想往往脱离现实。如许多大学生都想成为企业家、大经理、大老板或"大款",走商业巨子之路。但是,在择业中他们并未考虑到自己的知识、能力、性格、爱好、气质等是否适合从商;或者未真正考虑所选择的单位是否有利于自己的发展,出现了理想的自我膨胀和现实的自我萎缩之间的矛盾。

2. 有较强的自我观念,但缺乏把握自我的能力

大学阶段,大学生的自我意识日趋完善,对自我的存在及意义有了较明确的认识。在择业中,他们已经意识到将服务于社会,为社会贡献自己的聪明才智;同时,他们也要求社会能够承认"自我意识中的'我'"的价值。但是,由于大学生的人生观、价值观尚未最终定型。再加上社会大环境的影响,他们往往不能客观地分析和评价自己。多数大学生对自己的评价偏高,时常产生自我欣赏、自我陶醉的心态,择业时期望值过高,缺乏承受挫折的心理准备。少数学生自我评价过低,时常产生自卑自贱、自怨自艾的心态,择业时期望值过低,缺乏主动争取和利用机会的心理准备。也有的学生处于上述两种情况的波动之中,往往择业时目标与行为不稳定,缺乏理智、冷静的心理准备。正是由于自我认识能力不足,继而在调动自我功能、实现自我驾驭方面显得不足。

3. 渴望竞争,但缺乏竞争的勇气

就业制度的改革,为大学生择业提供了公开、平等的竞争环境。大多数学生对此渴望已久,他们已经认识到,在市场经济下,一个人如果没有强烈的竞争意识,人生不通过竞争,就不可能成就事业。但是,许多大学生在社会为其提供的竞争机会面前顾虑重重,唯唯诺诺。有的怕竞争失败丢了面子,有的怕竞争伤了和气,有的认为不正之风干扰太大,竞争肯定会败北。尤其是一些学生在择业中遇到困难时,不善于调整目标、调整自己,缺乏竞争的勇气,甚至放弃竞争。

4. 注重实现自己的人生价值,但缺乏艰苦奋斗的心理准备

在择业时,很多大学生都自愿到祖国需要的地方去建功立业,实现自己的人生价值,不愿碌碌无为。然而,有些同学缺乏艰苦奋斗的心理准备,不愿到艰苦的地方去,不愿到边远地区,不愿深入基层。有些大学生急功近利想走捷径,幻想成才的道路平坦笔直,想涉足层次高、工作条件好的单位,想一举成名,一蹴而就。

大学毕业生在求职择业中产生的矛盾心理,主要是因面对激烈的求职环境未能及时调整自我而引起的,属于职业生涯发展过程中的适应不良,只要社会各方面正确引导,大学生主动调整自我,这些矛盾心理会随着时间的推移逐步消失。

(二) 求职中常见的心理误区

大学生就业制度改革既为广大毕业生提供了公平竞争和施展才华的机会,同时也对大学生的心理素质提出了新的挑战。面对新的就业体制和严峻的就业形势,有相当一部分毕业生因各种原因,在就业过程中出现了各种心理误区。

1. 盲目乐观、期望过高的自负心理

包括两个方面的盲目乐观:一是就业市场;二是个人能力。虽然有的专业需求旺,但毕业生自己求职不主动,或者求职时过分挑剔。有些同学认为个人条件比较好,学习成绩优秀,是党员,当过学生干部等,在择业中具备各种优势,因而在求职时盲目自信,对择业的期望过高(如收入丰厚、社会地位高、地理位置好、工作轻松自在、较大发展前途),引起招聘人员的反感,给用人单位留下浮躁、不踏实的印象。

2. 缺乏自信、依赖他人的自卑畏怯心理

有的同学大学期间尽管具备了一定的实力和优势,但面对激烈的竞争,觉得自己这不行,那也不如别人,不能够正确、全面地认识自己。明明是自己理想中的工作,可一看到求职者众多,就打起退堂鼓来,连试一下的勇气都没有,结果在竞争中不是因为能力差而是因为心理问题败下阵来。缺乏自信,自卑的人一旦受挫,便觉得自己确实不行,从而加重了自卑感。还有的毕业生完全依赖家长及亲朋好友替自己找工作,把自己的命运完全交给他人来决定,听天由命。

3. 攀比从众、只讲实惠的急功近利心理

每个人的生活环境、家庭背景以及能力和性格,决定了遇到的机遇是不尽相同的,因而在择业目标、职业选择上不具有可比性。但大学生血气方刚,易争强好胜,虚荣心较强,容易引发攀比心理。不少同学受社会思潮和社会环境影响,过分追求实惠,一味追捧热门,急功近利而忽视了所学所长。这样,往往使他们只看到一些眼前的利益,而忽视长远的发展。

4. 犹豫观望、徘徊不前的患得患失心理

职业的选择往往也是对机遇的一种把握,否则将会与成功失之交臂。面对用人单位的招聘,有一些同学总认为前面的是"虾米",后面才有"大鱼",盲目夸大机会成本。因此,在择业过程中这山望着那山高,患得患失,结果到毕业时,工作还没着落,失去许多难得的良机。

5. 怯于竞争、听天由命的低就保守心理

某些同学缺乏竞争意识,不敢积极主动地迎接挑战。有的坐在家里,等待机会找上门来。有的同学总觉得自己技不如人,甘拜下风,"不战而退",不敢对自己"明码标价",到了快毕业离校时随便找个"婆家"把自己"嫁"出去,甚至对签约单位一点都不了解,对于有的开出的不平等协议也糊里糊涂地签订,结果往往有上当受骗之感,后悔莫及。

6. 过于激进、新潮叛逆的厌世心理

大学生中还有一部分同学思想比较激进,不愿出去找工作,总想着自主创业,自己要当老板。想法当然是好,但现实与梦想总有差距,没有精心的策划、周密的市场调研与论证以及必需的创业基金,往往最终只有失败。还有极少部分同学,没有主动寻求就业,或者求职不成,灰心丧气,整天游游荡荡,有的甚至成为骗子、传销团伙的猎取之物。有的毕业生迫于生计,受犯罪团伙诱骗,参与诈骗、抢劫等犯罪活动,从而断送了自己的美好前程。

求职择业是大学生人生道路上的一次重大选择,这将是他们成功就业并顺利走向社会的一个关口。因此,在求职择业过程中,应该树立良好的就业心态,正确地认识自我,认识社会,做好择业前的心理准备,排除心理干扰,以积极健康的心态主动迎接社会的挑战与竞争,促进顺利就业。

三、求职者应具备的心理素质

优秀的心理素质是一个人立业、成才的基础,从某种意义上说,它比智慧和学识更重要,因此,面临求职择业的毕业生应具备良好的心理素质和健康的就业心态。

（一）面对现实，把握自己

现实是客观存在的，包括主体（自身）和客体（社会）。敢于面对现实是指求职者要敢于正视社会、正视自身。

通过对就业市场、就业形势的客观了解与深刻体验后，大学毕业生应当看到，社会的转型正极大地改变着人们的思维方式和行为方式。在科教兴国战略思想的指导下，国家越来越重视知识，尊重人才。这种社会氛围无疑为毕业生求职创造了良好的机遇，为那些有真才实学的毕业生提供了良好的外部条件。然而，我国还是一个发展中国家，生产力相对落后，就业地区的环境、经济水平、工作条件存在一定差别，毕业生就业市场还不够规范。随着人事制度改革的深入，用人单位的自主权在扩大，对毕业生的要求不断提高，这些都为毕业生求职择业增加了新的难度，提出了新的挑战。大学毕业生必须明白现实如此，与其怨天尤人，还不如勇敢地面对现实，脚踏实地地寻求解决问题的办法。

（二）拼搏进取，勇于竞争

竞争自古就有之，中外皆然。人类从钻木取火、茹毛饮血的社会进化到太空遨游、试管婴儿的时代，其间经历了数不胜数的竞争。有人认为人生本来就是一场竞争，也有人认为一个人最大的幸福就是在竞争中取胜。生活往往给人这样的启示，那就是人应具有这样的品质：在富有挑战性的工作面前，敢于拼搏，乐于进取。

毕业生应有竞争的勇气。竞争是个人发展、社会进步的真正动力，如毕业生就业制度的改革本身就体现了一种竞争机制，目的在于培养和强化竞争意识。作为磨砺数载的毕业生应敢于在沧海里扬帆，人生能有几回搏？先贤有言："大胆天下去得，小心寸步难行。"居里夫人也说过："弱者坐待时机，强者创造时机。"在求职择业过程中，任何胆小怕事、羞怯自抑的想法和做法都是不可取的。

竞争需要实力。竞争是人与人的交锋，是力与力的较量，是否具有"实力"就是：是否具备了扎实的专业基础知识；是否具备了与社会发展相适应的观念；是否具备了处理纷繁的人际关系的能力以及健康的身体；最重要的还在于是否具备了敢于拼搏进取、胜不骄、败不馁的心理素质。

竞争要有接受失败的心理准备。竞争的目的在于成功，但并非每个人每次竞争都能成功。因此，毕业生在参与竞争前，一定要有充分的思想准备，争取赢，也要认输，凡有成就的人，无不经受过挫折与磨难。贝多芬说过："卓越之人的一大优点是，在不利与艰难的遭遇里百折不挠。"竞争就是有输有赢，毕业生就业要做好输了也要重整旗鼓，再度出击的心理准备。

有些人之所以能笑迎厄运，挫而弥坚，越挫越强，关键在于他们有良好的心理素质。其实，成败乃人生平常事。它是主客观原因共同作用的结果，并非永恒不变的，而是可以转化的，重要的是失败之后保持清醒的头脑。因此，毕业生在求职择业过程中遇到挫折时，不必惊慌，不必懊恼，而应冷静地分析受挫原因并及时调整自己的思维和行为，准备投入下一次竞争，努力使自己成为坚强的人，成为经得起失败的人。

（三）适应环境，放眼未来

毕业生就业制度改革后，人才市场异常活跃，就业机会明显增加，尤其是一些毕业生所学的专业适用性很强，比较容易找到一份理想的工作。不过，这类毕业生仍须不断进取，因为理想的工作仅仅只是为事业有成创造了条件。对于一部分毕业生而言，可能首次择业不如意，但没有必要后悔和抱怨。用发展、变化的眼光看问题，事物总是在变的，我国人事制度的改革已经为人才的第二次、第三次择业提供了方便。只要毕业生能够客观地看待社会，正确地评价自身,就能最终找到合适的工作。

适时调控心境,保重身体。择业阶段是紧张辛苦的,容易身心疲惫,要特别留意自己的健康。毕业生应该明白:有"本钱"才能打持久战,健康的身体是物质基础,心理健康又对躯体健康有着重要的保证作用。大量的实验研究和临床实践表明:中枢神经系统功能过度紧张、紊乱,会诱发各种疾病,如果有长期的压抑、愤怒、强烈不满等不良情绪,更易引发疾病。因此,在紧张劳累的求职择业过程中,毕业生应学会调整自己,努力保持心态平衡,不因就业的成败而大喜大悲,损伤身体。

四、求职心理调适

职业选择期是人生职业生涯发展规划的关键时期,能否在此期间培养良好健康的心理决定着一个人在职业生涯中能否发挥自己的个性,施展自己的才华,取得事业成功,实现自我价值。因此,必须采取积极的措施调适大学生在择业中的不良心理。

(一) 焦躁心理的调适

大学毕业生有为国家、为社会作出贡献的强烈愿望,也有获取高收入、高地位的渴求。理想与现实产生差距,毕业生就容易有焦虑、急躁的心理。

要克服焦虑、急躁的心理,就需要打破事事求稳、求顺的想法,增强竞争意识。求职本身就是一种竞争,是一个优胜劣汰的过程,即使通过竞争找到了比较理想的职业,如果不继续努力,也会丢掉这份工作。另外,有竞争必定会有风险和失败,确立了竞争意识,就不怕风险和挫折,焦虑的心理必定能得到缓解或克服。同时,毕业生还应克服自己择业心切、急于求成的思想,否则越急越容易择业失败,而失败的体验又会强化沮丧和焦虑的情绪。因此要客观地分析自己,合理地设计求职目标,尽量减少挫折,这样也会减轻焦虑的程度。此外,还可以采用合理的情绪宣泄和放松的方法来减轻焦虑。宣泄是指将自己的忧虑向朋友、老师倾诉,一吐为快,甚至也可以在亲友面前痛哭一场。但是,宣泄一定要注意场合、身份、气氛,注意适度,应是无破坏性的。放松有很多种方法,例如冥想放松法,它是让放松者发挥自我想象和自我暗示的能力,来达到放松的目的。可采用如下做法:

(1) 找一件真实的物件,例如橘子,凝视手中的橘子(其实,不管什么东西都行),反复仔细地观察它的形状、颜色、纹理、脉络;然后用手触摸它的表面质地,看是光滑还是粗糙;再闻闻它有什么气味。

(2) 闭上眼睛,回忆或回味着这个橘子都给自己留下了哪些印象。

(3) 放松肌肉,排除杂念,想象自己钻进了橘子里。那么,里面是什么样子? 自己感觉到了什么? 里面的颜色和外边的颜色一样吗? 然后再假想自己尝了这个橘子,记住它的滋味。

(4) 想象暗示自己走出了橘子的内部,恢复了原样;记住刚才橘子里面所看到的、尝到的和感觉到的一切,然后做深呼吸5遍,慢慢数5下,睁开眼睛,就会感到头脑轻松、清爽。

(二) 自卑心理的调适

自卑心理是毕业生求职的大敌。有些同学因为自己的形象问题或者对自己拥有的专业知识没有足够的自信而表现出自卑感,带着这种心理阴影去求职,往往给面试官留下一个缺乏朝气、信心不足的印象,被录用的可能性大大降低。其实,现在企业大多不以貌取人,主要看的是求职者的能力,多数职位对求职者的要求是内在素质要高于外在形象,自信本身就是一种素质和气质。要消除自卑心理,至关重要的是要能够正确地评价自己,纠正过低的自我评价。在实践中可以采取以下方法：

(1) 优点列举法：列举自己的诸多优点，然后请同学和父母帮自己写出"同学眼中的我的优点""父母眼中的我的优点"，综合后最大限度地不断挖掘自己实际存在的优点和优势。

(2) 能力展示法：要克服自卑感还必须学会恰如其分地表现自己的才能，比如，学会如何平静地与人交谈，如何接近陌生人，如何同别人握手寒暄，如何进行开场白，如何使谈话继续和终止等技巧。

(3) 自我暗示法：在就业时暗示自己，不要计较别人的议论。失败、成功都是自己的事，无须担心他人的议论；在应聘中暗示自己，如果此次面试不行，还会有下一个机会，这个单位不录取，还有其他的单位在等着自己，在面试场上要暗示自己，面试无非是一场谈话，尽量使自己放松。

(4) 成功体验积累法：可以多参加社会实践活动，通过丰富的体验获得成功的愉悦，激励自我不断发现自己的能力，提高自信心。

(三) 自大心理的调适

大学生求职时不能没有自信，但是盲目自信，择业胃口吊得很高，就成了自负。自负的人不能客观看待自己的优势，夸大了自己的优势，因此当心目中的高目标不能得到满足时，便会产生失望、挫折的心理。克服盲目自信的核心是正确认识和评价自我，其方法包括以下几种：

(1) 社会比较。首先，将自己与社会上其他人比较，要通过社会上其他人对自己的态度来认识自己。如果一个人对自己的评价与他所获得的各种比较信息基本一致，基本就可以认为他的自我认识发展比较好，比较客观；如果不一致，差距太大甚至相反，那就表明他的自我认识不够客观，缺乏自知之明。

(2) 自我静思。也称自我反省，通过反省应当明确自己的专业发展方向是什么，自己的优势和劣势是什么，自己的爱好特点是什么，自己的性格气质是什么，自己最适合干什么工作，等等，使自己在择业过程中处于积极主动的位置。

(3) 心理测验。大学生可以根据自己的需要选择质量可靠的心理测验，如能力测验、人格测验、兴趣测验等，对自己的能力倾向、兴趣和性格作一个客观评估，以帮助自己正确认识和评价自己。

(四) 依赖心理的调适

很多大学生在高考填报志愿时就是由家长或中学老师做主的，在临近毕业时这些人又把就业的希望寄托在学校和老师身上，总是怀着"车到山前必有路"的依赖心理。

依赖他人的帮助，毕业生有可能也会找到一份好工作，但是从长远来看，依赖心理对毕业生的社会适应却是有害的，因为依赖的习惯会使人逐渐丧失自信、失去自我，不相信通过自己的努力会达成自己想要的目标。在当今竞争激烈的社会，自信心、自我效能感（相信通过自己的努力可以完成任务的自信程度）对于一个人的成功越来越重要。要克服依赖心理，一方面，要充分认识到依赖心理的危害，提高自己的动手能力，不要什么事情都指望别人，遇到问题要做出属于自己的选择和判断，加强自主性和创造性，学会独立地思考问题；另一方面，要在生活中树立行动的勇气，自己能做的事一定要自己做，自己没做过的事要锻炼，通过行动上不断累积的成功来强化自己动手的习惯。

(五) 从众心理的调适

从众心理在求职择业时也会常常遇到。一些大学生跟着感觉走，盲目从众，一味寻求热门职业，报考的人数越多，他们对那些职业的渴求越大。

适度的从众即认为多数人的行为和意见是正确的而怀疑自己的判断，在一定程度上有助于人们遵从一定的规范,形成一致的行为,完成群体目标。但它的消极影响不容忽视,因为它倾向于形成标准统一的行为模式,排斥与众不同,因此,有时会阻碍人们的创新精神,不利于人们个性的发展。在就业问题上,克服从众心理首先要认清自我,了解自己的价值观,弄清自己的条件(优势和劣势),摆正自己的位置,根据自己的实际情况,形成一种脚踏实地的务实态度,而不是盲目随大流,盲目与他人攀比;其次,克服从众心理需要适当表现自己,做回自己,跨越"从众"的矮墙,告别平庸,走向卓越。

(六) 自责心理的调适

要克服挫折感和自责感,毕业生首先要学会积极的思维方式,学会将思维中的负面词语改为正面词语。例如将"我觉得很无奈,又失败了"改为"除了努力,我还有什么更有价值的事情可以做""怎样才能创造新的突破";将"我为什么这么痛苦"改为"为了解决问题,我现在可以做什么""我怎样想和怎样做才最有利于问题的解决";将"因为我找不到工作,所以,别人看不起我,我闷闷不乐"改为"我只是暂时没有找到工作,但是我要更加努力,因为只有这样才能改变现状,才能有就业的机会。因为只有这样,我才能挽回面子。因为只有这样,我才能改变我在大家心目中的形象";其次,毕业生的求职目标应具有一定的灵活性。例如,在正确了解职业要求和自己特长的基础上,制订一个分为高、中、低三个档次的求职目标,适时调整求职目标,然后有针对性地投放简历和参加招聘会。此外,适度的倾诉宣泄和放松练习也有助于减轻自责心理。

(七) 嫉妒心理的调适

首先,克服嫉妒心理,最好的方法是提高自己的能力。有这样一个故事:一位老师在地上画了一根直线,问他的学生:"你怎样才能把这根线变短呢?"学生用手把线擦掉了一部分。老师摇了摇头,在旁边又画了根更长的线,说:"与这根线相比,刚才那根线就变短了。做人也如此啊!"学生明白了老师的用意,从此改掉了自己喜欢嫉妒别人的毛病。由此可见,要使自己比别人"长",最好的办法不是把别人"擦短",而是让自己更"长",也就是长进自己。其次,克服嫉妒心理还要学会与人协作。一个人的能力总是有限的,别人的长处自己不可能全都具备。所以,有的时候应该承认自己技不如人,在向他人学习的同时应该学会与人协作。只有这样,才会克服嫉妒心理,提高自己在集体里的认可度,同时也加强了自己的综合力量。好的人缘也会为自己求职带来更多的信息和途径。最后,克服嫉妒心理需要树立正确的竞争观,化嫉妒为动力。一个人在嫉妒别人时,总是注意到别人的优点,却不能注意自己比别人强的地方。当个体有意识地想一想自己比对方强的地方,就会使自己失衡的心理天平重新恢复到平衡的状态。总之,对别人产生了嫉妒并不可怕,关键要看个体能不能正视嫉妒,能不能升华这种嫉妒之情,把嫉妒转化为成功。

心理调适的方法有多种,但主要的是大学生要树立正确的择业观,对择业要充满信心,要注意磨炼自己的意志,培养乐观豁达的态度,不要惧怕困难、挫折,要始终保持积极向上的精神状态和健康的心理。

总之,在择业求职过程中,大学生应提高心理调适的自觉性,立足于自身的努力,使自己保持一种良好的心态。同时,社会、学校和家庭各方面也应提供热情的关注和积极的引导,帮助学生面对现实,排除心理困扰,缓解不必要的心理压力,促使他们尽快实现角色转换,顺利走上工作岗位。

➤ 实践训练营

项目一:做一做心理游戏:菲尔博士的著名人格心理测试

在美国有一个著名访谈类节目"菲尔博士",主持人是著名的电视心理学咨询专家菲尔·麦格劳。菲尔博士根据自己多年的心理学研究,撰写了以下人格测试题目,据说在黑人女主持欧普拉脱口秀节目上反响不错,有些公司的人事部也拿来做面试工具,有兴趣的同学不妨测试一下。在答题的过程中,请注意以当前几周内的实际状况为准,不要把陈年旧事都选在答案里面。

1. 你何时感觉最好?

(a) 早晨

(b) 下午及傍晚

(c) 夜里

2. 你走路时是……

(a) 大步地快走

(b) 小步地快走

(c) 不快,仰着头面对着世界

(d) 不快,低着头

(e) 很慢

3. 和人说话时,你……

(a) 手臂交叠地站着

(b) 双手紧握着

(c) 一只手或两只手放在臀部

(d) 碰着或推着与你说话的人

(e) 玩着你的耳朵、摸着你的下巴或用手整理头发

4. 坐着休息时,你的……

(a) 两膝盖并拢

(b) 两腿交叉

(c) 两腿伸直

(d) 一条腿蜷在身下

5. 碰到你感到发笑的事时,你的反应是……

(a) 一个欣赏的大笑

(b) 笑着,但不大声

(c) 轻声的咯咯地笑

(d) 羞怯的微笑

6. 当去一个派对或社交场合时,你……

(a) 很大声地入场以引起注意

(b) 安静地入场,找你认识的人

(c) 非常安静地入场,尽量保持不被注意

7. 当你非常专心工作时,有人打断你,你会……

(a) 欢迎他

(b) 感到非常恼怒

(c) 在上面两极端之间

8. 下列颜色中,你最喜欢哪一种颜色?

(a) 红色或橘色

(b) 黑色

(c) 黄色或浅蓝色

(d) 绿色

(e) 深蓝色或紫色

(f) 白色

(g) 棕色或灰色

9. 临入睡的前几分钟,你在床上的姿势是……

(a) 仰躺,伸直

(b) 俯卧,伸直

(c) 侧躺,微蜷

(d) 头睡在一手臂上

(e) 被子盖过头

10. 你经常梦到你在……

(a) 落下

(b) 打架或挣扎

(c) 找东西或人

(d) 飞或漂浮

(e) 你平常不做梦

(f) 你的梦都是愉快的

项目二:做一做面试总结,"有则改之,无则加勉"

面试后,不管你成功与否都有必要对这次面试的情况做出回顾和总结,以便从中获得经验和教训,为下次面试做准备。

下面就来回顾一下你在面试中是怎样表现的。

(1) 自己的外表形象(衣着打扮、精神状态等)是否让对方感到不悦?

(2) 言谈举止是否得体,注意礼貌?

(3) 在面试过程中是否表现得沉着而镇静、自信而充满活力?

(4) 是否恰当地表达了自己的愿望和需求?

(5) 对自己的求职资格和工作能力的陈述是否中肯、有理有据、让人信服?

(6) 是否全神贯注地倾听了对方的讲话?

(7) 面试官对自己的态度如何,对自己可能形成怎样的评价?

(8) 自己计划要了解的情况是否全都了解到了?

(9) 谈话过程中气氛如何,谈话的质量怎样?

(10) 自己对对方提问的反应是否灵活,回答是否恰当?

(11) 在面试的过程中,认为自己哪些方面表现得好,哪些方面表现得不好?

(12) 这次面试总的情况如何?

温馨提示:

项目一的答案及解析:请将所有分数相加,对照后面的分析。

以上题目各选项分数如下:

1. (a) 2　　(b) 4　　(c) 6

2. (a) 6　　(b) 4　　(c) 7　　(d) 2　　(e) 1

3. (a) 4　　(b) 2　　(c) 5　　(d) 7　　(e) 6

4. (a) 4	(b) 6	(c) 2	(d) 1			
5. (a) 6	(b) 4	(c) 3	(d) 5			
6. (a) 6	(b) 4	(c) 2				
7. (a) 6	(b) 2	(c) 4				
8. (a) 6	(b) 7	(c) 5	(d) 4	(e) 3	(f) 2	(g) 1
9. (a) 7	(b) 6	(c) 4	(d) 2	(e) 1		
10. (a) 4	(b) 2	(c) 3	(d) 5	(e) 6	(f) 1	

【低于 21 分：内向的悲观者】

人们认为你是一个害羞的、神经质的、优柔寡断的，是需人照顾、永远要别人为你做决定、不想与任何事或任何人有关。他们认为你是一个杞人忧天者，一个永远看到不存在的问题的人。有些人认为你令人乏味，只有那些深知你的人知道你不是这样的人。

【21 分到 30 分：缺乏信心的挑剔者】

你的朋友认为你勤勉刻苦、很挑剔。他们认为你是一个谨慎的、十分小心的人，一个缓慢而稳定辛勤工作的人。如果你做任何冲动的事或无准备的事，你会令他们大吃一惊。他们认为你会从各个角度仔细地检查一切之后仍经常决定不做。他们认为对你的这种反应一部分是因为你的小心的天性所引起的。

【31 分到 40 分：以牙还牙的自我保护者】

别人认为你是一个明智、谨慎、注重实效的人，也认为你是一个伶俐、有天赋、有才干且谦虚的人。你不会很快、很容易和人成为朋友，但是一个对朋友非常忠诚的人，同时要求朋友对你也有忠诚的回报。那些真正有机会了解你的人知道要动摇你对朋友的信任是很难的，但相等的，一旦信任被破坏，会使你很难过。

【41 分到 50 分：平衡的中道】

别人认为你是一个新鲜的、有活力的、有魅力的、好玩的、讲究实际的且永远有趣的人；一个经常成为大家注意的焦点的人，同时是一个足够平衡的人，不至于因此而昏了头。他们也认为你亲切、和蔼、体贴人；一个永远会使人高兴起来并会帮助他人的人。

【51 分到 60 分：吸引人的冒险家】

他人认为你是一个令人兴奋的、高度活泼的、相当易冲动的人，是一个天生的领袖、一个做决定会很快的人，虽然你的决定不总是对的。他们认为你是大胆的和冒险的，会愿意尝试做任何事至少一次；是一个愿意尝试机会而欣赏冒险的人，他们喜欢跟你在一起。

【60 分以上：傲慢的孤独者】

他人认为对你必须"小心处理"。在别人的眼中，你是自负的、以自我为中心的、极端有支配欲、统治欲的。他人可能钦佩你，希望能多像你一点，但不会永远相信你，会对与你更深入的来往有所踌躇及犹豫。

第三章

精心准备,自我包装
——求职简历与求职礼仪

第一节 求 职 信

一、什么是求职信

求职信也称应征函。一般公司只会要求应聘者寄上简历和一些必要的材料证明。求职信是应聘者主动表示自己对这份工作的热衷程度的一种表现。也就是说,简历和材料证明是被动的,是求职过程中必备的文件。而求职信则是主动的,是求职过程中附带的、争取面谈机会的一种关键的半正式沟通方式。

写求职信的目的就是为了推销自己,引起招聘方的注意,争取一个面试机会,但并不能够替应聘者立刻找到工作。

求职信主要有以下功能:

(1)让招聘方知道应聘者非常想而且有能力来担任此职位,吸引招聘方翻阅应聘者的简历等求职材料。

(2)能够很好地补充简历本身缺乏描述性词语的不足,加深招聘方对应聘者的了解。

(3)通过应聘者主动而附带的书写行为,与招聘方作半正式的沟通,进而能增加招聘方给予应聘者面谈机会的可能性。

二、求职信的格式和写作要点

求职信一般由标题、称呼、正文、落款四部分组成。

(1)标题:求职信。

(2)称呼:写明收信人的姓名和称谓或职务。如果写给国家机关、事业单位的人事领导,则用"尊敬的××司长(处长、领导等)"称号;如果对企业老板,则用"尊敬的×××董事长(总经理、招聘主管、先生、女士)"。

(3)正文:一般包括3~4个简短的段落。

第一部分,写明求职者要申请的职位和求职者是如何得知该职位的招聘信息的。

第二部分,陈述求职者的个人技能,描述求职者对公司的认识和理解,说明求职者如何满足公司的要求,强调自己能为公司作出哪些贡献。

第三部分,表明求职者非常愿意接受面试,并希望迅速得到回音,同时标明与求职者联系的最佳方式。

第四部分,感谢对方阅读并考虑求职者的应聘。

(4)落款:包括署名和日期。署名即手写的签名,日期一般写在署名下方,最好用阿拉伯数字写,并把年、月、日全写上。

三、如何制作求职信

第一步,读懂职位介绍。

在所有的求职文书写作中,第一步都是要读懂招聘广告中写的职位介绍,不仅要看到列出的职位要求,还要针对公司和具体的职位读懂未列出的"潜台词"。

列出的职位要求:

A _____
B _____
C _____

未列出的职位要求:

A _____
B _____
C _____

第二步,针对职位要求列出自己的相关技巧和经历。

列出的职位要求	自己的相关经历和能力(自己所具备的素质)
A	A
B	B
C	C
未列出的职位要求	自己的相关经历和能力(自己所具备的素质)
A	A
B	B
C	C

第三步,写出自己对于应聘公司职位的个人兴趣。

_____
_____

第四步,写出自己与应聘职位相关的最为耀眼的能力。

_____
_____

第五步,打造自己的求职第一言。

通常情况下,HR最希望看到的是求职者相关的经验,比如"三年的××领域的工作经验使得我……"

_____
_____

第六步,加上自己个人化的与应聘相关的信息。

按照上面六步完成表格后,再加上自己的个人信息,一份属于自己的求职信就真正完成了!

四、求职信写作的注意事项

求职信12戒见表3-1。

表3-1 求职信12戒

错误1:长篇大论。求职信的内容以简洁为原则,雇主或招聘主管不会有时间看冗长的求职信,所以求职信应尽量在一页纸内完成。开头两段就要提出重点,说明为何会对该项工作有兴趣及凭什么觉得自己会是适当人选。只写与应聘职位有关的工作经验或资历,其他人生经验如何丰富,都与自己的未来雇主无关。	错误2:啰唆重复。每段写一个重点,不要反复讲述同一论点。求职信与简历相辅相成,而不是段落形式的简历,因此可以提及一些简历上的重点,如自己在该行业的突出成就,但切勿全盘重复简历上的项目。
错误3:华而不实。外观格式要整洁,给人一目了然的感觉。除非所申请的是设计、广告等讲求创意的工作,否则版面不宜设计得太过花哨,最重要的是内容要充实切题。	错误4:限定期限。为对方限定时间的求职信必定要失败。如"本人于×月×日要赴外地出差,敬请贵经理务必于×月×日前复信为盼"。这种写法,虽从表面上看相当客气,可实际上是在限定对方的时间,好像在给对方"下命令",容易使人讨厌。
错误5:规定义务。为对方规定义务的求职信必定要失败。如"本人谨以最诚挚的心情,应聘贵公司的会计师一职,盼望得到贵公司的尊重、考虑和录用"。这种写法事实上是在强迫对方,因为这句话实际含义是:"你如果不录用我,就是对我不信任。所以,你必须录用我,才能体现你的信任。"	错误6:以上压下。用这种口气写的求职信必定要失败。例如,"贵公司的××总经理先生要我直接写信给您";或者"××部长很关心我的求职问题,特让我写信给您,请多关照"。这种求职信,让收信人看后很反感,效果往往会不好。
错误7:流水作业。公式化、千篇一律的求职信不足以吸引雇主,所以求职信的范例只是让人参考,而非抄袭。细读招聘广告,了解雇主的需要,有针对性地指出自己能胜任该职位的理由。但切忌试图表现自己很熟悉该公司,因为读信的人一定比求职者更了解情况。	错误8:对象模糊。留意招聘广告,或打电话到该公司,找出收信的人是谁,在上款写上收信人的姓名称谓,如"陈经理""马主任",会比称收信人为"执事先生"更好。如真的不知道收信人姓名,也应以"人事部经理""编辑先生"等代替笼统的先生。
错误9:条理不明。如招聘广告上附有参考编号,最好在信首和信封面上都列明,这样可以缩短对方处理求职者信件的时间,求职者便可以更快获得回复。	错误10:粗心大意。要重复翻看,避免错字和语法错误。资料要齐全,尝试设身处地地考虑读信者能否从求职信中得到他需要的资料。切记要写上一个办公时间内能联络得上自己的电话号码。
错误11:自以为是。不宜用太多生字,这不是表现求职者语文能力的正确方法。求职者以前可能有很多丰功伟绩,但不宜附寄一大沓求职者以前做过的报告或计划书,因为雇主根本不会有时间和心思一一细看。	错误12:骑驴找马。如"现已有多家公司欲聘我了,所以请贵公司从速答复"。这实际上是在威胁别人,是在用别的单位来压他,好像在说"我可是一位人才哟,他们都抢着要聘我,你不聘我,就是不爱才、不识才"。这样可能会激怒对方,导致求职失败。

五、求职信案例分析

[中文求职信案例]

[修改前]

求职信

尊敬的领导：

您好！

春暖花开、万物生长之际，我真诚地向贵公司寄去本人的应聘资料，很荣幸您能在百忙之中翻阅我的求职信，谢谢！

我是一名即将毕业的计算机系本科生，2016年7月将获得××大学计算机学士学位。众所周知，我的母校××大学，计算机专业素以严谨的学术精神和专业的研究能力而闻名。2010年更是名列国家教委基础学科——计算机专业前三名。2012年我以××省理科专业第七名的身份考入这个我向往已久的××大学，同时还有幸进入了自己十分感兴趣的计算机专业。在校四年的学习生活使我受益匪浅，在学习上，由于老师严格的要求，谆谆教诲，加上我个人刻苦学习的精神，使得我具有扎实的专业理论基础；在社会工作中，我积极参加学校和系内各种团体活动，培养了自己良好的组织能力、团队协作精神、务实的工作作风；同时在生活中，四年远离家乡的生活经历，使我变得更为独立自主，坚强成熟。

转眼间，我进入了大四毕业阶段，虽然我十分留恋我的母校，但是为了尽早将自己所学的知识用于实践之中，我还是选择找工作而放弃系内读研的机会。于是，我期待成为贵公司的一员。我相信我是可以在贵公司获得更为宝贵的结合实践进行研究的锻炼的。因为我——

- 在理论学习上

认真学习专业知识理论，阅读了大量计算机书籍。同时对法律、音乐等方面的非专业知识我也有浓厚的兴趣。在校期间，在专业课考试中屡次获得单科第一，获得全校××奖学金一次，系内××奖学金两次，获第六届挑战杯创业大赛二等奖，获学院2005届优秀毕业设计奖。

- 在专业知识上

精通Visual Basic、SQL Server、C++编程、JAVA、ASP。熟练使用Linux、Windows 9x/Me/NT/2000/XP等操作系统，熟练使用Office、WPS办公自动化软件。自学HTML、FrontPage、Dreamweaver、Fireworks、Flash等网页制作相关软件。对于常用软件能熟练使用。

- 在工作上

曾担任院学生会成员、副班长等职，现任计算机系团学联组织部部长。多次组织系部、班级联欢会、春游等活动，受到老师、同学们的一致好评。

- 在思想修养上

品质优秀，思想进步，笃守诚、信、礼、智的做人原则。在校期间，光荣加入中国共产党。

- 在社会实践上

四年的大学生活，我对自己严格要求，注重能力的培养，尤其是实践动手能力更是我的强项。曾在深圳华为公司实习。在航天科学技术研究院参加工程项目。在校期间多次深入企业实习，进一步增强了社会实践能力。

手捧菲薄求职之书，心怀自信诚挚之念，我期待着能成为贵公司的一员！

此致

  敬礼！

求职者：××

这封求职信存在着很多学生写求职信时的通病,具有一般"菜鸟"级别的求职信都会有的缺陷。

• 一封求职信走天下

这封求职信给人的总体感觉是可以应聘任何一个职位,如同"万金油"一般,可以用于任何公司、任何职位。

许多公司的 HR 经常说,收到的求职信中很多甚至开头都写的一样。"尊敬的先生/女士:您好,我在×××处看到贵公司招聘的广告,十分感兴趣……"这种乏味的称呼和开头在阅人无数的 HR 眼中就是一种对于公司不了解的表现。

• 简历"复本"

求职信不是简历的复写,写求职信是为了吸引招聘人员能够继续阅读求职者的简历。从求职者的角度来讲,如果只是简单地复制简历的内容,则事实上是丧失了一个更好地介绍自己和弥补简历中未能展现自己能力的机会。而从阅读求职信的招聘人员的角度来讲,看到这样一封求职信,根本不会留下任何深刻的印象,甚至可能因为内容的重复,而根本不会详细阅读求职者的简历。可见,一封简历复写版的求职信不仅不能使得求职者和招聘人员更好地沟通,反而可能成为求职的绊脚石。

• 篇幅过长

英文中有一句知名的谚语"less is mote",对应中国的警世名言就是"贵精而不贵多"。这也是求职写作中一个关键的原则。每年的招聘旺季,HR 或者招聘主管承受着超时的工作和巨大的压力,在这种情况下,如果求职者的求职信洋洋万言,读了大半页尚未让 HR 找到"爱你的理由",那么基本上求职者的简历将会静静地躺在垃圾桶中了。

• 只有索取没有奉献

很多求职者往往在求职信提出大量的关于个人期望薪水和职业发展规划的设想,但是一涉及"为什么应聘该公司该职位"这一核心问题,却不能写出 HR 最想看到的"我愿意为公司奉献什么"的内容,反而负面地强调自己选择该公司完全为了个人的进一步发展。诚然,公司发展和员工个人提升这二者都是一家好的公司应该具备的特征,但是前提是员工要能够帮助公司壮大。"Don't ask what you can get from the company. But ask yourself what yotJ can contribute to the company's value!(当你自己想要从别人那里得到东西的时候,首先要问问自己,自己能够满足别人的什么需要!)"——这是每一个求职者必须铭记的法则。

• 充斥形式错误

(1) 求职信的开头是不需要写上"求职信"这个大标题的。

(2) 对于对方的称呼只是简单地用"尊敬的领导",这样的信寄到公司大部分的情况是直接进了碎纸机,没有人会有时间和兴趣主动阅读不是给自己的信件!

(3) 信的最后没有写出和该公司进一步沟通的愿望,没有留下个人的联系方式,看起来更像一封匿名信!

[修改后]

××科技有限公司人力资源部尊敬的×先生:您好!

一年的计算机数字模拟项目经验,使得我这个××大学计算机系2005届毕业的应届本科毕业生,在贵公司的网站上看到了有关招聘数字处理研发研究员的信息时,激动地带上了我在××大学4年的优秀的学术背景和学习经历,以及对××公司的热情,向贵公司投递简历,申请数字处理研发研究员一职。

除了在××大学的 4 年计算机专业学习的经历以外,我还在各种研究项目、实践活动和课外活动中体现出我各方面的能力。不仅有优秀的专业研究能力,而且还有良好的英语听说能力,同时也积累了丰富的与人沟通、与人协作的经历,这些都为我应聘贵公司的研发研究员打下了坚实的基础。我相信我的到来,将给××公司这个正在不断发展壮大的 IT 团队带来我应有的贡献。理由如下:

××公司研发研究员所要求的素质:
- 重点院校大学本科以及学历
- 具有相关研究工作经验者优先考虑
- 对软件开发工程有深刻的理解,良好的专业技术水平
- 流利的英语听说能力
- 吃苦耐劳,责任心强,耐心细致,具备团队合作精神
- 能够在工作中承受一定的压力

我所具备的素质:
- ××大学计算机系本科毕业,具有较好的学术背景和学历
- 曾在包括 IBM 在内的多家 IT 行业公司实习,熟知软件开发的整体流程,同时具备独立项目研发能力
- 优秀的专业知识水平,在本科阶段已参加导师课题组的研究,相关的优秀毕业设计
- 在多家跨国 IT 企业实习中,锻炼了自己的英文听说能力;四六级成绩优异
- 熟练掌握与人沟通技巧,同时具有较好的团队协作精神
- 在高压力环境下工作的能力强

非常感谢您能在百忙之中抽出时间来阅读我的求职信。同时我也万分期待能够在您方便的时候与您见上一面,给我一个机会,来向您展示真实的我。

顺颂商祺!

签名

××大学计算机专业理科学士

联系方式:地址　　邮编:×××

手机:138×××　　宅电:010-×××

E-mail:×××@163.com

附:致企业/公司求职信模板

尊敬的××:你好!

我是××大学××专业的应届硕士研究生/本科生。我有幸在××处得知了有关贵公司招聘××职位的信息,我非常希望能够应聘该职位,为此,我带上了我在××大学学习四年/两年的优秀的学术背景和学习经历,以及对该项工作的热情,向贵公司投递简历,申请"××职位"一职。

除了在××大学的×年学习经历以外,我还在各种实践活动和课外活动中体现出我的各方面的能力,不仅有优秀的××专业能力而且还有××(应聘职位所需能力),同时××的经历(能够体现所需能力和具备与应聘职位相关的经历),都为我应聘贵公司的××职位打下了坚实的基础。我相信我的到来,将给贵公司×××部门具体方语的工作带来我应有的贡献。理由如下:

"××职位"所要求的素质	我所具备的素质
•	•
•	•
•	•
•	•
•	•
•	•

非常感谢您在百忙之中抽出时间来阅读我的求职信,同时我也万分期待能够在您方便的时候与您见上一面,给我一个机会来向您展示真实的我。

顺颂商祺!

签名:(手写签名)
联系地址：　　邮编：
联系电话：
E-mail：
日期：

第二节　简历制作

一、简历几问

1. "简历真的那么重要吗?"

简历是网络招聘时代求职者与用人单位的第一次接触,只有简历过关,用人单位才会通知面试,简历不过关,找工作就没戏。招聘旺季,招聘经理在每封简历上平均阅读时间约 10 秒,要找到好工作,简历要写得专业而且有说服力,否则只能给别人垫底。

2. "为什么我总是得不到面试机会?"

要知道,HR 在每份简历上所花费的时间只有 8～10 秒。要让自己的简历足够优秀,以期在这 8～10 秒就紧紧抓住 HR 的眼球。如果不希望输在起跑线上,我们就需要系统地提高简历质量。

3. "我需要的是一页简历吗?"

求职者在制作简历之前,要先确定自己的求职意向,去招聘网站看一看那些岗位的岗位描述和岗位要求,有助于我们有针对性地去写简历。我们要通过"简"而有"力"的措辞,恰如其分的排版,在一页纸的内容内,向 HR 展示最优秀的自己。

二、简历的种类

若要将简历分门别类,简历可以细分为许多种,比如按求职领域作为划分标准等。但大体上简历不外乎两种:一种是时序型;另一种是功能型。另外,求职者需要分别准备好简历的中、英文版本。而一般来说,无论何种简历,都应该包括求职者最基本的信息和与该职位申请相关信息,即简历都应该包括以下几项内容:

1) 个人信息;
2) 求职意向;

3）教育背景；
4）工作经历；
5）奖励情况；
6）英语、IT 技能；
7）其他个人信息。

1. 时序型简历

时序型格式按照逆时序记录自己曾就职的职位，在罗列出的每一项职位下，要说明相应的责任、所需要的技能以及最关键的一点——突出的成就。时序型简历能够显示出持续和向上的职业成长全过程。关注的焦点在于时间、工作持续期、成长与进步以及成就。时序型简历适合以下情况：

1）申请的职位非常符合自己的教育背景和工作经历；
2）有在著名公司工作的经历；
3）升迁或荣誉具有连续性。

2. 功能型简历

功能型格式又称技术型简历，在简历的一开始就强调技能、能力、资信、资质以及成就，但是并不把这些内容与某个特定雇主联系在一起。职务、在职时间和工作经历不作为重点以便突出强化个人的资质。这种类型的格式关注的焦点完全在于自己所做的事情，突出自己的技能而不是有关经历的时间。如果自己符合下列某种情况，可以考虑使用技术型简历：

1）跨专业求职，但自己具有申请职位所需的相关技能；
2）缺乏在著名公司工作的经历，职位不高或者缺少荣誉奖励；
3）想避免给招聘者留下频繁更换工作的印象；
4）工作经历有中断。

三、简历的撰写

在开始这一节之前，首先来看看失败者的简历与成功者的简历之间有什么区别。为什么成功者的简历可以在求职中起到"四两拨千斤"的作用，而失败者的简历却不被 HR 重视，甚至被丢进了垃圾桶？这一"重"一"轻"之间，到底有什么不同（图 3-1）？

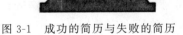

图 3-1　成功的简历与失败的简历

我们发现,成功的简历尽管每一份都不同,但是在整体格式和版面上,还是有迹可循的,这正如图 3-1 左边方框所展示的那样。反过来看求职失败者的简历,也会发现失败的简历似乎都出奇的类似。可以参考图 3-2,看看自己的简历是否存在问题,如果有问题,就要考虑一下该怎么处理。

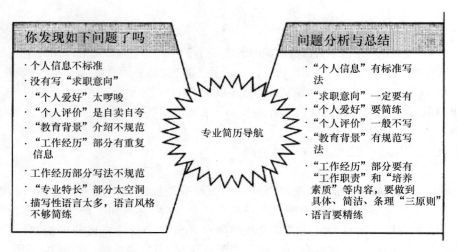

图 3-2　失败简历分析

图 3-2 已经在右边的方框中对失败简历可能存在的问题作了总结,并给出了解决办法。实际上,我们可以按照上面所分析的对策,一步一步开始简历写作。

1. 个人信息

很多求职者在简历上,把所有的个人信息(包括且不限于姓名、出生日期、性别、联系方式、政治面貌、籍贯、健康状况、婚姻状况等)都写在简历上,不仅占用大量篇幅,一些个人信息甚至还会成为求职者获得面试机会的障碍。哪些个人信息是应该写的呢?

姓名

(1) 首先,名字要放在简历最显眼的位置。名字就是个人的"品牌商标",是区分不同简历最简短有效的标示,将名字放在左上角而且采用明显大几号的字体,将给人留下很深刻的印象。

(2) 大部分学生都喜欢在 A4 纸的顶端打上"个人简历"四个大字。事实上,完全没必要。这就好比在桌子上写上"桌子"二字一样,属于废话。一张 A4 纸容量有限,不用来充分展现自己,却腾出地方给"废话"实在可惜。

联系方式(手机、邮箱、住址)

联系方式应该和名字绑定在一个小空间内,同时字体应该适当减小,这样既为 HR 获取求职者的联系信息提供方便,又不会抢了正文的风头,因为其重要性显然不能与正文相提并论。

地址。本书认为没有必要写家里或者学校地址,不会有公司寄通知书到求职者的家里。很难想象哪个招聘人员会通过邮寄跟求职者联系,有时候求职者的住址可能还会泄露自己的私人信息,对于女孩子的话,也许还有不安全的因素,那就更没必要写了。至于签合同的时候,留下地址是"送达"等作用,不但要写,而且还得是有效的,那是另一回事了。

手机。填写固定电话和手机号码的时候一定要注意:固话号码一定要加区号,手机号码最好用分隔符"-"将 11 位号码隔开。建议大家采用 3—4—4 的结构;至于国家代码,一般用于应聘外企,这样为跨城市甚至是跨国的电话沟通提供了便捷,同时也是对HR的一种尊重。

邮箱。邮箱一般建议大家采用大众化的邮箱,不太建议使用学校的邮箱,因为有些企业的公共邮箱会将一些高校邮箱发来的邮件当作垃圾邮件。

年龄或生日

(1) 生日并不会为人加分,当然也不一定为人减分。但何必冒险呢？一个21岁的大学毕业生会比22岁的更有优势吗？

(2) 在提供年龄信息方面,国家与国家之间有很大的差异,但有一点是确定无疑的：如果在简历中提供了年龄信息,招聘者可能会认为求职者对于一份特定工作来说显得太年轻或太老。年龄可能成为一个积极因素,也可能成为一个消极因素。如果求职者不能确定在简历中提供年龄信息是否有利,那么就不要在简历中提及年龄。

(3) 如果求职者认为在简历中提供年龄信息很重要,那么只要写上"25"岁即可。不需要提供生日或者出生地方面的信息。

政治面貌

(1) 除非是国企或者公务员招聘,不然不会对这个问题特别关心,但是如果求职者是党员或者其他民主党派人士,也是可以写上的,因为不优秀的人,通常不会被吸纳进这些集体。

(2) 按照可写可不写原则,如果求职者是团员,那不是优势,全天下的年轻人,有几个不是团员？那不是求职者的优势,完全可以不写,优秀企业的招聘专员没有那么多时间停留在无用的信息上。

(3) 有人认为"国企和事业单位"喜欢党员；外企和私企不喜欢党员。实际上,不少外企都有党支部,还会定期过党组织生活。

性别

(1) 有些公司喜欢男同学,有些公司喜欢女同学,在情况不明朗的情况下,还是不写性别为好。

(2) 非必要(尤其是当简历中有了照片)。

照片

(1) 认真打扮、拍摄精良的正装照是加分的；不修边幅或过度修片的求职照是不足取的。

(2) 除非与应聘职位有关,尽可能不要贴艺术照或生活照。

(3) 如果照片感觉不太好,还不如不放上去,这样至少不会扣分。

(4) 直接打印出来的照片是黑白的,不好看,即使是彩色的也不好看,还是贴上去比较好。

(5) 照片中的人,应该着正装,发型和表情要显得精神、干练,照片为纯色背景,尤以白色为佳。

(6) 哪些照片可以不放？

人不上相,看上去长得比较安全的相片不放。人都是动物,招聘官也是人,看了漂亮的,赏心悦目的照片自然会多看两眼,多看几眼就是机会。如果长相十分安全、抽象,那就没必要放上去。

艺术照不放。面试官见了漂亮的照片会有所期待,结果见了真人之后大打折扣,难免面试中的"首因效应"会影响面试效果。

网吧等非正式场所拍摄的照片不放。随意拍摄的照片,让人感觉求职者对这次工作机会的态度不端正,求职态度是面试官考察的重要指标。

籍贯

（1）一般情况下，是不需要写出求职者的户籍所在地的，除非和求职者的求职岗位相关，比如求职者应聘的岗位是公司会计或者出纳等涉及公司机密的一些岗位，一般小民营企业会找亲信去工作，大公司也尽可能会选择本地的员工。还有比如求职者在上海工作，现在想回安徽发展，那在基本信息栏目中可以写出求职者户籍是安徽合肥，会给求职者的应聘增加分数，但户籍如果写江苏无锡，那么可能在没有通知求职者前来面试的时候或者电话沟通中就会考虑求职者求职的动机，很可能因此而失去面试机会。

（2）最近，报纸上报道了有的企业招聘时不招聘××地方的人。由于这种举动甚至还惊动了相关的政府部门，闹得沸沸扬扬。其实这就是地域偏见，没什么可奇怪的。地域偏见几乎每个人都有，因为每个人都习惯了自己地域内为人处世的方式，这是从小长大的环境决定的。世界之大，总有一些地域的人是可以意气相投的，而另外一些是不相投的。

健康状况

（1）这是最没有必要的，因为还没有看到过有人写"不健康"。

（2）关于健康、身高、体重等，如果求职者所应聘的职位和此没有什么关系，一般是不用写的，应聘的是食品行业，有健康证那是必要的。

范例：

王小明

中共党员 | 男 | 21 岁 | 185 cm

（+86）××××××××××　　　　××××××××××@qq.com

广州市天河区沙太南路 113 号广东南华工商职业学院

 小资料

简历中需要加学校的 Logo 吗？

很多同学都会在简历的页眉上加上学校的 Logo，或者把学校的校徽以水印的方式作为简历的背景，这样做对于求职到底有没有帮助呢？

事物往往要从两个方面来看，如果求职者把简历投给外企，一般在招聘季节，著名的外企都会收到成千上万份简历，其中很多简历是来自同一个学校，比如四大会计师事务所每年都会收到很多北大、人大会计系学生的简历，这个时候，求职者的学校 Logo 基本没有什么作用。

但如果求职者把简历投向国企或事业单位，求职者的学校或所学的专业又很有特色，求职者的简历就可能会吸引招聘者的眼球，帮助求职者脱颖而出。例如，如果求职者是人大新闻学院的学生，在应聘一些传统媒体行业的时候，人大的 Logo 可能会助求职者一臂之力；同样，如果求职者是外经贸、海关专业的学生，在面向一些海关方向职位的时候，也应该强调自己的学校背景。

另外注意一点，千万不要在简历的页眉上加上"个人简历"字样，因为自己本身就在写简历，不要因为细节问题而贻笑大方。

2. 求职意向

调查显示,约有40%的招聘企业更愿意在简历上看到明确的求职意向。

求职意向是简历的重要组成部分,很多面试官都是从求职意向来探究求职者的面试资格,所以求职者应该非常重视简历的求职意向,那么具体的简历求职意向怎么写,有哪些注意事项呢?

求职意向与职位相符

求职意向要与求职者应聘的职位相符合,说明求职者的目标定位是什么,这是很重要的。抢眼、到位的求职意向能迅速吸引HR的注意力。

求职意向切忌过于"宽泛"

全国高校中有上百个名称迥异的专业,其中很多专业没有明确的就业方向,比如大部分被比喻成"万金油"的文科专业,像哲学、历史、古典文学、中外比较文学、社会学等。这类专业的毕业生,简历中的求职意向往往是市场、行政、HR、策划类工作一网打尽,但事实上却很难取得"准入证"。不同岗位工作职责不同,对求职者的要求也不同,写得太多,给人的感觉是求职者其实并不了解这些岗位的具体职责。

如果有多个职业目标,则最好分别撰写不同的简历。每一份简历的求职意向都要针对岗位特点和要求,求职意向越具体,针对性越强,获得面试机会的概率越大。

求职意向与简历内容相呼应

简历中的内容应该围绕求职意向写,太多不相关甚至与求职意向相悖的内容,只会阻碍HR的面试决策。

最佳写法:行业+职业或者是精准的职位名称

求职意向应做到语言精练、概括性强,要避免含糊笼统、无针对性。最佳的求职意向写作方法应该是行业+职位名称或者精准的职位名称。例如:

- 通信领域销售类工作
- 网页设计、网络维护类工作
- 机械专业的可以考虑机械设计、机械工程师、制图之类的职位

这样的描述更符合HR快速筛选的心理,能给求职者带来更多的面试机会。

小资料

海投简历怎么写求职意向?

- 按照大的类别写:如软件类、计算机类、金融经济类;
- 按专业写:如化工专业、机械专业、会计专业;
- 简历上预留一定空间,现场应聘或宣讲会上,手写上去。

是不是不同的企业,只需要把求职意向改成那个企业的岗位名,就可以了?

求职意向与求职者的技能、成就密切相关,所有简历信息都必须与职位说明相吻合。简历中的内容要围绕求职意向去写,将与求职意向最吻合、对求职意向帮助最大的信息写在简历中。因此,针对不同的企业,改变了求职意向,简历的内容也需要改变。

3. 教育背景

首先要强调一点:学生求职者应该将教育背景置于最醒目的地方。有工作经验的求职者则应将"工作经历"放在"教育背景"之前。应该按照时间逆序的写法来写教育背景,最近的学历要放在最前面。教育背景可能涵盖的内容如下:

- 学校;
- 学历/学位的获得时间/期望获得时间;
- 毕业时间;
- 专业;
- 主修课程;
- 平均成绩/排名情况;
- 语言水平。

范例:

教育背景

2009.09 至今　　广东商学院　　会计学专业　　自考本科(学士学位)
2009.09 至今　　广东南华工商职业学院　　会计(注册会计师)专业　　大专
班上排名:第一学年 5/54　　第二学年 1/54　　第三学年 1/54
主修课程:会计、经济法、税法、财务成本管理、审计

小资料

专业不对口,写上相关辅修或培训经历:

若求职者是跨专业求职,有其他学历或者相关的辅修经历,那么辅修的专业要加粗强调。例如,求职者本专业学习的是法律,但求职者专升本报读了金融,如果求职者想从事金融方面的工作,那么求职者应当淡化法律的背景,强调金融本科学历。

专业完全不对口:

如果求职者所学专业与职位要求不对口,且没有学习过相关的课程或者辅修经历,那么在这种严峻的教育硬伤下,求职者应该弱化教育背景,强调其他与职位相关的实习经历或者社会实践经历。例如法学专业应聘行政文秘岗,写简历时,将相关实习经历放在前面,而把教育经历放在后面。

4. 工作经历

一般来说,工作经历是简历中最重要的一部分内容,为什么？其实这个问题和"有些企业为什么不愿意录用应届大学毕业生"是一样的。答案很简单:雇主雇用人是让人来干活的,不是为了培养人。有些企业为了节省培训成本,偏爱那些有多年工作经验的业内人士。对于刚刚出校门的毕业生而言,工作经历无疑是他们的软肋,如何规避工作经历缺失带来的应聘"歧视"？我们将其划分为两类行业来考虑。

对于技术性质的工作,熟手比新手受欢迎,内行比外行受欢迎。所以,以往的工作经历及经验很重要,要突出求职者在校期间从事相关工作的经历。

对于非技术性的工作,大部分同学没有全职工作经验,所以,体现出的与职位相匹配的综合素质和潜力是最重要的。如果求职者是文学专业的,那就应该突出自己的文字功底、文学素

养、人文精神、工作潜质等。

求职者要重点突出过去的工作经历,或者在社会活动中,承担了哪些职责,做了什么项目,结果是怎么样的。因为这些是求职者经验和能力的证明。一个完整的工作经历的写法如下:

公司名称　　　部门名称　　　开始时间—结束时间
对公司的简单描述
职位
主要工作和职责
工作的结果和成就
自己从中学到了什么技能,得到了哪些素质

范例:
例1:
专业经历

中国银行　　　国际结算处、公司业务处　　　实习生　　　广州 2014.09—2014.12
• 在国际结算处的进口、出口、保函和营销等部门轮岗,以及公司业务处综合科实习。 • 掌握进出口单据流转过程,并在1周内学习了《国际标准银行实务(ISBP)及惯例》,在指导下完成审单工作。 • 熟悉信用证、托收、保函等国际结算服务和企业贸易融资产品。 • 掌握银行发放贷款业务流程,参与完成某大型造船企业2014—2015年度授信报告,撰写辖行客户经理培训计划。 • 收集与整理船舶及港口行业发展资料,并协助客户经理撰写分析报告。

例2:
校园活动

广东南华工商职业学院外语外贸学院　　　学生会主席　　　广州　2014.09—2015.07
• 领导学生会各部门举办活动,如英语沙龙、演讲比赛、英语剧社、艺术节等,并负责招新及选拔。 • 代表外院系在青院、工贸学院等高校英语座谈会上作系列英文演说,用英文主持新年晚会、迎新生晚会、英语剧社会演等多种活动和演出。 • 组织5所高校的英语社团共同举办第一届高职院校英语技能大赛,率领学校获团体第一名。 • 筹集各项活动的赞助近10000元,锻炼了组织协调能力、团队合作精神和人际沟通技巧。

小资料

面试官喜欢具体的经历

1. 越具体,越充实

如果求职者的简历写得朦朦胧胧欲遮还羞,面试官可能会觉得求职者没什么干货,所以不敢写得详细。相反,把经历中重要的事情都写清楚,仅从字数上看都会显得充实。一段4行字的经历,感觉要比1行字的好很多。

2. 越具体,越真实

如果我们要瞎编一段经历,当然是越简单越好,瞎编一大堆内容的难度太大了。在面试过程中,也比较容易求证具体的经历。

3. 越具体,越准确

面试官看经历,是为了判断能力,因此经历越具体,判断就会越准确。

描述工作经历的步骤

怎么才能把一件小事情写得很具体呢？最好的方法就是动作分解。把一件事情，按照它发生的顺序拆解成多个步骤，一步一步地写下来，这就是动作分解。

例如：

如何把"他走了"3个字写成4句话？按照动作分解的方法，可以这么写：

- 他抬起头看了老师一眼，迟疑了一下，慢慢地站了起来
- 他来到中间过道上，弯下腰，悄悄地朝门口走去
- 他来到门前，手搭在把手上向左旋转，门应声而开
- 他走出去，把门带上，头也不回地跑了

可见，描述深入细节很重要，要做到：写做法、写结果、写背景。

有一位求职者，在大学期间曾经组织过一次游园会。因为年纪轻，她在游园会中只是担任了一个小角色，她感觉基本上是被高年级的师兄师姐呼来喊去地干杂活。这段经历，她就写了两句话：

院团委　　　　文娱部干事

- 参与组织了2016年的南华文化节

看了这两句话，我们对这位同学的能力还是一无所知。也就是说，这两句话白写了，对于呈现能力，起不到任何作用。

该南华文化节是学校的传统活动，比一般的活动更有影响力。在活动中，虽然她只是打杂，却很积极很投入，比其他打杂的干事强很多。可是，如何把这些不同表达出来呢？

写背景：南华文化节是广东南华工商职业学院最有影响的传统经典活动，包括"筑梦青春""追梦青春""圆梦青春"三大部分。

写做法：作为干事参与组织部、宣传部的工作。联系23个参演社团的工作人员，通知会议、做会议记录、协调排练场地。收集各社团的宣传海报，统一张贴。

写结果：本届活动有大约200多名工作人员，2000多人次参加，成为最成功的一届文化节。

特别提醒1：社团，不写"官位"，写事情

不少同学把学生会、团委、社团等同为了官场，常常把在这些组织中担任的职务作为重点。这也是一个很大的误区。职务本身几乎是没有任何意义的，关键是在里面做了什么事情。因此经历的标题，并非一定要写社团名字和职务，可以写在这个社团里做的某件事情。

比如上面提到的这段经历，标题写成"广东南华工商职业学院传统经典活动：游园会　参与组织"，就比现在这个要好。标题的作用是概括表达本段文字。

特别提醒2：数字，让经历看起来更具体

数字可能是一种新的迷信。有数字的经历看起来更真实，数字也让我们可以横向对比，更精确地感受程度和水平。比如上文提到的一段经历，如果把数字加进去，一切就变得更容易理解了：

联系23个参演社团的200多名工作人员，共通知了6次会议，记录会议摘要1万多字，协调排练场地34次。收集46张各社团的宣传海报，统一张贴在校内7个主要的海报栏。

5. 奖励情况

这部分要注意强调奖励的级别。每个学生在大学都或多或少得到过奖励,而且奖项名目繁多,标准不一,仅仅说出奖励的名称是没有意义的。我们必须描述这个奖励的实质,最好用相对的数字来说明获得该奖励的难度,让 HR 明白多么优秀的人才能得到这样的荣誉。

同时,需要有所选择,一定要注意奖励的含金量。如果求职者申请的职位跟奖励毫无关系,在这个时候不必犹豫,将这些奖项从简历中删除。

下面我们来看一个例子:

获奖情况		
广州市"文明大学生"称号(全校获奖不足 10 人)	1 次	2013—2014
优秀学生奖学金三等(奖励年级排名前 4% 学生)	1 次	2013—2014
广东南华工商职业学院"校优秀学生"称号(奖励前 5% 学生)	2 次	2013—2014
广东南华工商职业学院优秀学生干部(全校获奖比例不足千分之二)	2 次	2011—2012
"金秋"奖学金(知名奖学金,该学年全院仅 1 人获得)	1 次	2011—2012

6. 英语和计算机技能

这些技能通常用等级或者资格证书来表现和证明。如果求职者的技能多而杂,一定要注意"相关性"原则——对未来工作最有用和与之最直接相关的能力"一个都不能少",至于无关的能力,则应该毫不犹豫地在简历中删除。

可列举的内容有:

- 语言;
- 计算机应用;
- 资格证书、认证;
- 如果即将拿到某个特定的证书,且它与目标职位相关,也请列举。

下面我们来看一个例子:

职业技能

英语技能:
√ CET-4(490 分),较强的英语听说读写能力;托福考试认证(805/990);中国职业英语中级认证。
√ 金融英语证书(中级单科:中国香港银行体制和业务)。
√ 有翻译计算机通信相关专业文献的经历。

IT 技能:
√ 熟练操作 MSOffice,例如使用 Word 制作方案书,利用 Power Point 进行产品演示,通过 Excel 建立客户信息数据库。
√ 对软件有快速的应用能力,能够适应不同条件下的移动办公。
√ 熟悉 Pascal、Java 等语言,曾用 Delphi 编写电梯控制程序等小型课程作业,在 Delphi 环境下编写过实现各种算法的小程序。

专业技能:
√ 熟练掌握统计分析软件 Eviews 5.0,能进行建模分析。
√ 熟练使用 SPSS,在广州中国移动实习期间曾经使用该软件分析相关数据。

7. 其他个人信息

(1) 个人爱好

写强项。弱项一定不要写，面试人员说不定对哪个项目感兴趣，有时会跟求职者聊两句，尤其是接连面试了几个、十几个人之后，会聊一些轻松的话题，一旦谈到求职者的弱项，就会很尴尬，使求职者显出窘态、丧失自信。更重要的是，他会认为求职者在撒谎。

只写两三项。因为极少有人在很多方面都很强。所以求职者也没必要写太多，以免给人浮躁的感觉。

不具体的爱好不写，如运动、音乐、阅读。大家不知道求职者喜好什么，或者让大家觉得求职者根本就没有真正的爱好，更糟糕的是，人们会认为求职者的写作水平很差。

针对职位的需求，通过"个人爱好"来补充说明自己在某些素质、能力上的掌握。在很多情况下，HR可能会通过个人的喜好、爱好来判断这个人的一些品质，比如团队协作精神、个人独立工作能力、与人沟通能力等。例如，如果求职者喜欢旅行，而有些工作需要经常出差，那么求职者写上旅行是非常有利的；有些女性写上烹饪，很实事求是，也给人以踏实的感觉；而篮球、足球、排球等"个人爱好"则可以体现求职者的团队合作精神。

下面给出一些个人兴趣所能反映的个人特征。
- 篮球、足球、排球、演戏：团队精神。
- 围棋、国际象棋：战略意识。
- 旅游：适应不同环境的能力，快速学习的能力。
- 跆拳道：新奇，意志，出奇制胜。
- 演讲、辩论：沟通能力，公共演讲能力。

下面我们来看一个例子：

兴趣爱好
足球，排球，小品表演（曾获院系优秀演员奖）

(2) 自我评价

最好不要写，为什么不写？
- 都是套话，空洞，不实在。
- 前文尤其是工作经历能证明个人的很多特质。
- HR可能会反感。

结论：对方要求写的时候再写，原则依然是投其所好。

(3) 补充信息

如果求职者还有什么信息没有在上面提及，可以加入到"补充信息"模块上。例如，如果应聘国企，则可以加上"中共党员"这个信息。

> **实践训练营**

项目：简历修改

猪八戒准备面试一份保安工作，以下是他制作的个人简历，根据我们学到的最新知识，为他的简历作修改吧！

个人简历

姓名	猪八戒	性别	男	
民族	汉族	年龄	1000 岁	
籍贯	江苏淮安	联系方式	13987654321	
学校	高老庄大学	所学专业	古典文学（钉耙方向）	
学历	大学本科	政治面貌	佛教（2003 年 2 月皈依）	
求职意向	保安经理（北京上海高老庄）	爱好		美色，美食等
E-mail	猪猪@高老庄.com	QQ		81818181
联系地址	江苏省淮安市高老庄南路 7 号猪乐园 7 号楼 3 单元			
教育背景	1577 年 9 月至 1581 年 7 月，江苏淮安府西游区高老庄大学文学系古典文学专业，文学学士。 所学主要课程包括：钉耙原理学，钉耙制作学，钉耙创新学，钉耙的哲学，钉耙前途学，钉耙文学史等。 自修了钉耙财务学和钉耙经济学。 西语通过国家六级考试，口语流利。 擅长九齿钉耙，曾获得第二届高老庄大学杯武术大赛冠军。 熟练操作 Windows 平台上的各类应用软件（Word、PowerPoint、Photoshop 等）			
实习经历	2013 年 2 月至今任西天取经有限责任公司保安部长，负责公司的警戒和安全工作，使公司在保安人手严重短缺的情况下，总裁唐僧能够如约访问西方各国。 经历过九九八十一难，积累了丰富的降妖除魔经验，打死妖精无数。 2011 年 6 月至 2013 年 1 月任高老庄生产大队生产组长，积累了丰富的种植农作物的经验，培育出新的小麦品种"高老庄一号"。 2009 年 7 月至 2011 年 5 月任帝国天庭公司帝国天蓬元帅，负责帝国天庭公司高层全部的保安工作。 负责十万天兵的培训及日常操练工作，培训结果通过了 ISQ 国际认证。 在对孙猴子的十次围剿中，取得过玉皇大帝一级英勇勋章。			
自我评价	本人保安经验丰富，热爱生活，忍辱负重，具有团队精神，有创造性思维，曾经出色地完成了唐僧总裁所交代的很多艰难的任务，比如流沙河之战等著名战役。 对于保安工作来说，比丰富经验更为难得的是对雇主的绝对忠诚，而本人和同事们确保唐僧总裁在九九八十一难中成功取得西天真经的经历，证明了本人可以被雇主绝对信赖。期待与您的面谈。			

参考答案：

猪八戒（曾用名：猪悟能）男

江苏省淮安市高老庄南路 7 号 猪乐园 7 号楼 3 单元（000000）

猪猪@高老庄.com

（＋86）13987654321

目标工作	保安经理（北京、上海、高老庄）
工作经验	
2013.02 至今	**保安部长　　　　　　　　西天取经有限责任公司** • 负责公司的警戒和安全工作。使公司在保安人手严重短缺的情况下，确保总裁唐僧能够如约访问西方各国； • 九九八十一难，杀灭 476 只妖精，积累了丰富的降妖除魔经验。
2011.06—2013.01	**二分队七小队生产组长　　　　　高老庄生产大队** • 积累丰富的种植农作物的经验，培育出新的小麦品种"高老庄一号"； • 使全村平均亩产量 比历史同期水平提高 200%； • 为村文化中心的翻建，拉到牛魔王公司 50000 元人民币赞助。
2009.07—2011.06	**武装部首领　　　　　　　　帝国天庭公司** • 该公司为玉皇大帝和王母娘娘控股的上市公司，为全球 500 强之首。武装部为帝国天庭公司最大的部门，员工超过 10 万，被封号"帝国天蓬元帅"； • 负责帝国天庭公司全部高层的保安工作； • 负责十万天兵的培训及日常操练工作，通过了 ISQ 国际精兵认证。本人在对孙猴子的十次围剿中，取得过玉皇大帝一级英勇勋章。
教育背景	
1577.09—1581.07	**文学系古典文学专业　文学学士　　　高老庄大学** • 所学主要课程包括：钉耙原理学，钉耙制作学，钉耙创新学，钉耙的哲学，钉耙前途学，钉耙文学史等； • 自修了钉耙财务学和钉耙经济学； • 共获得了两次钉耙奖学金（班级排名 7/30）； • 西语通过国家六级考试，口语流利； • 擅长九齿钉耙，曾获得高老庄杯武术大赛冠军； • 熟练操作 Windows 平台上的各类应用软件（Word 等）。
实习经历	
1578.05—1579.09	**高老庄大学校际联欢会　副秘书长** • 策划、发起、组织了高老庄大学男生与高老庄女子学院女生之间的校际交谊舞会，设计舞会方案，租借场地，联络学校有关领导出席并致辞； • 负责协调车辆调度，负责安排女子学院的女生们（578 名）的接送、住宿及就餐； • 与保险公司谈判，为所有女生购买了总值 100 万元的人身意外保险，并获得 85 折优惠； • 整个活动共为高老庄大学男生节省预算 3000 元。
自我评价	• 功夫水平钉耙八段； • 热爱生活，能够忍辱负重，具有团队精神； • 富有创造性思维。

附件1：
中文简历模板

中文姓名

固定电话 通信地址 手机
邮箱地址

求职意向
     应聘职位

教育背景
（注意：时间采取倒叙方式）
开始时间—结束时间 本科学校名称：_____（如果有的话） 院系名称：_____
        学位名称：_____ 平均分院系名称：___/___ 排名：___/___
        主修课程：_____
        _____

开始时间—结束时间 专科学校名称：_____ 院系名称：_____
        专业名称：_____ 平均分院系名称：___/___ 排名：___/___
        主修课程：_____（选择不超过3门的相关、高分课程）
        _____

工作背景
开始时间至现在 公司或社团名称：_____ 职位名称_____ 地点：_____
      - 公司描述_____
      - 职位描述_____
      - 工作内容以及权责范围_____
      - 工作成果_____
      - 从工作中得到的经验和锻炼_____

开始时间—结果时间 公司或社团名称：_____ 职位名称_____ 地点：_____
      - 公司描述_____
      - 职位描述_____
      - 工作内容以及权责范围_____
      - 工作成果_____
      - 从工作中得到的经验和锻炼_____

开始时间—结果时间 公司或社团名称：_____ 职位名称_____ 地点：_____
      - 公司描述_____
      - 职位描述_____
      - 工作内容以及权责范围_____
      - 工作成果_____
      - 从工作中得到的经验和锻炼_____

获奖情况
     时间_____ 奖项名称_____ （奖励全校前×学生） ×次
     时间_____ 奖项名称_____ （奖励全校前×学生） ×次

其他技能
     - 专业技能认证：   成绩
     - 英语认证名称：   成绩
     - 计算机认证名称：   成绩

补充资料

英文简历模板：

名拼音(首字母大字)姓拼音(姓全大写)(中文)

Room _____ , _____ Rd _____ , _____ Zip Code

(fixed)＋86-10- _____   ＋86-138 _____

E-mail _____

JOB OBJECTIVE

　　POSITION

EDUCATION

Sep. 2001-July. 2005　　_____ University　　　　　　　　　　　　　　Location

　　　　　　　　　　　Degree _____ in major: _____ _____ Department

　　　　　　　　　　　RANK: _____ /_____   GPA: _____ /_____

　　　　　　　　　　　Main Courses: _____ 3 relevant and high—scored courses at most

Sep. 2002-July. 2005　　_____ University　　　　　　　　　　　　　　Location

　　　　　　　　　　　Degree _____ in major: _____ _____ Department

　　　　　　　　　　　RANK: _____ /_____   GPA: _____ /_____

　　　　　　　　　　　Main Courses: _____ 3 relevant and high—scored courses at most

WORK EXPERIENCE

Start date-Present　　Name of the Organization　　　　　　　　　　　Location
- Description of company(if necessary)
- POSition
- Work and responsibility(Verb: Simple Present Tense)
- Result and responsibility
- Quality gained from the werk

Start date-Present　　Name of the Organization　　　　　　　　　　　Location
- Description of company(if necessary)
- POSition
- Work and responsibility(Verb: Simple Present Tense)
- Result and responsibility
- Quality gained from the werk

Start date-Present　　Name of the Organization　　　　　　　　　　　Location
- Description of company(if necessary)
- POSition
- Work and responsibility(Verb: Simple Present Tense)
- Result and responsibility
- Quality gained from the werk

SCHOLARSHIPS & HONORS

Award Date　　Title of the honor　　_____ (Awarded to _____ % students)Times

Award Date　　Title of the honor　　_____ (Awarded to _____ % students)Times

ENGLISH TESTS & IT SKILLS

OTHER INFO.

　　Personal hobbies

附件2：

广东省普通高等学校
毕业生就业推荐表

学校名称：广东南华工商职业学院

学校隶属：广东省教育厅

专业名称：(不能直接填写专业方向,可加括弧填写专业方向),如会计(注册会计师)

学　　历：大学专科

姓　　名：×××

广东省高等学校毕业生就业指导中心制

姓　　名	×××	性　　别	男/女	贴照片处（大一寸彩照）
出生年月	××××年××月	民　　族	汉	
政治面貌	共青团员/预备党员/中共党员/群众	健康状况	良好	
学　　历	大学专科	生源地区	广东省×××市	
入学时间	××××.9	修业年限	三年	
通讯地址	广东省××××××（这个地址一定要联系到自己的，具体到门牌号）			
联系电话	自己的手机号+家长/家庭的号码	邮政编码	××××××	
在校期间 参加社会 工作情况	按自己实际情况写 例如： 曾任职务： ××××年××月—××××年××月——　任×××职务 社会实践： ××××年××月—××××年××月在××××兼职			
在校期间 奖惩情况	按自己的实际情况写 例如： ××××年××月获得××××奖			
有何特长	按自己的实际情况写 例如：写作、书法等		外语水平	英语×级

	自何时起至何时止	在何处学习（工作）	担任何职务
个人简历	××××年9月—××××月6月	广东南华工商职业学院×××专业就读（大专）	×××
	××××年9月至现在	××省××中学就读（高中部分）	×××
	从大专开始填写 　依时间顺序详细填写，年月要衔接。中途间断学习和工作的时间也要填入，并加说明	（写你大专、高中、初中、小学毕业的学校名称）	

自我鉴定：

1. 建议先起草，再填写。
2. 不可以照抄同学的"自我鉴定"。
3. 写大学期间在校思想、学习、生活、实践等方面的情况和成果。
4. 不少于500字。

　　　　　　　　　　　　　　　　　　　　　　　　　　本人签名：×××
　　　　　　　　　　　　　　　　　　　　　　　　　　××××年××月××日
　　　　　　　　　　　　　　　　　　　　　　　　　　（按填写表的日期填）

续表

本人求职意愿	本人希望从事×××、×××、××××等方面的工作				
院系推荐意见	院系统一填，请勿本人自行填写 签　章 ××××年××月××日				
学校意见	联系地址	广东省广州市沙太南路113号广东南华工商职业学院就业办			
	联系人	曾妍老师	联系电话	020-87204211	邮政编码	510507
	学院就业办统一填，请勿本人自行填写 （公　章） ××××年××月××日				

附：成绩单

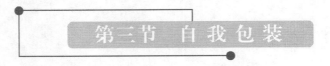

第三节　自我包装

在求职面试的过程中，求职者的个人形象当然是一个十分重要而又十分敏感的问题。成功的面试，穿着与礼仪是否得体，能否给面试官良好的第一印象，是考察求职者是不是专业人员及能否胜任所应聘职位的重要因素。这里向大家介绍的是"面试时的一些经济而又简单和时尚的方法"，掌握并运用它们，将成为求职者面试成功的神秘武器。

一、个人形象包装

(一) 女士形象包装

1. 服装的选择要得体

女士求职服装一般以西装、套裙为宜,这是最通用、最稳妥的着装,不论年龄,一套剪裁合体的西装、套裙和一件配色的衬衣或罩衫外加相配的小饰物,会使人看起来显得优雅而自信,会给对方留下良好的印象。切忌穿太紧、太透和太露的衣服。袒胸露背一般是西方女士参加社交活动的传统着装,但在我国却不一定适合;不要穿超短裙(裤),不要穿领口过低的衣服;夏天,内衣颜色应与外套协调一致,避免透出颜色和轮廓,否则,会让人感到不庄重、不雅致,也给人轻佻之感,这是求职之大忌。大量的求职实践表明,不论是应聘何种职业,保守的穿着会被视为有潜力的候选人,会比穿着开放的求职者更容易被录用。女性求职者服装的颜色可有多种选择,有些女性认为面试时一定要穿黑色套装,这种穿法虽然十分稳重,但是现在社会已能接受一些较鲜艳的颜色,比如,谋求公关、秘书职位的女性穿黄色服装就容易被主试人接受,因为黄色通常表现出丰富的幻想力和追求自我满足的心理。红色能显示人的个性好动而外向,主观意识较为强烈而且有较强的表现欲望,这种颜色感染力强,容易打动主试人,令人振奋,使人印象深刻。不过,女性应该避开粉红色,这种颜色往往给人以轻浮、圆滑、虚荣的印象。

2. 鞋子要便利

女士如何穿鞋也有学问,总的原则是应和整体相协调,在颜色和款式上与服装相配。面试时,不要穿长而尖的高跟鞋,中跟鞋是最佳选择,既结实又能体现职业女性的尊严。

3. 袜子也很重要

袜子不能有脱丝。时装设计师们都认为,肉色作为商界着装是最适合的。为保险起见,求职者应在包里放一双备用,以备脱丝能及时更换。另外,不论自己的腿有多漂亮,都不应在面试时露着光腿。

4. 饰物要少而精

(1) 公文包或手提小包

带一个即可,不要两个都带。在多数面试场合,携带公文包比手提小包体现出更多的权威。求职者可以把手提包的基本物品放进一个无带小提包,然后把它装进公文包内,但不要将包塞得满满的。如果求职者个子较矮小,包则不宜过大,以免显得不协调。

(2) 首饰

首饰尽量少戴,应避免几个手指都戴戒指。拇指戒指不能为人接受。耳环应当小巧且不引人注目。为了使人感到舒适,注意力集中,戴的耳环不要过长,以免发出叮当的声响或者触及脖颈,甚至挂到衣服上。朴实无华的项链就挺好,但别戴假珍珠或华丽的人造珠宝。令人喜爱的手镯是完全可以接受的,但镯子上的小饰物应当避免,其他刻有自己名字首字母的首饰也应避免。面试时一定不要戴脚镯。总之,戴首饰的重要原则是:少则美。

(3) 眼镜

眼镜会使一些人外表增色,也可能使一些人显得不协调。尽量选择适合自己的镜框,式样宜新为好。另外,千万不可戴太阳镜(护目镜)去面试,当然更不能戴反光镜。

5. 发式要适宜

一个人的面试形象不仅取决于着装,发型也很重要,头发代表一个人的个性与整洁的习惯,油腻的头发说明个人整洁习惯欠佳,头发留的太长会给人不够振作的印象。考生在面试前一定要记住头发要保持整洁,不要太长也不要太短,具体发型的选择,要与自己的风格、气质相

一致,同时还要适合自己的脸型,主要有以下几个方面:

(1) 方形脸,又称国字脸,一般视觉印象为脸盘较大,轮廓呈扁平感,整体的要诀就是"避免蓬松",头发分线避免中分,以左右旁分为佳。

(2) 圆形脸,容易给人迟钝的感觉,在职场上可能因为这种感觉而失去专业形象。掌握整体的要诀就是"轻快、简洁",适合中长发,在前额剪出打薄的刘海,这样的直短发让人显得更专业。

(3) 倒三角形脸,容易让人显得不易亲近的感觉,所以整体重点在于消除给人的不良影响。稍有刘海,并将两侧刘海打薄,避免头发蓬松,就不会让人感觉上半部脸过宽。

(4) 长形脸,让人显得忧郁、老成,整体的重点在于让脸型缩短,让人显得更有活力和朝气。理想的发型是将前面刘海留长,然后采用旁分法将刘海向两侧自然分开梳理,避免将两侧头发打薄。

6. 化妆要淡而美

对于女性求职者,化妆一定要坚持淡雅的原则,切不可浓妆艳抹。

(1) 嘴唇

嘴唇是脸部最富色彩、最生动的地方,也是最吸引人的部分,所以无论如何要使嘴唇显得有润泽感。年轻女士宜用紫色口红,避免用大红或橙红,过于刺目的嘴唇会给人以血盆大口的印象,使主试人唯恐避之不及。唇线不可画得太深,那样会使人的嘴显得突出和虚假。

(2) 眼睛

眼睛是心灵的窗口。因此,眼睛在面试时的作用是举足轻重的。为了使眼睛在面试时能动人而传神,面试之前就应稍加修饰,例如女士可以描一描眉毛,使之更加妩媚。眼睛小的,可以在眼睛四周轻轻地描上眼线,但不能描得太黑太深,不要露出修饰的痕迹。单眼皮者也未必一定要去做双眼皮,有的单眼皮传达出的眼神更坦率、更亲切。如果有近视、斜视和眨眼之类的毛病,就有必要戴上一副眼镜去面试,不要让眼睛的毛病影响了自己取胜的机会。

(3) 鼻子

我们说修饰鼻子,并不是要去整容。我们可以在鼻梁上略施淡粉,因为面试时如果灯光太亮,会使鼻子出油发亮,如果天气太热,鼻梁上也容易出汗。有粉刺鼻、酒糟鼻和鼻炎者,最好提前到医院去诊治,以免妨碍面谈的效果。平常鼻毛长的人,面试前要格外注意修剪,如果鼻毛横行,主试人见了一定会感到恶心。另外,鼻端上或眼角里不要留有污秽积物。

(4) 香水

选择香水要与自身的气质相配,香味宜淡,闻上去要给人以舒畅的感觉。

7. 注意手和指甲

女人的手通常是其气质外观的一个方面。为充分显示其魅力,应保持干净,指甲应修剪好,千万不要留长长的指甲,另外不要涂艳丽的指甲油。因为长指甲会使人联想起求职者是什么都不干的大小姐。爱美之心人皆有之,但对于求职者而言,其服饰除了要符合一般社交场合服饰的共同要求外,更要注重和突出服饰的职业特点,使自己的着装打扮与应聘的职业相称,给人一种鲜明的职业形象的感觉。如拟应聘的职业是教师、工程师、干部等岗位,打扮就不能过分华丽、过分时髦,而应该选择庄重、素雅、大方的着装,以显示出稳重、文雅、严谨的职业形象;如果拟应聘的职业是导游、公关、服务等岗位,就可以选择华美、时髦的着装,以表现活泼、热情的职业特点。

(二) 男士形象包装

1. 西装外套

西装外套包括上衣和西裤,西装应保持同色配套,并且面料最好以深色或深蓝色为主。不要穿新西装去参加重要公司的面试,七八成新的服装穿在身上最妥帖。上衣袖口处的商标一定要剪掉,所穿的长裤需要熨烫笔挺,裤子长度以直立状态下裤脚遮盖住鞋跟部分为佳,过短或过长都会影响面试官对求职者的第一印象。需要注意的是,西装上衣无论是三粒扣子还是两粒扣子,最下面的扣子都不系,这在其他正式场合同样适用。衣服口袋里不要放零散东西,尤其是走起路来会叮当作响的小物件。

2. 衬衫

衬衫以浅色调为佳,白色、浅粉色、浅蓝色或浅色条纹的衬衫都是很好的选择,尤其蓝色衬衫是IT行业男士的最佳选择。如果求职者报考的职位与IT有关,不妨选择蓝色衬衫更能体现出智慧、沉稳的气质。如果气温不算高,穿衬衫一定要长袖衬衫,气温过高可以选择短袖衬衫。

3. 领带

领带最好在材质和风格上与已有的西装、衬衫是相同的。领带的长度以至皮带扣处为宜。值得提醒的是,领带夹是已婚男士的标志,最好不要使用领带夹。颜色上尽量选择和西装同色调浅色领带,以带给他人明朗良好印象则较为适宜,尽量采用真丝领带。但是一定要避免大红大紫的颜色。

4. 鞋子和袜子

面试中尽量选择方头系带的皮鞋。西装和皮鞋的颜色以冷色调为好,黑色皮鞋是最佳选择,但要选择哑光皮皮鞋,绝对不穿亮光皮、漆皮皮鞋。袜子颜色最好和鞋子、裤子的颜色一致,保持足够的长度。通常来讲,职场中的男生应该选择黑色的棉袜而应该避免白色袜子。

5. 发型和妆容

男生的发型要得体,头发不能过长,不能染发烫发或光头,以简单利落的短发为最佳,营造出成熟、稳重、干练的印象。因此要注意头发修整,不要蓬松散乱,如果稍嫌过长,应修剪一下。最好在几天前理发,尽量避免在面试前一天理发,以免看上去不够自然。但面试前一天要洗干净头发,避免头屑留在头发或衣服上,最好吹吹风。发型不仅要与脸形配合,还要和年龄、体形、个性、衣着、职业要求相配合,才能体现出整体美感。至于妆容,对于男生而言,基本不需要做太多修饰,主要是将胡子清理干净。面试前一天要好好洗个澡,身上散发出浓重的体味,如大蒜味、酒精味、其他刺激性异味及口臭以及长指甲均属大忌。对于爱出汗的男生进考场前用纸巾擦掉额头的汗珠是非常必要的,可以帮助人隐藏紧张的情绪。

6. 配饰

眼镜,镜框的佩戴最好能使人感觉稳重。奇形怪状的眼镜框或只有镜框不含镜片的佩戴方法都不应该出现在公务员考试的面试场合中。尽量不要戴任何首饰,包括颈部、手腕和手指,手表除外。

小资料

专家揭秘:"面试穿着"六大禁忌

社会新人若能得到面试的机会,千万不可马虎,谨守"社会新人衣着的六大禁忌",就能通过最后一道关卡,成功踏入职场。

禁忌1:脏污和皱褶

肮脏、破旧、皱得像酸菜干似的服装,也许很"酷",但绝对不适合穿去面试,如此装扮会让人觉得求职者个性吊儿郎当,没有诚意。此外,时下流行仿脏污、故意抓皱褶的前卫服装,也不适合。

禁忌 2：装可爱或太花哨

如果有人无法忍受一成不变、特爱"与众不同"，疯狂迷恋粉红色系的娃娃装……暂时把内心里的"粉红狂"收起来，把身上的粉红娃娃、缤纷花朵、绒毛玩具、公主发夹一一取下，乖乖去面试吧！

禁忌 3：一身名牌

参加面试，衣着装扮的确要花钱，但不代表就得要一身名牌。一身名牌，常会给人"败家""个性娇纵""不肯吃苦耐劳"的负面印象，就算是应聘精品行业的工作，也不必如此。不过，拎一只材质好一点的名牌包是可以的，且品牌 Logo 不要太明显。

禁忌 4：太过性感或裸露

有人身材可能非常性感火辣，但在面试时，最好还是包紧一点，以免火辣的身材，蒙蔽了面试官的眼睛，只看见求职者的身材，没看到求职者的才华。

禁忌 5：不化妆或过度浓妆艳抹

也许有人是自然主义者，不爱化妆，但面试时，最好还是上点妆，适当遮住黑斑、雀斑和黑眼圈，让自己的气色好一点。浓妆艳抹要避免。

禁忌 6：露趾鞋

流行的"露趾鞋"，一直是时尚圈争议的焦点。虽然很多人认为露趾鞋已可登大雅之堂，国外女星甚至还穿去赴宴呢！不过，专家还是建议尽量避免。

二、面试礼仪

面试，在很多情况下是与面试官"短兵相接"，所以，一举一动、一言一行，都会让面试官尽收眼底，所以面试礼仪就成为最为重要的一个环节。礼仪是个人素质的一种外在表现形式，是面试制胜的法宝。面试礼仪这个环节由许多小环节构成，如果礼仪知识知之甚少，或忽视礼仪的作用，在某一个小环节上出现纰漏，很可能会被淘汰出局。

（一）时间观念是第一道关

守时是职业道德的一个基本要求，提前 10~15 分钟到达面试地点效果最佳，可熟悉一下环境，稳定一下心神。提前半小时以上到达会被视为没有时间观念，但在面试时迟到或是匆匆忙忙赶到却是致命的，如果面试迟到，那么不管有什么理由，也会被视为缺乏自我管理和约束能力，即缺乏职业能力，给面试官留下非常不好的印象。不管什么理由，迟到会影响自身的形象，这是一个对人、对己尊重的问题。大公司的面试往往一次要安排很多人，迟到了几分钟，就很可能永远与这家公司失之交臂了。作为面试的第一道关，就被扣分了，后面的面试也会因状态不佳而搞砸。

如果路程较远，宁可早到 30 分钟，甚至一个小时。城市很大，路上堵车的情形很普遍，对于不熟悉的地方也难免迷路。但早到后不宜提早进入办公室，最好不要提前 10 分钟以上出现在面谈地点，否则聘用者很可能因为手头的事情没处理完而觉得很不方便。外企的老板往往是说几点就是几点，一般绝不提前。当然，如果事先通知了许多人来面试，早到者可提早面试或是在空闲的会议室等候，那就另当别论。面试地点比较远，地理位置比较复杂的，不妨提前跑一趟，熟悉交通线路、地形甚至事先搞清楚洗手间的位置，这样就会更加胸有成竹。

招聘人员是允许迟到的，这一点一定要清楚，对招聘人员迟到千万不要太介意，也不要太介意面试人员的礼仪、素养。如果他们有不妥之处，我们应尽量表现得大度开朗一些，这样往往能使坏事变好事。否则,招聘人员一迟到,我们的不满情绪就流于言表,面露愠色,招聘人员对我们的第一印象就大打折扣,甚至导致满盘皆输。因为面试也是一种人际磨合能力的考查,我们得体、周到的表现,自然是有百利而无一害的。

(二)进入面试单位的第一形象

到了办公区,最好径直走到面试单位,而不要四处张望,甚至被保安盯上;走进公司之前,口香糖和香烟都收起来,因为大多数的面试官都无法忍受求职者在公司嚼口香糖或吸烟;手机坚决不要开,避免面试时造成尴尬局面,同时也分散自己的精力,影响自己的成绩。一进面试单位,若有前台,则开门见山说明来意,经指导到指定区域落座,若无前台,则找工作人员求助。这时要注意用语文明,开始的"你好"和之后的"谢谢"是必说的,这代表自己的教养;一些小公司没有等候室,可在面试办公室的门外等候;当办公室门打开时应有礼貌地说声:"打扰了。"然后向面试官表明自己是来面试的,绝不可贸然闯入;假如有工作人员告诉自己面试地点及时间,应当表示感谢;不要询问单位情况或向其索要材料,且无权对单位作以品评;不要驻足观看其他工作人员的工作,或在落座后对工作人员所讨论的事情或接听的电话发表意见或评论,以免给人肤浅嘴快的印象。

(三)等待面试时表现不容忽视

进入公司前台,要把访问的主题、有无约定、访问者的名字和自己的名字报上。到达面试地点后应在等候室耐心等候,并保持安静及正确的坐姿。此时有的单位为使面试能尽可能多地略过单位情况介绍步骤,尽快进入实质性阶段,准备了公司的介绍材料,是应该仔细阅读以了解其情况,也可自带一些试题重温。不要来回走动显示浮躁不安,也不要与其他求职者聊天,因为这可能是我们未来的同事,甚至决定我们能否称职的人,而且谈话对周围的影响是自己难以把握的,这也许会导致自己应聘的失败。更要坚决杜绝的是在接待室恰巧遇到朋友或熟人,旁若无人地大声说话或笑闹。

(四)与面试官的第一次接触

1. 把握进屋时机

如果没有人通知,即使前面一个人已经面试结束,也应该在门外耐心等待,不要擅自走进面试房间。当自己的名字被喊到,应有力地答一声"是",然后再敲门进入。敲门时敲两三下是较为标准的,千万不可太用劲,以里面听得见的力度即可。听到里面说"请进"后,要回答"打扰了"再进入房间。开门关门尽量要轻,进门后不要随手将门关上,应转过身去正对着门,用手轻轻将门合上。之后,回过身来将上半身前倾30°左右,向面试官鞠躬行礼,面带微笑称呼一声"你好",彬彬有礼而大方得体,不要过分殷勤、拘谨或过分谦让。

2. 专业化的握手

面试时,握手是最重要的一种身体语言。专业化的握手能创造出平等、彼此信任的和谐氛围,我们的自信也会使人感到我们能够胜任而且愿意做任何工作。这是创造好的第一印象的最佳途径。怎样握手?握多长时间?这些都非常关键。因为这是与面试官的初次见面,这种手与手的礼貌接触是建立第一印象的重要开始,不少企业把握手作为考察一个应聘者是否专业、自信的依据。所以,在面试官的手朝你伸过来之后就握住它,要保证自己的整个手臂呈L形(90°),有力地摇两下,然后把手自然地放下。握手应该坚实有力,有感染力。双眼要直视对方,自信地说出自己的名字,即使自己是位女士,也要表现出坚定的态度,但不要太使劲,更不要使劲摇晃;不要用两只手,用这种方式握手在外企公司看来不够专业。手应当是干燥、温暖的,如果面试官握到一只软弱无力、湿乎乎的手,这肯定不是好的兆头。如果我们刚刚赶到面试现场,用凉水冲冲手,使自己保持冷静。如果手心发凉,就用热水捂一下。

长时间地握住面试官的手,或用力快速捏一下手掌,这些动作说明你过于紧张,很害怕而且缺乏信心。应表现出自己是个能干的、善于与人相处的职业者。在对方还没伸手之前,就伸长手臂去够面试官的手,表示自己太紧张和害怕,面试官会认为自己不喜欢或者不信任他们。

3. 无声胜有声的形体语言

加州大学洛杉矶分校的一项研究表明,个人给他人留下的印象中,7%取决于言语,38%取决于音质,55%取决于非语言交流。非语言交流的重要性可想而知。在面试中,恰当使用非语言交流的技巧,将为我们带来事半功倍的效果。

除了讲话以外,无声语言是重要的公关手段,主要有手势语、目光语、身势语、面部语、服饰语等。通过仪表、姿态、神情、动作来传递信息,它们在交谈中往往起着有声语言无法比拟的效果,是职业形象的更高境界。形体语言对面试成败非常关键,有时一个眼神或者手势都会影响到整体评分。比如适当微笑,就显现出一个人的乐观、豁达、自信;服饰的大方得体、不俗不妖,能反映出大学生风华正茂,有知识、有修养、青春活泼,独有魅力,它可以在面试官眼中形成一道绚丽的风景,增强我们的求职竞争能力。

(1) 如钟坐姿显精神

进入面试室后,在没有听到"请坐"之前,绝对不可以坐下,坐下时应道声"谢谢"。坐姿也有讲究,"站如松,坐如钟",面试时也应该如此,良好的坐姿是给面试官留下好印象的关键要素之一。坐椅子时最好坐满三分之二,上身挺直,这样显得精神抖擞;保持轻松自如的姿势,身体要略向前倾。不要弓着腰,也不要把腰挺得很直,这样反倒会给人留下死板的印象,应该很自然地将腰伸直,并拢双膝,把手自然地放在上面。有两种坐姿不可取:一是紧贴着椅背坐,显得太放松;二是只坐在椅边,显得太紧张。我们要表现出精力和热忱,松懈的姿势会让人感到我们疲惫不堪或漫不经心。切忌跷二郎腿并不停抖动,两臂不要交叉在胸前,更不能把手放在邻座椅背上,或加些玩笔、摸头、伸舌头等小动作,容易给别人一种轻浮傲慢、有失庄重的印象。

(2) 眼睛是心灵的窗户

面试一开始就要留心自己的身体语言,特别是自己的眼神,对面试官应全神贯注,目光始终聚焦在面试官身上,在不言之中,展现出自信及对对方的尊重。眼睛是心灵的窗户,恰当的眼神能体现出智慧、自信以及对公司的向往和热情。注意眼神的交流,这不仅是相互尊重的表示,也可以更好地获取一些信息,与面试官的动作达成默契。正确的眼神表达应该是:礼貌地正视对方,注视的部位最好是面试官的鼻眼三角区(社交区);目光平和而有神,专注而不呆板;如果有几个面试官在场,说话的时候要适当用目光扫视一下其他人,以示尊重;回答问题前,可以把视线投在对方背面墙上,约两三秒钟做思考,不宜过长,开口回答问题时,应该把视线收回来。

(3) 微笑有亲和力

微笑是自信的第一步,也能为我们消除紧张。面试时要面带微笑,亲切和蔼、谦虚虔诚、有问必答。面带微笑会增进与面试官的沟通,会百分之百地提高我们的外部形象,改善我们与面试官的关系。赏心悦目的面部表情,其应聘的成功率,远高于那些目不斜视、笑不露齿的人。不要板着面孔,苦着一张脸,否则不能给人以最佳的印象,争取到工作机会。听对方说话时,要时有点头,表示自己听明白了,或正在注意听。同时也要不时面带微笑,当然也不宜笑得太僵硬,一切都要顺其自然。表情呆板、大大咧咧、扭扭捏捏、矫揉造作,都是一种美的缺陷,破坏了自然的美。

（4）适度恰当的手势

说话时做些手势，加大对某个问题的形容和力度，是很自然的，可手势太多也会分散人的注意力，需要时可适度配合表达。有些人的手势往往特别多，而且几乎都一个模子，尤其是在讲英文的时候，习惯两个手不停地上下晃，或者单手比画，这一点一定要注意。平时要留意外国人的手势，了解中外手势含义的不同。另外注意不要用手比画一二三，这样往往会滔滔不绝，令人生厌。交谈很投机时，可适当地配合一些手势讲解，但不要频繁耸肩，手舞足蹈。有些求职者由于紧张，双手不知道该放在哪儿，而有些人过于兴奋，在侃侃而谈时舞动双手。这些都不可取。不要有太多小动作，这是不成熟的表现，更切忌抓耳挠腮、用手捂嘴说话，这样显得紧张，不专心交谈。很多人有为表示亲切而拍对方的肩膀的习惯，这样做对面试官很失礼。

（五）怎样让面试官重视自己

个人自我介绍是面试实战非常关键的一步，因为众所周知的"前因效应"的影响，这2～3分钟见面前的自我介绍，将是我们所有工作成绩与为人处世的总结，也是我们接下来面试的基调，面试将基于我们的材料与介绍进行提问。这将在很大程度上决定我们在各位面试官心里的形象，只有形象良好，才能让面试官重视我们。

1. 气质高雅与风度潇洒

面试时，招聘单位对我们的第一印象最重要。我们要仪态大方得体，举止温文尔雅，树立起自己的良好形象，就肯定要借助各种公关手段和方法。各种公关手段主要有言词语言公关、态势语言公关和素养公关。这些公关手段又包括多种方法，如幽默法、委婉法等。只有在了解有关公关的常规知识之后，才能顺利、成功地树立起自己良好的形象。如果我们能使一个人对自己有好感，那么也就可能使周围的每一个人甚至是更多的人都对我们有好感。往往是风度翩翩者稳操胜券，仪态平平者则屈居人后。

在人际交往中，人们常常用"气质很好"这句模糊的描述来评价对某个人的总体印象，似乎正是这种模糊性才体现出较高的概括力。一旦要把这种具体的感觉用抽象的概念作解释，就变得难以表达了。其实言谈举止就反映内在气质，从心理学的角度来看，一个人的言谈举止反映的是他（她）的内在修养，比如，一个人的个性、价值取向、气质……不同类型的人，会表现出不一样的行为习惯，而不同公司、不同部门，也就在面试中通过对大学生言谈举止的观察，来了解他们的内在修养、内在气质，并以此来确定其是否是自己需要的人选。面试能否成功，是在应聘者不经意间被决定的，而且和应聘者的言谈举止很有关系。这些内在素质，都会在平常的言谈举止中流露出来。

如果说气质源于陶冶，那么风度则可以借助于技术因素，或者说有时是可以操作的。风度总是伴随着礼仪，一个有风度的人，必定谙知礼仪的重要，既彬彬有礼，又落落大方，顺乎自然，合乎人情。外表、内涵和肢体语言的真挚融合为一，这便是现代人的潇洒风度。每个人都有自己的形象风格，展现自我风采的另外一个重要因素便是自信，体现出一种独特的自然魅力，自我风采便无人能挡。

2. 语言就是力量

语言艺术是一门综合艺术，包含着丰富的内涵。一个语言艺术造诣较深的人需要多方面的素质，如具有较高理论水平，广博的知识和扎扎实实的语言功底。如果说外部形象是面试的第一张名片，那么语言就是第二张名片，它客观地反映了一个人的文化素质和内涵修养。谦虚、诚恳、自然、亲和、自信的谈话态度会让我们在任何场合都受到欢迎，动人的公关语言、艺术性的口才将帮助我们获得成功。面试时要在现有的语言水平上，尽可能地发挥口才作用。对所提出的问题对答如流,恰到好处,妙语连珠,耐人寻味,又不夸夸其谈,夸大其词。自我介绍是很好的表现机会,应把握以下几个要点:第一,要突出个人的优点和特长,并要有相当的可信度。特别是具有实际管理经验的要突出自己在管理方面的优势,最好是通过自己做过什么项目这样的方式来叙述一下,语言要概括、简洁、有力,不要拖泥带水,轻重不分。重复的语言虽然有其强调的作用,但也可能使面试官产生厌烦情绪,因此重申的内容,应该是浓缩的精华,要突出自己与众不同的个性和特长,给面试官留下难忘的记忆;第二,要展示个性,使个人形象鲜明,可以适当引用别人的言论,如老师、朋友等的评论来支持自己的描述;第三,坚持以事实说话,少用虚词、感叹词之类;第四,要符合常规,介绍的内容和层次应合理、有序地展开。要注意语言逻辑,介绍时应层次分明、重点突出,使自己的优势很自然地逐步显露;第五,尽量不要用简称、方言、土语和口头语,以免对方难以理解。当不能回答某一问题时,应如实告诉对方,含糊其辞和胡吹乱侃会导致失败。

➤ **实践训练营**

项目:礼仪模拟训练

1. 教师提前一周组织安排。
2. 角色分配:参照以下情景说明,组织学生进行角色扮演。
3. 场景布置:面试室中央放着一张台,台后放着两把椅子,台前放着一把椅子。候试室放着若干椅子,面试者在候试室。
4. 着装要求:面试合适着装/不合适着装。
5. 场下同学们相互点评。
6. 教师总结。

第一幕　等候室等候

1. 情景:秘书向几位正在等待面试的面试者送来了饮用水(请为面试者设计4种截然不同的接受状态)。
2. 角色分配:旁白1人,秘书1人,面试者4人。
3. 场下同学们相互点评。
4. 教师总结。

第二幕　进入面试室

1. 情景:面试者A和B分别进入面试室,进行面试环节。过程需演绎:敲门—进入—问好—站姿—坐姿—告别等系列表现(请为A与B设计两种截然不同的着装及表现状态)。
2. 角色分配:旁白1人,面试者2人。
3. 场下同学们相互点评。
4. 教师总结。

第三幕　迟到

1. 情景:面试结束了,考官正准备离场,秘书正在清理现场,面试者C匆匆赶到所发生的情形。
2. 角色分配:旁白1人,秘书1人,面试者1人。
3. 场下同学们相互点评。
4. 教师总结。

第四章
有备而来,高下立现
——求职方式与应对技巧

第一节 笔 试

笔试,顾名思义,以纸笔为载体、书面形式的测试,是用人单位考核应聘者学识水平的重要工具。这种方法可以有效地测量应聘人的知识面、综合分析能力、文字表达能力和书写态度等综合素质及能力的差异,主要适用于应试人数较多、需要考核的知识面较广或者需要重点考核文字能力的情况。常见笔试的主要内容首先是基础知识和专业知识,其次是与专业知识有关的或与招聘单位有关的某些知识和技能。

笔试的优点是一次考核试题量大,涉及面广,考核应聘者对知识掌握的深度、广度及运用知识的能力,其信度和效度较高,不同考生可比性较强;大批考生同时应试,对于用人单位来讲,费时少,效率高;对应聘者而言,心理压力较小,易发挥水平;因笔试评分标准和测试结果均有据可查,在考核试题相同的情况下,组织者便于掌握评分标准,对考生成绩的评定比较客观,可以防止任人唯亲的不正之风。

笔试的缺点主要表现在不能全面地考察应聘者的工作态度、品德修养以及组织管理能力、口头表达能力和操作技能等。因此,笔试虽然有效,但还必须采用其他测评方法,如行为模拟法、心理测验法等,以补其短。一般来说,在企业组织的招聘中,笔试作为应聘者的初次竞争,成绩合格者才能继续参加面试或下一轮测试。

大学生对笔试并不陌生,但应注意求职择业过程中的笔试与在校期间课程考试的不同之处。因此需要在参加笔试前,了解笔试的有关内容,以便做好准备,充分发挥出自己的水平,考出好的成绩。

一、常见的笔试类型

从考试内容分,用人单位在招聘过程中,常见的笔试类型有以下几类。

(一)专业考试

专业考试主要是检验应聘者担任某一职务时,是否能够达到所要求的专业知识或专业技能。考试内容一般涉及完成岗位职责所要求的技术性或具体的知识,问题多以概念性为主,不会出现过于复杂的计算或表述。要成功应对这类考试,需要坚实的专业基础,并且在实践中注重对专业知识的应用。一些用人单位通过大学生在校期间的学习内容和学习成绩大致了解其专业知识水平,而不做单独的专业知识考试。有些专业性要求较高或较为特殊的用人单位则要进行专业知识考试,例如外贸企业招聘人员时要考外语水平,财务类岗位要考金融会计等知识,国家机关招聘公务员要考行政管理和法律知识等。在就业市场竞争激烈的情况下,越来越多的用人单位采用笔试方式选拔人才。

(二)智力测试

智力测试通常被称为智商测试,主要测试应聘者的观察、分析、解决问题的能力,综合归纳能力及思维反应能力。这种测试方式主要是被一些拥有比较悠久的企业文化的知名跨国公司所采用,这些公司经过长期的发展,形成了比较成熟的人才招聘流程与原则,它们往往对应聘者所学专业没有特殊要求,但对毕业生的学习能力、判断能力、自我管理、工作作风等综合素质要求较高。专业智力测试的题目虽然不难,但数量众多,平均单个题目的解答时间较短,会给应聘者造成一定的压力。

(三)心理测试

心理测试是用事先编制好的标准化量表或者问卷,要求应聘者一定时间内完成,根据完成的数量和质量来判定其心理水平或个性差异的方法。用人单位以此方式来测试应聘者的态度、兴趣、性格、价值观、抗压能力等心理素质,其结果可以反映应聘者一些深层次的心理特征和行为趋向,由此评判应聘者的个性特征、内在品质能否和应聘职业性质相匹配。应对此类心理测试,建议应聘者预先将科学、严谨的心理测试拿来进行职业测试,认真诚实地进行测试,谨慎分析测试结果,准确地自我分析,为"人职匹配"做好打下坚实基础。

(四)综合能力测试

综合测试是对应聘者的知识面、阅读理解能力,发现、分析、解决问题的能力等素质的全方位测试。其中含有智力测试的要求,但难度更大。比如,要求应试者在规定的时间内对一组数据、一组资料进行分析,找出合理的地方和存在的问题,并设计出解决问题的答案。这是测试应聘人员处理问题的速度和效果,检验对知识和智力运用的程度和能力。有些公司的综合能力笔试,结合了英文阅读测试和英文写作测试,要求程度较高,应试者平时应该注意应用类英语的积累。

(五)国家公务员考试

国家公务员录取实行面向社会公开竞争性考试,录用后为非领导职务的一般公务员。公务员录用考试一般分两步进行:第一步是综合性较强的统一笔试,第二步是达到一定分数线的员工参加的单位面试。笔试由相关部门统一组织,题目灵活,重点考察应聘者的反应是否迅速,思维是否敏捷。笔试科目为"行政职业能力测验"和"申论"。政职业能力测验主要测查应试者的基本素质和能力要素,包括言语理解与表达、数量关系、判断推理、资料分析和常识判断等能力。申论是测查从事机关工作应当具备的基本能力,由注意事项、给定资料和作答要求三部分组成。按照职位的不同要求,设置两类试卷:省级以上(含副省级)综合管理类职位申论考试主要测查报考者的阅读理解能力、综合分析能力、提出和解决问题能力、文字表达能力;市(地)以下综合管理类和行政执法类职位申论考试主要测查报考者的阅读理解能力、贯彻执行能力、解决问题能力和文字表达能力。

二、笔试前的准备

在笔试之前,应聘者应对它进行深入的了解,做到知己知彼,不打无准备之仗。

(一)笔试前的心理准备

求职过程中的笔试毕竟不同于学校平时的考试,临考前一是要调整心理状态,克服自卑,增强信心;二是要适当参加一些文体活动,从而使高度紧张的大脑得到放松休息;三是要在笔试的前一天注意休息,保证充足的睡眠,保持良好的身心状态,以充沛的精力去参加考试。

良好的身体素质是干好事业的基本条件之一,应聘者具备良好的身体素质和健康向上的精神气质,将提高笔试现场通过的概率。

(二)笔试前的知识准备

1. 提纲挈领,系统掌握

掌握知识的一个有效方法就是把零散的知识化为系统。但是应聘笔试往往范围大,内容广,存在着一定的随意性和盲目性,因此,凡是与求职有关的一些知识如文史知识、科技知识、经济知识、法律知识和一般的计算机知识,均要系统地复习一遍。不同的笔试类型,有不同的考试内容,毕业生在考前应作详细的了解,针对不同情况做出相应的准备。比如公务员考试就有明确的考试范围,并有指定的参考书,考生复习相对有针对性。而一些用人单位的笔试则相对灵活,范围也比较大,没有明确相关的参考书。毕业生可围绕用人单位划定的大致范围翻阅一些有关的图书资料。

2. 多读多练,学以致用

坚持进行阅读实践,扩展知识面,对回答应聘考试的各类问题很有益处。复习时经常做些阅读训练,有助于阅读能力的提高。在做阅读训练时,一定要做到"眼到"和"心到",特别是"心到",即对每个问题都仔细揣摩,认真思考,分析比较,综合归纳,努力提高自己的阅读能力。现在的求职考试越来越强调用学过的知识来解决实际问题,具有很强的实用性。因此,在复习过程中必须始终突出一个"用"字,通过各种实践,把学得的知识运用到工作实际中去解决各种具体的问题。笔试成绩与毕业生平时的努力也有很大的关系,如果毕业生兴趣广泛,平时注意吸收各种信息,学以致用,考试时就能驾轻就熟,得心应手。

3. 厚积敏行,快速答题

为了适应招聘考试中的题量,还应该尽快培养自己快速阅读、快速思维和快速答题的能力。因为现代阅读观念不只着眼于信息的获取,而且还特别重视速度。所以在准备笔试的时候一定要提高做题速度。

(三)笔试前的物资准备

应聘者在考试前提前熟悉考场环境,查看考试规则和考场注意事项,有利于消除应试时的紧张心理和陌生感;除携带必备的证件外,一些考试时必备的文具如钢笔、橡皮等也要准备齐全,做到有备无患。

三、笔试时注意事项及技巧

参加笔试时,怎样在有限的时间里交出一份满意的答卷?这需要注意一些细节和技巧。

(一)笔试注意事项

1. 听从安排,遵守规则

考试要注意按要求的时间准时到考场,不能迟到,应当在监考人员的安排下就座,如果因特殊情况,座位确实有碍自己考试需要调整时,一定要有礼貌地向监考人员讲清楚并求得其谅解,若实在不能调换,也应理解其工作上的难处。在落笔之前,一定要听清楚监考人员对试卷的说明,不要仓促作答;更不能有不顾考场纪律,我行我素的行为,比如未经许可携带计算机、手机等工具,擅自翻阅字典,使用文曲星等。

2. 内修于身,外秀于形

求职中的笔试不同于高考,高考是"一锤定音",而求职是有多次机会,因此在进入考场要杜绝怯场,放松心情,客观冷静地对自己进行正确评估,增强面试的自信心。考试正式开始,要注意不得有作弊现象,如偷看别人的试卷,与他人讨论商量考试内容,或拿出未经允许携带的参考资料等;不得出现不利于自己形象的不良现象,如经常移动身体或桌椅、用笔敲打桌面、口中发出显示烦躁不安的声音等;在笔试过程中要将自己最好的知识储备和精神状态展现出来。

3. 科学答卷,卷面整洁

拿到试卷后,首先要快速地通览一遍,了解题目的多少和难易程度,合理安排答卷时间,根据先易后难的原则排出答题顺序;遇到较大的综合题或论述题,应先列提纲,在逐条论述;注意不要被难题所困耽误时间,注意不要漏题。答卷时应注意卷面整洁、字迹清晰、行距有序、段落齐整,试卷上下左右边缘应该留出些空隙而不要"顶天立地",给评卷者留下良好的第一印象。因为求职过程中的笔试不同于在校时的考试,有时用人单位并不特别在意应聘者考分的高低,而是从中观察考生是否具有认真的态度、细致的作风,从而决定录用意向。

(二)笔试技巧

1. 复习有关知识

根据应聘的职位要求,复习相关知识。如应聘有关软件方面的职位,可以把网络基础知识、C语言、数据库等知识大概看一遍。

2. 基础很重要

不要把复习重点放在难题、怪题上,只要把基础知识掌握好,应对笔试就已足够了。

3. 浏览公司主页

通过这种方法我们可以了解这家公司主要业务和文化,还可能会搜索到这家公司曾经的部分笔试题目,相信这些会对我们的笔试有一定帮助。

4. 合理分配时间

有时笔试题题量较大,不一定能全部做完。所以,在浏览卷面后,要迅速解答较容易的题目,余下的时间再认真推敲其他题目,不要死抠难题而不放手,同时注意不要漏题。

四、笔试题型

关于笔试的基本情况,前面已经做了介绍。那么各类笔试的题型该如何应对呢?下面介绍一些笔试题型,希望给你带来一些启示。

(一)图形类笔试题

图形类笔试题是在一些大公司、大企业中比较常见的一种试题形式,也是近些年公务员考试的热点。它主要考察笔试者观察、思维、推理能力。一般来说,图形题可以大致分为数量、位置和样式3类。下面为大家介绍这几种图形类试题。

1. 数量类

[例1]

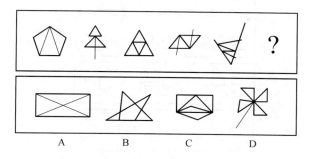

[解析] 观察前5个图形可知,每个图形依次包含3、4、5、6、7个三角形,所以下一个图形应该包含8个三角形。故选A。

数量类的题简单地说就是数个数的题,通常包括数线条的个数、角的个数、封闭空间的个数、相同元素的个数(如上面的例子)等。

2. 位置类

[例2]

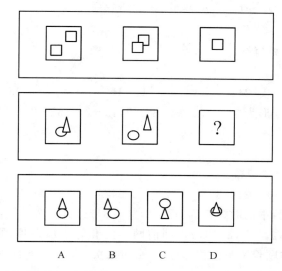

[解析] 观察已知图形可知,方框中的两个小图形相对平移,由相离到相交,以致重合。根据此规律,选D。

位置类的题包括平面上和空间上的变化。平面上包括平移(平移是指图形沿一定的方向平行移动,一般是上下和左右平移)、翻转(翻转是指图形之间通过上下或左右翻转得到相同的图形)、旋转(通过旋转图形得到相同的图形,一般分为顺时针旋转和逆时针旋转)等。空间上包括折叠、展开等。

解答这类题的关键是要细致观察图形的变化,弄清其变化规律。排除法是做这类题的常用方法。

3. 样式类

[例3]

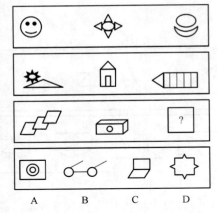

[解析] 观察图形可知,第一行元素都含有圆,第二行都含有三角形,第三行都含有平行四边形,所以应该选C。这类题关键在于找相同元素。

这类题包括求同型(如例2)、求异型(找出不同元素)等。主要是考察笔试者观察、分析和综合能力。

综上,我们可以看出图形类的题是以图形为载体,隐含某种规律。解答这类题既要观察图形在结构上的变化,又要考虑各个图形元素之间的联系。

(二) 数字推理题

1. 幂数列和其他数列组合

[例4] 3,2,11,14,(   ),34。
A. 18   B. 24   C. 21   D. 27

[解析] 数列可以变形为 $1^2+2, 2^2-2, 3^2+2, 4^2-2, ?, 6^2-2$。可以推知"?"应该是 5^2+2,所以答案选D。

2. 分数数列

[例5] 1,2/3,5/8,13/21,(   )。
A. 35/64   B. 21/33   C. 34/55   D. 41/72

[解析] 可以将题目中的数列变为:1/1,2/3,5/8,13/21。然后将各项的分子分母展开可以得到一个和数列:1,1,2,3,5,8,13,21,即前两项的和等于后一项,则接下来的两项为34,55,所以答案选C。这类题着重考察相邻分子、分母的关系,或者分子、分母各独立的数列。

3. 数列各项之间的递推关系

[例6] 2,3,7,16,65,321,(   )。
A. 4548   B. 4542   C. 4544   D. 4546

[解析] 观察数列可知,第一项的平方与第二项之和等于第三项,第二项的平方加第三项等于第四项,依此类推,可知,65的平方加321即为所取答案,因此,选D。

[例7] 1,3,4,1,9,(   )。
A. 4   B. 9   C. 14   D. 64

[解析] 观察数列可知,相邻两项差的平方等于第三项,即 $a_{n+2}=(a_{n+1}-a_n)^2$。由此可知,未知项 $a_6=(9-1)^2$,故选D。

4. 三级等差数列和三级等比数列

[例8] 5,12,21,34,53,80,( )。

A. 116　　　　　B. 119　　　　　C. 125　　　　　D. 117

[解析]　作差进行分析,如下所示:

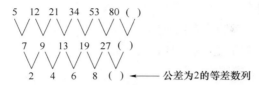

因此,未知项:8+2+27+80=117,故答案为 D。

综上,对于数字推理题,首先要有一个整体的观察,观察该数列的递减性,然后再试着用等差、等比等数列知识去探求其中的规律;特别是对于没有明显关系的数列要尝试着作差、作和,然后在此基础上找规律。相信只要我们掌握了各种数字推理的题型,举一反三,就一定能轻松应对。

(三)语言能力测试题

1. 语句表达

包括病句分析、歧义判断等。

[例9]　小李刚才看了领导的批示,才使他心里的一块石头落了地。

[解析]　此题前一句是一个完整的主谓句,而后一句缺少主语,犯了句式杂糅的错误,可将后一部分改为:他心里的一块石头才落了地。

对病句的判断主要依赖语感和语法知识,因为病句都是不符合日常使用规则的。

[例10]　领导员工需注意些什么问题,条例上写得清清楚楚。

[解析]　句中"领导员工"是指"领导了员工"还是"领导和员工",有歧义,让人搞不清楚。歧义主要有读音、停顿不确定引起歧义和多义词、兼类词(如"报告"既可作动词,也可作名词)引起的歧义等,在做题时要特别注意这几点,此外还可以联系上下文分析。

2. 逻辑填空

考察求职者对词句的辨别分析能力和对语句的理解把握能力。

[例11]　我无法不老,但我还有可能年轻,我不敢对我们过于庞大的文化有什么祝祈,却看完自己笔下的文字能有一种＿＿＿＿后的回味、焦灼后的会心,冥思后的放松、苍老后的年轻,当然,希望也只是希望罢了,何况这实在已是一种＿＿＿＿。

填入横线部分最恰当的一项是(　　)。

A. 辛酸　奢求　　　　　　B. 苦涩　奢望

C. 风雨　梦境　　　　　　D. 历练　幻想

[答案]　A。

[例12]　他试图建立一种以人为中心、结合市场机制和国家调节作用、充分利用国内优势、实行合理开放的发展道路,＿＿＿"不现实"的共产主义,＿＿＿"野蛮"的资本主义,一条有拉美和委内瑞拉特色的"第三条道路",＿＿＿在全球化浪潮中,"要适当加入,＿＿＿要确保自己的民族特性"。

A. 既是　　也是　　而不是　　更不是　　又

B. 既不是　　也不是　　而是　　而且　　又

C. 既是　也是　而不是　更不是　但是
D. 既不是　也不是　而是　而且　但是

[答案]　B。

做这类题需要从语言的语义、语法功能和上下文语境等多方面思考。

3. 文字的衔接和排序

这类题需要注意逻辑关系和语意的连贯性。

[例13]　将以下6个句子重新排列组合：

① 单纯罗列史料,构不成历史

② 只有在史料引导下发挥想象力,才能把历史人物和事件的丰富内涵表现出来

③ 历史研究不仅需要发掘史料,而且需要史学家通过史料发挥合理想象

④ 但是只要是想象就难以避免不实虚构

⑤ 这是一种悖论,又难以拒绝

⑥ 所谓合理想象,就是要尽可能避免不实虚构

排列正确的是(　　)。

做这类题有几个技巧：①考虑话题的统一性。一般同一主旨的话题会集中在一起说,前后衔接紧凑；②语气连贯。即上下文读起来通顺；③考虑句子结构的一致性,一般句式结构一致的几句话能保持上下文畅通；④词语照应。如"因为"对应"所以"；⑤逻辑顺序,如叙述从大到小,由浅入深的顺序。

4. 阅读理解题

阅读理解是言语理解与表达测验中比较常见的一种题型。通常是给出一些片段或文章,让应试者对所给材料进行分析理解,做出正确判断。

在解答这类试题时,首先必须对整段或者整篇材料有完整、准确的理解,并能找出其中的主题,因为后面涉及的问题往往与主题有关。此外,还要注意题中的关键词,比如"但是、如果、除此之外"等,有些问题的设计与关键词有关,以此来考察应试者阅读的准确性和细致性。

> 实践训练营

项目：体会笔试

下面给大家列举两个大企业的笔试题目,请大家亲身体会一下笔试。

1. 腾讯公司

(1) 请定义一个宏,比较两个数a、b的大小,不能使用大于、小于、if语句。

(2) 两个数相乘,小数点后位数没有限制,请写一个高精度算法。

(3) 有A、B、C、D 4个人,要在夜里过一座桥。他们通过这座桥分别需要耗时1分钟、2分钟、5分钟、10分钟,只有一只手电,并且同时最多只能两个人一起过桥。请问,如何安排,能够在17分钟内让这四个人都过桥？

(4) 有12个小球,外形相同,其中一个小球的质量与其他11个不同,给一个天平,问如何用3次把这个小球找出来,并且求出这个小球是比其他的轻还是重。

(5) 在一个文件中有10 G个整数,乱序排列,要求找出中位数,内存限制为2 B。只写出思路即可。

(6) 一个文件中有40亿个整数,每个整数为4个字节,内存为1 GB,写出一个算法：求出这个文件里的整数里不包含的一个整数。

（7）腾讯服务器每秒有2万个QQ号同时上线,找出5分钟内重新登录的QQ号并打印出来。

2. 星巴克

（1）你是一家咖啡馆的经理,你发现店内同时出现下列状况：

A. 许多桌面上有客人离去后留下的空杯未清理,桌面不干净待整理。

B. 有客人正在询问店内有哪些品种,他(她)不知道如何点咖啡菜单。

C. 有员工正准备进货,需店经理签收。

请问,针对上述同时发生的情况,你如何安排处理先后顺序,为什么？

（2）有一位员工脾气不好,以致在前3家店内与其他同事相处不好而屡屡调动,现在他被调到你的店里来,请问身为店经理的你,将如何应对？

（3）你是店经理,本周五结账后,发现市场总销售额较上周减少30%,请问可能的原因是哪几种,面对各种原因你将如何应对？

第二节 面　　试

面试是一种经过组织者精心设计,在特定场景下,以考官对考生的面对面交谈与观察为主要手段,由表及里测评考生的知识、能力、经验等有关素质的一种考试活动。求职面试是公司挑选职工的一种重要的考察方法,主要是指用人单位与应聘者进行有目的面谈。面试给公司和应聘者提供了进行双向交流的机会,能使公司和应聘者之间相互了解,从而双方都可更准确做出聘用与否、受聘与否的决定。

大学生在求职择业过程中,面试至关重要。有时求职的成败就在这面试的几分钟。简短的几句话实际上是求职者大量知识和能力储备的浓缩表现。求职者的智慧和才华都在这短短的几分钟里展现。一次面试,可能是通往阳关大道的入口,也可能是梦想落空的终点。所以,在求职面试时恰当地展示自我是求职成功与否的关键。

一、常见的面试类型

（一）按人员编排分类

面试,通俗地讲,是面对面的一种考试形式,是根据职业岗位的特定需要,通过应试者的表现、招聘方的判断进而选择最适合岗位工作要求的人。基于此,我们知道面试的两大主体人员为：招聘者和应聘者。

（1）一对一面试,即一个主考官负责整个过程,属于"单打独斗"。较小规模企业的招聘和较低职位的招聘一般采用这种方式。此面试的优点是能够提供一个面对面的机会,让面试双方较深入地交流,相互了解。应聘者事先必须做好心理准备,要牢记自己的目的是要让对方接纳自己,这是应聘者回答问题的出发点和根源所在。

（2）两人或两人以上对一个,通常是由数名考官组成一个小组,一起面试求职者,属于"舌战群雄"类。这类面试程序一般为：首先由主考官宣读面试指导语；然后由主考官或其他考官按事先的分工依据面试题本请应聘者按要求回答有关问题；根据应聘者的回答情况,其他考官可以进行适度的提问；各位考官独立在评分表上按不同的要素给应聘者打分,根据分数高低决定录用情况。

(3) 一人对一组,或称为无领导小组讨论法,是最常见的一种集体面试法,通常是由一名公司的招聘经理面对一组应聘者,采用情景模拟的方式对应聘者进行集体面试,属于"群英会"类。它通过给一组应聘者一个与工作相关的问题,让其进行一定时间的讨论。应聘者有平等的发挥机会,在相对无意中显示自己各个方面的特点,从而很快地表现出个体的差异。用人单位依据应试者的行为、言论来对应试者进行更加全面、合理的评价。这种面试应用范围广,能应用于非技术领域、技术领域、管理领域等。应聘者需要注意如何在群体中表现得当,既要积极活跃,又不能抢尽风头,对别人构成压力或威胁。

(二) 按阶段分类

(1) 初步筛选,被面试者众多,每人分得的时间有限,而面试人员的级别也不甚高。

(2) 多轮选拔,到这一阶段,通常都是级别比较高的人来面试了,面试的时间也会更长些,程序也更复杂些。而某些华尔街投资银行,招聘一名高级人员平均要进行多达三十多轮的面试,面试周期更可长达3～6个月。

(3) 最后一轮,这是最关键的一环,千万不要掉以轻心!对于应聘者而言,有时也摸不准哪次会是最后一轮,即使是被明确告知这是最后一轮了,或许还要见人。所以在有些情况下,如果不能确定这是否真是最后一轮面试,就不能有任何松懈情绪。

分阶段面试一般是由用人单位的主管领导以及一般工作人员组成面试小组,按照小组成员的层次,由低到高的顺序,依次对应聘者进行面试。面试的内容依层次各有侧重,低层一般以考查专业及业务知识为主,中层以考查能力为主,高层则实施全面考查与最终把关。实行逐层淘汰筛选,越来越严。要突破重重关卡需要极大的耐心和毅力的,应聘者要对各层面试的要求做到心中有数,面带笑容地认真完成每一次面试。在基层人员面试时,不可轻视、麻痹大意;高管理层面试时,也不必过度紧张,力争给每个层面面试官均留下好印象。

(三) 按形式分类

(1) 问题式面试:由招聘者按照事先拟定的提纲对求职者进行发问,目的在于观察求职者在特殊中的表现,考核其知识,判断其解决问题的能力,从而获得有关求职者的第一手资料。应对各种问题,求职者在面试前应进行"知己知彼"的准备:首先,进行自我认知,找寻自己的性格、兴趣与应聘相关岗位的契合度;其次,进行业务知识准备,熟知与应聘相关岗位的专业知识、业务技能,备上一份求职材料,供招聘者参阅;最后,要充满信心,镇定自若。

(2) 压力式面试:招聘者有意识地向应聘者施加压力,就某一问题或者事件做出一连串的发问,主要考验求职者在特殊压力下的反应、思维敏捷程度及应变能力。这样的面试,主考官会故意制造一种不友好的氛围,刁难应聘者,目的在于考查应聘者是否拥有积极的心态和正面的态度。应聘者应该展示出成熟的态度和冷静处理问题的能力。

(3) 情景面试,类似场景小测验,是面试形式发展的新趋势。应聘公司会虚拟求职者所申请职位的工作环境,让求职者直接进入工作角色,从而测试求职者的能力。面试的具体方法灵活多样,面试的模拟性、逼真性强,应聘者的才华能得到更充分、更全面的展现,面试官对应聘者的素质也能做出更全面、更深入、更准确的评价。在情景面试中,应聘者应落落大方,自然和谐地进入情景,去除不安和焦灼的心理,只有这样,才能发挥出最佳效果。

(4) 会议面试,应聘者参加会议,就会议的议题展开讨论,确定方案,得出结论。这种面试内容通常就某一具体案例进行分析处理,从中可以比较直观、具体、真实地体现应聘者实际应用知识的水平和能力。会议面试主要考查应聘者分析问题,解决问题的能力,从中可以考查其知识水平、思维视野、分析判断、应用决策等素质。许多大型咨询公司以这种方式面试。

(5) 轻松随意型面试,招聘者与求职者漫无边际、海阔天空的交谈,气氛轻松活跃,无拘无束。目的在于在闲谈中观察求职者的谈吐、举止、知识、能力、气质和风度等,进行综合考察。多以餐桌面试方式进行,应聘者会同该单位各部门的主管一起用餐,边吃边谈。这种面试易于创造一种亲和的气氛,让应聘者减轻心理压力,以便能真实地反映应聘者的素质。餐桌面试一般用于测评高级或重要职员时使用。

(6) 综合式面试:通过多种方式考察求职者的综合能力和素质,如用外语交谈、及时作文、即兴演讲、写文章甚至计算机等,以考察其外语水平、文字能力、书面及口才表达等各方面的能力。

以上是根据面试种类所做的大致划分,在实际面试过程中,招聘者可能采取一种或同时采取几种面试方式,也可能就某一方面的问题对求职者进行更广泛更深刻即深层次的考察,其目的在于能够选拔出优秀的应聘者。

二、面试技巧

我们经常说"百闻不如一见",判断一件事物时,用自己的亲身体会去感受,是非常重要的。同理,一个企业在招聘新职员时,就是通过面试来做出最直观的判断的。必须对应聘者进行面试,这是招聘的大原则。有些企业在招聘过程中,可以忽略笔试,但绝不省略面试。在面试中,考官主要考察的是应聘者的"第一印象""能力""相貌""笔试中了解不到的方面""职务的适应性"等。然而,在高校毕业生求职面试的实践中,往往有一些毕业生由于缺乏必要的准备和面试技巧而败下阵来。因此,学习和掌握面试技巧,做好充分准备,对于应聘者成功面试来说,至关重要。

古语云:"天有三宝,三光为宝,日、月、星。地有三宝,三柔为宝,水、火、风。人有三宝,三品为宝,精、气、神。"对于面试者而言,只有"精满""气足""神旺",才能在考官面前展示出自我风采,传达出良好的自信心,从而增大成功面试的概率。

(一) 精心准备为第一

凡事预则立,不预则废,机会会垂青于有准备的人。面试之前,求职者要有足够的精力广泛收集各方面的资料与信息。有了充分的资料准备,即便"临场发挥"也会是相当精彩和出色。

(1) 了解用人单位信息

求职者要想在面试中打胜仗,面试之前做足功课是必须环节。利用现代媒体,求职者在面试前尽可能了解清楚招聘单位的性质和背景,了解公司是哪个行业的,在行业内处于什么样的位置,公司目前发展的状态和发展趋势,了解自己所应聘职位在这个公司具体要做哪些工作,需要什么能力、具体工作地点等,争取在面试中处于主动地位。

一个对招聘单位一无所知的求职者,面试时必遭失败无疑。例如,早两年广州有个学市场营销专业的本科男性毕业生,满怀信心去应试美国在广州投资兴办的"雅芳"公司的销售人员,他原以为"雅芳"仅仅是这家公司美丽的名称而已,根本不知道"雅芳"是女性化妆品的注册商标。因此,在面试中当美方主试人部及他为何应聘该公司时,他不假思索地回答说:"我喜欢'雅芳'",结果弄得严肃的面试官忍俊不禁。试想,一个对其产品一无所知的人,怎么可能会被录取为推销呢?

(2) 充分准备个人资料

有些行业在学历、能力、年龄各方面都有限制,事先要核查自己的资格是否符合条件。如果符合应聘条件,还得确定自己可以胜任何种职位。然后要准备好个人简历、自荐信、成绩单及有关证书材料,如毕业证书、学位证书、获奖证书、职业技能等级证书等材料。如果应聘外资企业,最好将个人简历、自荐信等材料准备为中英文对照格式。去面试时,即使已经发过相关材料,也应备用一份,然后将资料有条不紊地放在一个公文包里随身带去,以便面试官随时查看。准备一个井然有序的公文包会使应聘者看上去办事得体有方,值得信赖。

另外,应聘者还可以准备一本轻松活泼、有趣的杂志书籍放在公文包里。通常面试前总有一段时间要等候,如果应聘人数较多,而自己又是被安排在后面,等待的时间就会较长。这时阅读书刊可以转移注意力,调整情绪,克服面试时的怯场心理,避免等待时紧张、焦虑情绪的产生。

(3) 做好求职心理准备

面试不仅测试一个人的知识和能力,也测试一个人的心理素质。良好的心理状态为面试成功提供保障,因此面试前一定要做好心理准备。正确的面试心理普遍都有这样几个特点:热情、积极、自信、平静和谨慎。求职者接到面试通知以后就应该积极准备,同时也应该有信心相信自己能够取得胜利。但同时求职者也应该能够冷静地审视自己,分析自己的优势与不足,考虑怎样才能发挥出自己的优势,通过什么方面来弥补自己的不足,并为此做一些细致耐心的努力。

近几年来,大学生就业形势确实很严峻,特别是国际金融危机蔓延、我国就业形势更加严峻的情况下,就业不是一件容易的事情,面对就业失败要有正确的态度,以平常心来看待失败。面试失败后要冷静分析自己失败的原因,从中吸取教训,尽快调整求职应聘策略,提高面试成功的概率。

(二) 语言运用是其二

"口乃心之门户",面试场上的语言表达艺术标志着应聘者的成熟程度和综合素养。对求职应试者来说,掌握语言表达的技巧无疑是重要的。那么,面试中怎样恰当地运用谈话的技巧呢?

1. 自我介绍要到位

在面试过程中,自我介绍是必问环节。自我介绍的内容主要包括姓名、年龄、性格、工作态度、教育背景、工作经验及兴趣爱好,具体的表述求职者可自由组织语言。这是个自由、开放式的问题,求职者可以提前准备,不仅可以让求职者更全面地了解自己,同时也有助于通过一定的训练来提升自己欠缺的能力,增强自信心,还可以减少求职者突遇自我介绍相关内容产生的心理冲击。准备自我介绍是面试备考必做的功课,准备时需要把握逻辑顺序,可以从所学专业谈到工作经历,但切忌说得如流水账般冗长繁杂,同时,注意将自己的闪光点带入其中,建议写一个面试自我介绍,记熟备用。

2. 回答问题分条理

做好面试准备进入面试环节后,最重要的环节就是回答面试问题。回答问题的思路和完整性在某种程度上体现了求职者的思维,这也是面试官考察的重点。求职者要保证面试效果就要做到克服紧张心理,放松心情,微笑面对面试官,冷静有条理的回答每一个问题。每一个问题都尽量分几点来回答,既保证了有时间继续思考,把问题回答得更完整,同时又可以缓解紧张情绪。如果面试官故意用恶意语言或不礼貌态度刁难自己,千万不要顶撞,应该做好自己以微笑应对,如果顶撞了面试官,就意味着此次面试彻底以失败告终。总之,面试时要冷静,回答问题要三思而后行。

3. 语言表达讲技巧

成功的面试,要求应聘者语言流畅、表达清晰、体现出语言的感染力。语言流畅要求语言在表达的过程中一定要保持每段的连贯,避免出现三五个字的表达停顿或重复、吞字等情况;表达清晰则是要求在表达每段或整体问题是中心思想明确、言简意赅;富有感染力则要求表达过程中语气平和、语调恰当、音量适中,听众能清理地听到高音、低音、重音以及标点符号。如打招呼时宜用上语调,加重语气并带拖音,以引起对方的注意;自我介绍时,最好多用平缓的陈述语气,不宜使用感叹语气或祈使句。应聘者在短期内改变原有的表达习惯不容易,注意有针对性的练习将加强这方面的培养和训练。

(三)神韵展示排第三

常说"面试,前三分钟定乾坤"。经验丰富、阅人无数的面试官,一般在见到应聘者最初的几分钟里,通过任何仪容仪表传达的信息就能形成初步印象,这段时间从几秒到几分钟不等,非常关键,具有决定性意义,姑且将之笼统地称为前三分钟。有的面试官在经历了几个应聘者的"轮番轰炸"之后,已经筋疲力尽,此时很难全神贯注地继续下面的面试,如果求职者能在着装、举止、谈吐上给人带来耳目一新的感觉,就如同一份漂亮的简历能够吸引人的眼球一样,招聘者的好感会油然而生。因此,文雅大方的举止、谦虚谨慎的谈吐、积极热情的态度,会给人以美感,有助于展现求职者的神韵,从而赢得他人的信任。

修饰仪容仪表的原则是干净整洁、端庄大方、优雅得体。首先,仪容既要修饰,又要忌讳标新立异,简洁、朴素最好。其次,服饰是一种重要的体态语言,能够反映出一个人的文化水平、修养和气质,应聘者着装要符合职业形象;仪态要端庄大方,表情亲和自然。相形之下,将仪容仪表修饰得花里胡哨、轻浮怪诞,是得不偿失的。有的同学费了九牛二虎之力才把"面试问题宝典"上的问题背得滚瓜烂熟,这些机械、斧凿痕迹过重的问答内容在面试的前几分钟里还没来得及卖弄,却因为不拘小节而在着装、礼仪、气质、谈吐方面失了很多分。

既然前三分钟就能做出初步判断,为什么还要继续面试呢?前三分钟里得出的结论固然重要,但毕竟时间短暂、反映的内容有限,因此,面试官还需要通过进一步的交谈来寻找充足的依据,以支持自己在前三分钟所下的结论,最大限度地保证面试过程的全面、客观和公正。如果说前三分钟是"一见钟情"的话,那么紧随其后的过程则是"日久生情",是应聘者充分展示自我的舞台。因此,应聘者应该利用每一个交谈机会,展示自己的能力,给面试官提供充分的依据强化或者扭转前三分钟内的判断。

三、常见的面试题目

一般在面试时,面试官基本上问的问题差不多,所以在面试之前,对这些问题的答案提前准备,掌握面试交流的一些基本原则,这样在面试时才能从容镇定,回答才会游刃有余。现将面试官最常问的问题以及答题策略整理如下:

问题一:请谈谈你自己?

分析: 这是个开放性问题。从哪里谈起都行,但是滔滔不绝地讲上一两个小时可不是雇主所希望的。这样的问题是测验求职者是否能选择重点并把它清楚、流畅地表达出来。显然,提问者想让求职者的背景和想要得到的位置联系起来。

回答对策: 有几个基本的方法。一个是直接简要回答所问的问题,另一个是在回答前要求把问题问得更明确。在上述两种情况下,求职者都要很快地把答案转到自己的技能、经验和为得到目前这份工作接受的培训上来。

回答样板:"我来自一个小家庭,有一个弟弟,父母都还在工作。中学毕业后,我攻读市场营销学士。期间在一家商业机构担任行销执行员,学了不少管理方面的知识。例如,我全权负责的一个批发销售公司的业务,销售总额一年为 200 万元。在那里我学习到怎么管理人事,在压力下解决问题。我希望能更好地运用我的技能。我相信我的经验和学历将让我迎向未来更大的挑战。"

总结:只简单地介绍了个人历史,很快将重点话题转到与工作有关的技能和经验上来。也可请面谈者把他想了解的东西集中到一点,"你是不是想知道我受过的教育,或者与工作有关的技术和经验?"等,大多面试官都会乐意告诉求职者他们感兴趣的是什么。

问题二:你有哪些主要的优点?

分析:这个问题问得相当直接,但是有一点隐含。

回答对策:求职者的回答应当首先强调自己适应的或已具有的技能。雇用求职者的决定在很大程度上取决于这些技能,求职者可以在后面详细介绍自己与工作有关的技能。回答时,一定要简单扼要。

回答样板:"我具有朝着目标努力工作的能力。一旦我下定决心做某事,我就要把它做好,例如,我的志愿是成为一个出色的公关经理,我喜欢接触不同的人,服务人群,为了实现这个目标,我目前正在修读有关课程。"

总结:如"我的学习能力、适应能力很强""人际关系很好"等都是可提出的优点,但尽可能要提供与工作相关的证据,这会使自己与众不同。

问题三:你有哪些主要的缺点?

分析:这是个棘手的问题。若照实回答,就会毁了工作,雇主试图使求职者处于不利的境地,观察求职者在类似的工作困境中将做出什么反应。

回答对策:回答这样的问题应诚实。完满地回答应该是用简洁正面的介绍抵消反面的问题。

回答样板:"我需要学会更耐心一点。我的性子比较急,我总要我的工作赶在第一时间完成。我不能容忍工作怠慢。"

总结:回答的虽是自身的缺点,但却表现了正面的效果,对工作的积极抵消了反面。

问题四:与上级意见不一是,你将怎么办?

分析:这个问题主要考查求职者的人际沟通及应变能力。

回答对策:如果在工作上有分歧,而又觉得自己是对的!就应该与领导进行交流,不要自作主张地向上级投诉。越级反映问题只会让别人小看自己,在以后的路越走越窄。对领导来说,和下级无法沟通也是一件很苦恼的事情!所以自己有问题,觉得和他有矛盾最好的方法就是找机会当面说清楚,和上级来一次交流,以见解去说服他!

回答样板:一般可以这样回答"我会给上级以必要的解释和提醒,在这种情况下,我会服从上级的意见。"如果面试自己的是总经理,而自己所应聘的职位另有一位经理,且这位经理当时不在场,可以这样回答:"对于非原则性问题,我会服从上级的意见,对于涉及公司利益的重大问题,我希望能向更高层领导反映。"

总结:在没有了解公司内部情况时,想先打小报告,这样的求职者没人敢要。

问题五：你觉得大学生活收获了什么？

分析：很明显，面试官期待求职者给出一个总体概括性的回答。

回答对策：回答内容，最好能够兼顾刻苦的学习态度和积极的社会实践活动态度；回答方式，一定是概括到位又非常具有个人特色，这样的人才必然会是职场的宠儿。

回答样板1："我觉得大学生活使我学会了与人沟通，可能您会觉得，十个大学生有九个会强调自己善于与人沟通，不过我依然觉得这是我大学里面最大的收获。您从简历上看得出来，我大学里在学生会工作了两年半，从干事一直到副主席，这使我有机会锻炼与年龄、背景完全不同的人交流，从学生到老师，从学校的领导到校外的公司，每一种沟通的方式和方法都不同，的确使我学到了很多。"

回答样板2："我觉得大学是我迄今为止成长最快的时期，有很多收获。首先是知识和技能方面的，我修了'地理科学'和'管理学'两个专业，虽然我不打算从事地理科学方面的工作，但是我掌握了很多必要的工作技能，比如搜索信息、分析信息、独立思考等。除了知识，我还提升了自己的综合素质。就拿我担任班长这件事来说，我觉得提升很快，首先是要竞选，竞选成功以后要策划吸引人的班级活动，策划活动的过程中要调动同学一块参与等等，每一个环节都很锻炼人。"

总结：样板1虽然也有失全面，但是至少具备了两个优点：有说服力、个性化。样板2有两个优点，第一是总结得很到位，把大学的收获清晰地分成了知识与技能、综合素质两个逻辑层次；第二是很个性化，突出了申请人修两个专业和曾担任班长这两个值得骄傲的经历。

问题六：你想得到的薪水是多少？

分析：如果求职者对薪酬的要求太低，那显然贬低自己的能力；如果求职者对薪酬的要求太高，那又会显得自己分量过重，公司受用不起。一些雇主通常都事先对求聘的职位定下开支预算，因而他们第一次提出的价钱往往是他们所能给予的最高价钱。他们问求职者只不过想证实一下这笔钱是否足以引起求职者对该工作的兴趣。

回答对策：在商谈薪酬之前，最好调查了解了自己所从事工作的合理的市场价值。在与对方商谈时，不妨尽可能插入"合理的和市场价值"语汇。记得，商谈时降低原来的开价轻而易举，但一旦开出低价后想再提上去就难乎其难。

回答样板1：如果求职者尚未彻底表现自我价值，面试官就提此问题考求职者，求职者不妨参考以下答案："钱不是我唯一关心的事。我想先谈谈我对贵公司所能做的贡献——如果您允许的话。""我对工资没有硬性要求。我相信贵公司在处理我的问题上会友善合理。我注重的是找对工作机会，所以只要条件公平，我则不会计较太多。"

回答样板2：如果求职者已经阐明该职位的重要性，可是对方仍旧告诉求职者给的报酬已是最好的。求职者不妨指出它的工作性质实际上值得自己获得更高的报酬；阐明求职者将如何通过努力缩减公司的开支；说明在工作中求职者得自我承担哪些费用等，以证明自己对公司的价值，和表明求职者要求更高报酬是以自己的工作表现为前提的。

但是如果对方不愿妥协，在求职者未得到肯定的工作答复之前，不要使雇主排除对求职者的考虑。求职者可以问："你们决定雇用我了吗？"如果答案是肯定的，报酬却使自己不愿接受，求职者可以这样拒绝："谢谢你给我提供工作机会。这个职位我很想得到，但是，工资比我想要的低，这是我无法接受这份工作的原因之一。也许你会重新考虑，或者以后能有使我对你们更有价值的工作时再考虑我。"

总结：如果雇主需要求职者，他会乐于满足求职者的要求。一般的行业会根据学历等要素有统一的薪酬标准,淡化这个问题对成功求职有帮助。

问题七:你为什么要找这样的职位?为什么是在这里?

分析: 雇主想了解是否求职者是那种无论什么单位有工作就行的人。果真如此,他或她就不会对求职者感兴趣。雇主想找那种想解决工作中问题的人。他们有理由认为这样的人工作起来更努力,更有效率。

回答对策: 这个问题实际上有两方面的含意。一是为什么选择这个职位,二是为什么选择这个公司。如果求职者有选择这个公司的理由,或选择这个公司是求职者最大愿望,求职者就要准备回答为什么。如果可能的话,在面谈前,求职者要事先尽可能地对它进行了解。与别人联系得到详细的情报,或到图书馆查阅,看公司的年度报告,或任何能使求职者了解情况的方法都是必要的。

回答样板: "我花费了很多时间考虑各种职业的可能性,我认为这方面的工作最适合我,原因是这项工作要求的许多技能都是我擅长的。比如,分析问题和解决问题是我的强项,在以前的工作中我能比别人更早发现和解决问题。目前你们公司工作运行良好,发展迅速,善于接受新思想,似乎是能让我施展解决问题能力的地方。如果我在这里努力工作,证实我自身的价值,我感到我有机会与公司共同发展。"

总结: 要回答这个问题,就要谈到求职者选择工作目标的动机,具备的技能或与职务有关的教育、培训证书。面试前事先了解哪些工作适合求职者的技能和兴趣非常重要,面试现场巧妙地运用"提供证据"技巧,回答问题的实质。

问题八:你觉得你适合从事这个岗位吗?

分析: 这几乎是一个必问的问题。回答这个问题,请大家用自己过去的事实予以证明,而不是强调未来的潜力。对于面试官而言,唯一可信的是"过去时",而不是"将来时"!

回答对策: 应聘者最好站在招聘单位的角度来回答,招聘单位一般会录用这样的应聘者:基本符合条件、对这份工作感兴趣、有足够的信心。

回答样板1(以销售岗位为例): 我觉得自己很适合做销售。我不怕压力,越有压力动力越强。在大学里,我每学期都给自己制订学习和社团工作两方面的目标,而且会排除一切困难去完成。我大二的时候要加入学生会,申请了两次都失败了。后来我就义务帮工,每次学生会有活动,我都不计名分地跟着干。两三个月之后我就成了学生会的成员。我觉得做销售和这个差不多,要坚持。

回答样板2(以客服岗位为例): 我觉得自己挺适合做客服的。做客服,首先,做事的效率和准确度要高,既要快,又不能出错。我们班的同学公认我做事麻利,有集体活动的时候一般都由我来收钱做记录。除了做事快,我的个性也很适合。我是一个特别和气的人,别人很愿意接近我。我们楼里连扫地的阿姨都跟我聊过天,我还把一个阿姨的儿子介绍到我家住的小区做保安了呢。我觉得,做客服肯定要让别人觉得亲切才行,我的朋友都说,即使是打电话,都觉得我是在笑着说话的。

总结: 不怕压力,能把目标当作前进的动力,具体可行,才有说服力。

问题九:你是应届毕业生,缺乏经验,如何能胜任这项工作?

分析: 这是一个令应届毕业生感到很棘手的问题,因为即使有一点点和所应聘职位相关的经历,大家早就已经红旗飘飘地摆放在简历最耀眼的位置上了。如果招聘单位对应聘的应届毕业生提出这个问题,说明招聘单位并不真正在乎"经验",关键看应聘者怎样回答。

回答对策:在明明没有相关经历的情况还要硬起头皮来回答,面试者不要表现得慌张和惊恐,注重"表达技巧"了!

回答样板1:作为应届毕业生,在工作经验方面的确会有所欠缺,因此在读书期间我一直利用各种机会在这个行业里做兼职。我也发现,实际工作远比书本知识丰富、复杂。但我有较强的责任心、适应能力和学习能力,而且比较勤奋,所以在兼职中均能圆满完成各项工作,从中获取的经验也令我受益匪浅。请贵公司放心,学校所学及兼职的工作经验使我一定能胜任这个职位。

回答样板2:我没有在公司里面做过客服,您知道这个职位一般是不招兼职和实习生的。不过,我觉得在大学的工作中我还是有客服经验的。我在宣传部做干事,我觉得自己就是一个客服代表,我的客户就是学生会别的部门。每个部门搞活动的时候都要通过我来配合。大家对我都很满意,去年我还得了"优秀学生干部"奖呢!

总结:对这个问题的回答最好要体现出应聘者的诚恳、机智、果敢及敬业。如样板2中的客服岗位,生活中每一个被自己服务过的人都是自己的"客户",如老师、学长、学弟、朋友等!

问题十:你对以后有什么打算?

分析:这个问题是在考察求职者的工作动机和职业生涯规划。它是在探究是否可以信赖求职者把工作长久地干下去,而且干得努力。

回答对策:求职者最好的对策就是诚实,真诚的分享,很容易触动对方,这是一贯强调的。并非是要求职者把负面的信息也摆出来,求职者应该准备坦率地、正面地回答雇主关心的问题。而哪些是雇主关心的问题取决于求职者的具体情况及个人的职业生涯规划。

例如:

——你对工作满意吗?(如果不满意你会离开公司吗?)

——你想成家吗?(如果成家,你会停职去照料小孩吗?)

——你是否有过短期工作后离开的历史?(如果有,你会不会也放弃这份工作呢?)

——你是否有比本工作提供的条件更好的岗位?(如果是,为什么你不去高就呢?)

——你有什么优势和承诺在工作中发展吗?(如果不是,谁需要一个没有优势和动力的人呢?)

回答样板:对没有工作经验和只有各种短期工作经验的人,他们可以这样回答:"我做过几种工作(一种或失业),我认识到应该珍视体面的、稳定的工作。我的各种经验是一种财富,我学到很多东西,我可以把它们用于这项工作中去。我正在寻找一份可以安定下来,努力工作并持久下去的工作。"

总结:这是一种可以接受的回答,只是回答太短,也没有提供证据。介绍自己的实例最好放在最后一句话之前。有些职务,如销售方面的工作,要求求职者有雄心或者有勇气。其他工作有对工作领域或专门机构的要求。其实,求职者最好对自己的未来有相当清晰的规划。

四、体验求职面试

(一)模拟面试

面试是面试官与应试者之间的一种沟通、交流,其互动性很重要。真正有效地提高面试技能的方法是进行"模拟面试"训练,即过为求职者安排仿真的面试现场、正规的面试流程,让求职者亲身感受面试的全过程,可以邀请一些合作单位或参加过不同职位人才招聘的校友、老师模拟不同的用人单位对求职者进行模拟面试及点评。

参加模拟面试是一个整理过去、发现不足,从而提高自己的好机会:其一,可以熟悉考试流程,克服考试紧张的心态。求职者对面试经常会有恐慌之感,主要源于对面试流程的陌生,心理学中对待这种紧张现象的解决方法是采用系统脱敏法,面试的练习就属于系统脱敏训练。通过不断地重复训练或是模拟刺激的情景,提高求职者耐受性,减轻其紧张程度。其二,真实地模拟面试现场,加上考官的点评,让大家真正地认识自己。只有正确地认识自己,才能在下一阶段逐步地完善自己。"当局者迷,旁观者清",很多求职者在面试都或多或少存在一些问题,有的问题表现出来可能就连他本人都没意识到,这样一来大家的点评对他来说显得尤为重要。其三,大家聚在一起可以讨论一下题目的答案,群策群力,一个问题才能得到深入的探讨和解决,另外也活跃了大家的思维,锻炼了大家语言表达能力。

精心准备的模拟面试不仅要求求职者真正体验面试的氛围,了解应聘的形式、内容、职位、面试的技巧及面试礼仪等从而检查自己的不足,再进行有针对性学习和有意识地提高自己所欠缺的能力;还要求求职者面试前预测会被问及的各种问题和答案,最好准备好几个围绕岗位职责、工作任务、企业发展前景的问题。

模拟面试分为现场互动形式和个人训练形式。现场互动形式的组成多为一对多形式,(学校)单位聘请到知名人力资源工作者对模拟应聘者进行模拟面试。模拟应聘者通过"投递简历"、院系推荐等程序得到"面试机会",经过仿真的面试问答,使参与者体会到面试的氛围并找到自己面试的弱点,有机会的话还可以通过模拟练习加以提高。个人训练形式是最原始的训练方式,也是最有效的训练形式。根据条件,模拟应聘者可以选择如下自主训练方式:(1)同学之间互相扮演面试官和求职者角色,相互付出劳动,相互学习,可以反复练习。(2)面对镜子的自我训练,面试也是个人演讲与口才的集中表达方式,除了对问题的理解以外,表达是否流畅,语气、表情是否自然,通过自己看到真实的自我,反复矫正训练。(3)通过录像加以训练,有条件的求职者,可以将自己面试模拟的视音频全部录制下来,反复观看,加以矫正和训练,类似于学习英语的复读机一样,反复训练。

(二)"感受"面试

子曰:"三人行,必有我师焉。择其善者而从之,其不善者而改之。"应届毕业生虽然有较少实战的锻炼机会,但可以通过他人的感受加深对面试的理解。

1. 求职者经验

以下面试经历有几点要点和大家分享一下,希望对同样求职的人员有所帮助:

(1)如果初试除了人事方面的,求职者还能见到自己所应聘部门的主管,成功率就多了一点,也就是说,初试的时候求职者见到的面试官越多,成功率越大,超过三个,基本可以确定复试的可能性了。因为,所以见的人越多,说明之前的人对求职者越满意,看自己成功与否,也可以从这方面着手。

(2)面试时一定不能问一句说一句,其实所有的面试,第一个问题都是让求职者做自我介绍。不要十秒钟说完,显得求职者语言能力欠佳,也不要说个没完,让人觉得求职者啰唆没重点,一般包含了姓名、毕业时间、专业、工作经历,最好包含一点个人爱好之类的,时间控制在一分钟内。语速不要过快感觉像背诵文章,也不要磕巴,"然后""嗯"之类的字要少用。

(3)面试官说话要看着他的眼睛,显得尊重,也不要一直盯着看,显得不礼貌或轻薄,他说话要时不时地做出点头等反应,不要让人家觉得像对着墙自言自语。

(4)要有互动,在面试官说话的时候要适当地"插嘴",沟通才能够加深了解,在他的谈话内容范围之内适当地打断或者插一句自己的话,既让他觉得求职者有自己的见解,也让他更加深入地了解了求职者的沟通能力,因为一般的面试官会花上几分钟给求职者讲解他们公司的企业文化或者求职者应聘的工作职责,讲解完了会问求职者有没有什么想问他的,求职者一点反应没有,他对求职者的印象可想而知。

(5) 提到薪资时不可惺惺作态,其实一般一个职位的薪资水平用人单位已经有了定位。除了个别不靠谱的企业以外,基本上都是相差无几的。

(6) 不可功高盖主。人都是有嫉妒心的,如果求职者适当地表现出谦虚或者单纯一点,让人会觉得这个人虚心好学。

(7) 等通知的时间。"尽快""一个星期""本周末/本月底"……一般都是这几种告知方式。其中只有尽快是没有具体时间的,也是最不好掌握的,如果尽快的话,那么等个一两个工作日没消息基本可以确定没戏。一个星期呢,基本等到3~4天就可以了,因为这一个星期他们还会比对其他的应聘者,是在挑选一个综合素质更好的。本周末/本月底都是比较好的公司,他们是在间接告诉你,过了这个时间就不用等了,肯定没戏。

2. 考官评委心得

面试流程可以分为三个阶段,即面试前、面试中和面试后。

作为应聘者,在面试之前,有两件事情非常重要,一件事情是对自己的认知,另一件事情是对所应聘职位的认知。如果这两件事情做不好,最后即使面试成功,也有可能是一场悲剧。这场悲剧可能在入职之后出现,或者是工作一段时间后出现,到那个时候后悔也来不及了。对于自我认知,最关键的一点是要清楚地了解自己的优势。一个人的优势由三部分组成:知识、技能、天赋。这三点决定了一个人在哪个领域内可以做到最好。至于如何发现自己的优势,可以运用网络提供的优势计划工具,还可以通过参与职业性格测试来发现。至于对职位的认知,关键是要确定这个职位的胜任能力。这里面包括做好一个职位所必备的知识、技能、价值观、特质和动机。那如何去获得一个职位的胜任能力呢?在此推荐两种方式,一种是通过互联网来了解,另一种是请教这个职位的从业者,最好是资深人士。当求职者完成了上面两个步骤,就要进行一个决定,选择那些能最大限度发挥求职者优势的职位!切记:并不是所有的职位都适合求职者,所以,找工作时的"海投"是一种非常冒险并且不负责任的行为!

对于应聘者,在面试过程中要坚持一个原则:最大限度地展示自己的优势,实话实说,这里面的优势也是相对的,是针对求职者面试的职位而言。如果在面试前的自我认知和职位认知都做得充分,这个面试过程应该是很享受的。因为求职者完全有自信对面试官说:这个职位非我莫属!同时,求职者也不怕暴露自己的缺点,因为求职者知道,公司聘请自己不是因为自己没有缺点,而是因为自己的优势可以为公司贡献最大的价值!实践这个原则,就从自我介绍开始吧!给大家推荐一个名为NPS的自我介绍法,即优势介绍法。N(name)就是求职者的姓名,P(position)就是求职者所应聘的职位,S(strength)就是求职者对这个职位的优势。NPS可以根据面试官的要求适当调整时间,如果时间充足,可以对求职者的名字进行解释,可以为求职者的优势进行举例;如果时间较短,比如30秒钟,那求职者就只需要把优势的要点说出来就可以,这里面的要点最好限定在三个以内。

面试结束时更加重要,积极主动是应聘者要坚持的原则。如果面试官不给自己提建议,那也要主动地询问。根据上一段的观点,面试者至少要问两个问题:一个是关于自己的优势,另一个是面试官对自己胜任职位的看法,这是应聘者对自己负责任的表现!如果面试官的答案和自己的认知不一样,就要进行仔细的思考,到底是没有表达好还是自我认知错误,这是一个成长的好时机!

第三节　求职模拟实训

一、招聘广告分析

了解分析用人单位对员工的选拔条件,有助于应聘者换位思考,查缺补漏。

1. 活动安排

学生在上课之前到各大招聘网站寻找与本专业相关的 50 条招聘广告,对招聘信息分析。

2. 统计分析

学生对招聘广告进行统计分析,分析自己适合且符合条件的岗位有多少个,求出符合条件的岗所占百分比,统计意向岗位对人才素质的共性要求。

3. 公布结果

学生将自己的统计结果交给组长,由组长对本组情况归纳,制作 PPT 班级公布。

4. 点评总结

教师对学生的统计结果进行数据分析,全面点评,引导学生在心理准备、基本知识、实践能力等方面做准备,实现顺利就业及职业生涯的发展。

二、35 个经典面试问题

以下 35 个面试问题,是从 900 多个面试问题中选出来的,有一定的代表性,可结合自身具体情况予以调整和补充,予以重点训练。

1. 告诉我有关你自己的情况。谈谈你自己。请你自我介绍一下。
2. 你为什么申请(应聘)这项工作?
3. 你了解这项工作和这个公司吗?
4. 你为什么选择我们公司?
5. 为什么你不去追求更好的工作或职位?
6. 你主要的特长是什么?
7. 你最大的缺点是什么?谈一谈你的一次失败经历。
8. 你最喜欢什么类型的工作?
9. 你对工作的期望是什么?
10. 这些年来你最大的成就是什么?
11. 这个工作为什么吸引你?
12. 在过去的生活中你最大的错误是什么?
13. 你是如何克服哪些问题的?
14. 5 年内你希望自己有何发展?

15. 你现在正和其他公司洽谈吗？
16. 对成功的定义是什么？
17. 你有野心吗？为什么？你的座右铭是什么？
18. 你如何描述自己做事的风格？你最崇拜谁？
19. 你做事的态度是什么？
20. 你喜欢独立作业还是集体作业？
21. 你受的教育和有关经验与这项工作有什么联系？
22. 你的生活目标是什么？你的工作动力是什么？
23. 空闲时你都做些什么？你有什么业余爱好？
24. 你是应届毕业生，缺乏经验，如何能胜任这项工作？
25. 我们原先希望找一些岁数更大、经验更多的人，你符合吗？
26. 你认为好经理、好主管该有什么条件？
27. 你的朋友多吗？为什么他们愿意和你来往？你一般与什么人交往？你的好朋友是怎样评价你的？
28. 你如何对待那些你不喜欢的人？
29. 如果你的上司和你的同事有利害冲突，你可能站在哪一边？
30. 你希望挣多少钱？
31. 为什么你还没有找到工作？
32. 你能为我们提供什么帮助？你能为我们做什么？
33. 将来你打算跳槽吗？
34. 如果你被聘用，你有哪些要求？如果我录用你，你将怎样开展工作？
35. 如果达不到你的要求，你还会在这里工作吗？

三、模拟面试

四、无领导小组讨论

请就以下项目开展无领导小组讨论。

> ➢ **实践训练营**
>
> **项目一：参加模拟面试**
> 一、结构性面试流程
>
> 1. 领面试表
>
> 毕业生穿戴整齐，携带本人简历至面试地点的报名处（每个教室外均有设置），每人领取一张"学生就业模拟面试表"，完整填写表上所需的项目。
>
> 2. 报名面试部门并且等待面试
>
> 毕业生携本人简历以及填写好的面试表到想要面试的部门处报名，并不得离开等待面试地点。
>
> 3. 按顺序进行面试
>
> 报名处人员根据前来报名的毕业生的顺序进行面试，并提醒面试人员携带简历以及面试

表进入面试场。

4. 递交个人材料以及面试表,进行面试

进入面试场后,毕业生将面试表以及个人简历递给面试官,并开始面试,面试主要以面试官提问,毕业生根据自身情况做出相应回答的形式。

5. 面试官进行面试考核

面试官收到面试表后开始面试,并在面试表上填写需要的相关项目,包括面试评论、招聘结论。

6. 交面试表

面试人员完成一轮面试后,必须上交个人面试表给出口的工作人员,之后可在其他部门报名参加新一轮面试。

7. 面试点评

模拟面试结束后,由面试官进行面试点评和总结。

二、无领导小组讨论面试流程

1. 领面试表

毕业生穿戴整齐,携带本人简历至面试地点的报名处,每人领取一张"学生就业模拟面试表",完整填写表上所需的项目。

2. 报名面试部门并且等待面试

毕业生携本人简历以及填写好的面试表到想要面试的部门处报名,并不得离开等待面试地点。

3. 按顺序分组,按要求进入面试场

无领导小组讨论每8个人一组,报名处根据报名顺序一次请8位面试人员一同进入考场,并告诫面试人员携带好面试表以及个人简历。

4. 递交个人材料,按要求坐好

毕业生进入面试场后递交个人简历以及面试表,并按要求坐好。

5. 开始面试,阅读题目,展开讨论,结果汇报

由面试官告知面试人员的讨论题目,再由8位随机面试人员针对题目进行无领导讨论,最后由小组人员推选出一位代表进行讨论结果汇报,汇报结束后,可由小组人员进行补充。

6. 组织面试官进行无领导小组讨论点评

在全部参加面试人员完成无领导小组讨论以及结果汇报之后,评委进行本次无领导小组讨论的最终点评,提出本小组的不足以及优势,并且做出相关建议以及指导。

7. 无领导小组讨论时间安排

面试官宣读题目以及面试人员思考题目的时间为2分钟,之后的8位面试人员的无领导讨论时间为20分钟,小组推选成员进行的汇报时间为8分钟,小组其他成员在推选人员汇报完结果进行补充汇报的时间为2分钟,面试官在面试人员汇报结束后的点评时间为8分钟。

项目二:请就以下题目开展无领导小组讨论

1. 单位经费紧张,现只有20万元,要办的事情有下列几项:

(1) 解决办公打电话难的问题。

(2) 装修会议室大厅等以迎接上级单位委托承办的大型会议。

(3)支付职工的高额医疗费用。
(4)五一节为单位职工发放福利。

很明显20万元无法将这四件事情都办圆满,如果你是这个单位的分管领导,将如何使用这笔钱。说明:这是一家外企。

2. 假设你是一个麦当劳工作人员,押送一批过期的面包去销毁,路过一个灾民区,眼看着灾民要上来哄抢面包。虽说这些面包吃下去对身体不会造成什么伤害,但毕竟是过期食品,恰好又碰上记者采访,你该如何处理?

3. 假设你是市场部经理,你们公司生产的汽车定位产品有点小问题,有一个强有力的竞争对手借此机会在网上大做文章,有大批记者过来采访这件事,请问你该如何处理此事?

流程:
(1)5分钟的审题、思考时间。
(2)1分钟的观点陈述时间。
(3)15分钟的小组讨论时间。
(4)5分钟总结。

第五章
白纸黑字——劳动关系与权益保护

第一节 签订《全国普通高等学校毕业生就业协议书》

《全国普通高等学校毕业生就业协议书》（以下简称《就业协议书》）是普通高等学校毕业生和用人单位在正式确定劳动人事关系前，经双向选择，在规定期限内确定就业关系、明确双方权利和义务而达成的书面协议。《就业协议书》由毕业生本人、毕业学校、接收单位三方签订，故也称"三方协议"，是用人单位确认毕业生相关信息真实可靠性以及接收毕业生的重要依据，也是高校进行毕业生就业管理、编制就业方案以及毕业生办理就业落户手续等有关事项的重要依据。

《就业协议书》一般由教育部或各省、市、自治区就业主管部门统一制表。

一、《就业协议书》的作用

签订《就业协议书》是高校毕业生毕业工作之中的一项重要程序，也是毕业生落实单位后须履行的义务。

（一）学校制订就业派遣方案的基本依据

全国普通高校毕业生在大学毕业后到新工作单位工作，人事关系（户口档案等）随之也要迁移。在规定期限内签订《就业协议书》，学校据此编制就业计划并上报省教育厅，经国家教育部门审核，开具全国高校统一的《全国普通高等学校毕业生就业报到证》（以下简称《报到证》）。毕业生凭《报到证》到工作单位和有关部门办理户口、人事档案等手续。

（二）正规高校毕业生的身份标志

在我们国家的人才市场没有签约的同学会失去很多享受人才待遇的机会，只有在规定时间内签订了《就业协议书》，才能签发《报到证》，才能体现出高校毕业生未来潜在的实力及价值。非全日制成人高校、远程教育和自考生不发给《就业协议书》，也没有《报到证》。

（三）切实保障双方劳资关系

《就业协议书》是一种文字契约，明确毕业生和用人单位双方的聘用关系，具有一定的法律效力：保障毕业生在用人单位的切身利益，如工龄计算、意外工伤、劳资纠纷等个人利益；保障了用人单位能够从不同学校找到合适、优秀的毕业生。《就业协议书》一旦签订，协议双方不得随意违约，即学校按协议派遣后，毕业生不得另找单位，用人单位不得拒收毕业生。

《就业协议书》的作用在毕业生到接收单位报到、用人单位正式接收后自行终止。

二、签订《就业协议书》的程序

毕业生和用人单位经双向选择、达成就业意向后，必须签订《就业协议书》。签订《就业协议书》的基本程序如下：

（1）先由毕业生在《就业协议书》中填写基本情况，学号、专业名称等各项内容，保证与其他材料一致。

（2）与用人单位签订协议，用人单位填写相关内容并签字、盖章，其中档案接收一栏必须完整填写。

（3）用人单位和毕业生针对《就业协议书》的条款逐项协商一致后，在条款空白处填写清楚相关内容，不需要填写的以斜线"/"标注，也可根据实际情况附加条款。

（4）用人单位和毕业生确认填写内容无误后，双方签字盖章。无特殊情况，双方不可随意更改。

（5）用人单位或毕业生将《就业协议书》交回学校就业主管部门，加盖毕业生就业专用章，此时《就业协议书》生效。

《就业协议书》一式三份，学校、学生、用人单位各执一份，具有同等效力。

三、签订《就业协议书》的注意事项

《就业协议书》明确用人单位、毕业生与学校三方的权利和义务，具有法律约束力，因而毕业生在签订时应注意以下事项：

（一）用人单位应有接收毕业生档案及户口的指标

《就业协议书》是在用人单位已申请（或能申请到）接收毕业生人事关系（档案）、户口的指标的情况下签订的。当前很多用人单位与毕业生之间是通过劳动合同确立劳动关系，并没有真正接收毕业生的人事关系。在这种情况下，毕业生与用人单位无须签订《就业协议书》，毕业生的人事档案被派遣回生源地人事局。

（二）按规定的程序签订协议

毕业生在与用人单位签订就业协议时，一律以学校签章认定的印有统一编号的《就业协议书》原件为准，复印、伪造无效。若毕业生与用人单位已签订《就业协议书》，而毕业生再次利用他人的《就业协议书》重新择业的，按违约处理。毕业生与用人单位签约后将《就业协议书》交由学院就业主管部门最后把关。

（三）有关条款的内容必须明确

毕业生与用人单位针对有关条款可进行协商，但必须以书面形式注明；约定的条款内容不得违反国家法律和行政规章制度的有关规定，不得损害学校、用人单位和毕业生的声誉及合法权益，尤其是涉及福利待遇、工作期限、违约责任等。

（四）注意与劳动合同的衔接

《就业协议书》签订在前，应尽可能将劳动合同的主要内容体现在《就业协议书》的相关条款中，否则双方日后就劳动合同有关内容达不成一致意见时，容易造成劳动纠纷。因此，毕业生在就业过程中应就劳动报酬、试用期、住房、服务期限等劳动合同的主要条款与用人单位事先协商，体现在《就业协议书》中，而不应只做口头约定。

（五）对协议的解除条件做事先约定

《就业协议书》一经订立，就对当事人具有约束力，任何一方不得随意解除，否则应承担责任。毕业生可与用人单位在《就业协议书》中就解除条件做约定。若约定条件成立，毕业生可依约解除协议，而无须承担违约责任，避免产生经济损失或其他争议。

签订协议的任何一方，若采用欺骗等手段签署《就业协议书》，法律上均视为无效，并由欺骗方承担违约责任。毕业生应注意切实维护自身在就业过程中的合法权益。

第二节 签订《劳动合同》

《劳动合同》是劳动者与用工单位之间确立劳动关系、明确双方权利和义务的协议。根据《劳动法》《劳动合同法》等劳动法律、法规依法订立的劳动合同受国家法律的保护，对订立合同的双发当事人产生约束力，是处理劳动争议的直接证据和依据。

《劳动合同》的主体即劳动法律关系当事人：劳动者和用人单位。

一、《就业协议书》与《劳动合同》的异同

《就业协议书》与《劳动合同》是高校毕业生与用人单位确立劳动关系的依据，均是在自愿合法的基础上表达主体的意思。二者区别如下：

（一）主体不同

《就业协议书》适用于应届毕业生与用人单位、学校三方之间，学校是协议的见证方或签约方。《就业协议书》对用人单位的性质没有规定，适用于任何单位；《劳动合同》适用于劳动者（含应届毕业生）与用人单位（不含公务员单位和比照实行公务员制度的组织和社会团体以及军队系统），与学校无关。

（二）内容不同

《就业协议书》的内容主要涉及毕业生如实介绍自身情况并表示愿意到用人单位就业，用人单位表示愿意接受毕业生，学校同意推荐毕业生并列入就业方案，而不涉及毕业生到用人单位报到后所享有的权利和义务。《劳动合同》的内容涉及劳动报酬、劳动保护、工作内容、劳动纪律等更为具体的内容，其中劳动的权利和义务更为明确。

（三）时间不同

一般来说，《就业协议书》应在毕业生就业之前签订，而劳动合同往往在毕业生到用人单位报到后才签订。

（四）目的不同

《就业协议书》是毕业生和用人单位关于将来就业意向的初步约定，是对双方的基本条件以及即将签订的劳动合同的部分基本内容的大体认可，并经用人单位的上级主管部门和高校就业部门同意，签字盖章并具有一定的法律效力，是编制毕业生就业方案和将来双方订立劳动合同的依据。

（五）适用法律不同

针对《就业协议书》的相关条款发生争议时，除根据协议本身内容之外主要依据现有的毕业生就业政策和法律对合同的一般规定来加以解决。针对劳动合同中相关条款发生争议时，应依据《劳动法》《劳动合同法》来处理。

二、签订《劳动合同》的注意事项

《劳动合同》是处理劳动争议的直接证据和依据，大学毕业生要注意合同中的相关细节。

（一）用人单位的合法性

按照劳动法律，用人单位应当是经过合法登记或备案的单位。非法用人单位是指无营业执照或者未经依法登记、备案的单位以及被依法吊销营业执照或者撤销登记、备案的单位。大学毕业生在求职应聘时对此应加以注意，查证用人单位是否合法，以免被非法单位欺骗；在签订劳动合同时，应仔细查证用人单位是否经过法定部门登记、备案以及注册登记、备案的有效期限，否则，最后签订的劳动合同可能会是一份无效合同。

（二）合同内容的合法性

用人单位应当与大学毕业生订立劳动合同，其内容必须是合法的，否则是无效的。劳动部门制定了劳动合同范本，用人单位可以根据实际情况对合同内容进行适当增减。

《劳动合同》必须包括以下内容：用人单位的名称、住所和法定代表人或者主要负责人；大学毕业生的姓名、住址和居民身份证号或者其他有效身份证件号码；劳动合同期限；工作内容和工作地点；工作时间和休息休假；劳动报酬；社会保险；劳动保护、劳动条件和职业危害防护；法律、法规规定应当纳入劳动合同的其他事项。除上述必备条款外，用人单位与大学毕业生可以约定试用期、培训事宜、保守商业机密、补充保险和福利待遇等其他事项。

（三）合同条款应明确

为了更好地保护自己的权益，大学毕业生在订立《劳动合同》时，约定的条款要明确具体。

1. 关于试用期

试用期是劳动合同期限的一部分，是用人单位和劳动者建立劳动关系后为相互了解、选择性约定的考核期，适用于初次就业或再次就业时改变劳动岗位或工种的劳动者。在试用期内，劳动者可随时通知用人单位解除劳动合同且不需要承担违约责任，用人单位以试用期为由拒绝签订劳动合同或者承担相关义务是违法的行为。

《劳动合同法》规定：①劳动合同期限三个月以上不满一年的，试用期不得超过一个月；②劳动合同期限一年以上不满三年的，试用期不得超过二个月；③三年以上固定期限和无固定期限的劳动合同，试用期不得超过六个月；④同一用人单位与同一劳动者只能约定一次试用期；⑤以完成一定工作任务为期限的劳动合同或者劳动合同期限不满三个月的，不得约定试用期；⑥试用期包含在劳动合同期限内。劳动合同仅约定试用期的，试用期不成立，该期限为劳动合同期限。

2. 关于劳动报酬

劳动报酬问题是劳动合同中的一项重要内容，计算方式要明确按件、按时或按天、按级别等内容，当事人可以在劳动合同中约定劳动报酬，但不得低于当地最低工资标准。合同中约定的工资应该是标准工资，是指正常工作时间内的正常劳动应得的报酬，不包括加班工资、效益工资和奖金等内容。

大学毕业生要注意试用期的工资不得低于本单位相同岗位最低档工资或者劳动合同约定工资的80％,应在合同中与用人单位明确工资是税前工资还是税后工资,否则发生争议时将被认定为税前工资。

(四) 违约责任要合法公平

在劳动合同中,违约金条款一般仅针对大学毕业生适用,用人单位提前解除劳动合同的,按法定标准给付大学毕业生经济补偿金,即工作满一年的,给付一个月工资的经济补偿金。该经济补偿金的标准可能是远远低于违约金数额的。一般用人单位都有提前解除劳动合同应支付违约金的规定,不过表现形式不同,有的是在劳动合同文本中,有的是在劳动合同附件的岗位协议中,有些违约金的内容是在用人单位内部指定的规章制度中。

总之,大学毕业生需要慎重对待劳动合同,在签合同前应认真研究用人单位提供的劳动合同文本,以便对合同内容有充分了解,对于双方协商约定的条款,尤其要引起高度重视。在签订劳动合同涉及数字时,一定要用大写汉字,还要注意劳动合同生效的条件和时间。劳动合同至少一式两份,双方各执一份,毕业生应妥善保管自己的劳动合同。

三、劳动合同中常见问题解答

问题一:哪些单位及其劳动者适用《劳动合同法》?

根据《劳动合同法》第二条的规定,中华人民共和国境内的企业、个体经济组织、民办非企业单位等组织与劳动者建立劳动关系,订立、履行、变更、解除或者终止劳动合同,适用本法。民办非企业单位等组织包括民办非企业单位、基金会、合伙合作律师事务所等组织。

国家机关、事业单位、社会团体和与其建立劳动关系的劳动者,订立、履行、变更、解除或者终止劳动合同,依照本法执行。

问题二:用人单位招用人员时,应当依法如实告知劳动者哪些情况?

在求职就业过程中,不少大学生都曾遇到过这种情况,一些用人单位故意隐瞒真实的工作信息,或者将工作条件和劳动报酬说得天花乱坠,到实际工作时完全不是那么回事,这往往使毕业生大失所望,给其职业生涯带来负面影响。

在应聘时,大学毕业生有权了解用人单位的基本情况、自己的工作内容和劳动报酬等。《劳动合同法》第八条规定:"用人单位招用劳动者时,应当如实告知劳动者工作内容、工作条件、工作地点、职业危害、安全生产状况、劳动报酬以及劳动者要求了解的其他情况。"此外,用人单位还应当根据劳动者的要求,及时向其反馈录用的情况。

问题三:劳动者可否拒绝作答与劳动合同无关的个人情况?

为了尊重公民的基本权利,保护劳动者的隐私权,《劳动合同法》第八条明确规定:"用人单位招用劳动者时,有权了解劳动者与劳动合同直接相关的基本情况,劳动者应当如实说明。"换句话说,不属于"与劳动合同直接相关的基本情况",用人单位都无权过问,劳动者也有权拒绝作答。

2008年1月1日起开始施行的《就业服务与就业管理规定》第十六条也规定:"用人单位在招用人员时,除国家规定的不适合妇女从事的工种或者岗位外,不得以性别为由拒绝录用妇女或者提高对妇女的录用标准。用人单位录用女职工,不得在劳动合同中规定限制女职工结婚、生育的内容。"另外,如果用人单位强查乙肝血清学指标,将要承担法律责任。

问题四:用人单位能否要求求职者提供担保或向其收取财物?

少数用人单位为谋取钱财,采用招聘途径,通过向求职者收取招聘费、培训费、押金或服装费等,获取不当得利。

《劳动合同法》第八十四条规定:"扣押劳动者居民身份证等证件的,由劳动行政部门责令限期退还劳动者本人,并依照有关法律规定给予处罚。用人单位以担保或者其他名义向劳动者收取财物的,由劳动行政部门责令限期退还劳动者本人,并以每人五百元以上两千元以下的标准处以罚款;给劳动者造成损害的,应当承担赔偿责任。"

问题五:劳动者什么时候签劳动合同?

根据《劳动合同法》第七条、第十条的规定:"用人单位自用工之日起即与劳动者建立劳动关系。建立劳动关系,应当订立书面劳动合同。已建立劳动关系,未同时订立书面劳动合同的,应当自用工之日起一个月内订立书面劳动合同。用人单位与劳动者在用工前订立劳动合同的,劳动关系自用工之日起建立。"法律提倡用人单位在建立劳动关系之日即用工之日就与劳动者订立书面劳动合同,但是如果用人单位没有在建立劳动关系之日与劳动者订立书面劳动合同,只要在自用工之日起一个月内订立了书面劳动合同的,就不属于违法行为。

问题六:劳动合同必须具备的条款有哪些?

《劳动合同法》第十七条规定:"劳动合同应当具备以下条款:(一)用人单位的名称、住所和法定代表人或者主要负责人;(二)劳动者的姓名、住址和居民身份证或者其他有效身份证件号码;(三)劳动合同期限;(四)工作内容和工作地点;(五)工作时间和休息休假;(六)劳动报酬;(七)社会保险;(八)劳动保护、劳动条件和职业危害防护;(九)法律、法规规定应当纳入劳动合同的其他事项。"

劳动合同除前款规定的必备条款外,用人单位与劳动者可以约定试用期、培训、保守秘密、补充保险和福利待遇等其他事项。

根据《劳动合同法》第八十一条的规定:"用人单位提供的劳动合同文本未载明本法规定的劳动合同必备条款或者用人单位未将劳动合同文本交付劳动者的,由劳动行政部门责令改正;给劳动者造成损害的,应当承担赔偿责任。"

问题七:涉及劳动者切身利益的规章制度和重大事项有哪些?

根据《劳动合同法》第四条的规定,直接涉及劳动者切身利益的规章制度或者重大事项是指有关劳动报酬、工作时间、休息休假、劳动安全卫生、保险福利、职工培训、劳动纪律以及劳动定额管理等事项。

问题八:用人单位在哪些情况下,才可以约定违约金?

用人单位利用其优势地位,常常预先在劳动合同中设定高额违约金,限制劳动者在职业上的自由流动,也侵害了劳动者的择业自主权,并由此引发大量劳动争议。

《劳动合同法》明确规定只有两类劳动者可以在劳动合同中约定违约金:一是用人单位为劳动者提供专项培训费用,对其进行专业技术培训的,可以与该劳动者订立协议,约定服务期。如果劳动者违反服务期约定的,应当按照约定向用人单位支付违约金。但违约金的数额不得超过用人单位提供的培训费用。二是对负有保守商业秘密和知识产权义务的高级管理人员、高级技术人员和其他负有保密义务的人员,用人单位可以与之约定竞业限制,如劳动者违反竞业限制的约定,应当按照约定支付违约金。

问题九:用人单位可以在试用期内随意辞退劳动者吗?

试用期是一个敏感的阶段。劳动者勤勤恳恳地在用人单位工作,即将转正时,却因不符合录用条件而被辞退,这在毕业生就业时十分多见,也是用人单位不合法的用工方式。

根据《劳动合同法》规定,劳动者在试用期间被证明不符合录用条件的,用人单位可以解除劳动合同,但这并不意味着用人单位可以在试用期内随意辞退劳动者。用人单位可解除劳动合同的条件是必须举证证明劳动者在试用期间不符合录用条件,如果用人单位没有证据证明劳动者在试用期间不符合录用条件,就不能解除劳动合同,否则,需承担因违法解除劳动合同所带来的一切法律后果。

问题十:什么情形下劳动合同终止?

根据《劳动合同法》第四十四条的规定,"有下列情形之一的,劳动合同终止:一、劳动合同期满的;二、劳动者开始依法享受基本养老保险待遇的;三、劳动者死亡,或者被人民法院宣告死亡或者宣告失踪的;四、用人单位被依法宣告破产的;五、用人单位被吊销营业执照、责令关闭、撤销或者用人单位决定提前解散的;六、法律、行政法规规定的其他情形。"

案例

小王毕业后经中介公司介绍到一家机电公司工作,只经过一次简单的面试就被录用了,比起其他同学,又签合同,又办手续,他的就业程序明显简单多了。小王对此非常高兴,不仅工作专业对口,而且工资也不低,每月1800元。因此,他觉得其他没必要再问了,第三天就直接报到上班了。然而,"幸福"常与"痛苦"相伴。

小王在这个公司连续工作了3个多月,每个月领到的工资都是500多元,为此,他找到公司负责人,负责人告诉他:"你拿的是试用期工资,你的试用期是两个月。"

"试用期?当初没有人跟我说呀!"小王很是疑惑。

又过了两个月,小王领到的工资仍然是500多元,他再次找到公司负责人,负责人说:"虽然你的试用期已过,可以拿全薪了,但是我们实行的是计件工资,你的工作时间短,根本达不到我们的要求。年轻人不要这样斤斤计较嘛!""怎么会是这样呢?"小王突然感到有些气短。

负责人说的"斤斤计较"让小王很不舒服。"你没有签劳动合同吧?"同学的话提醒他。于是,小王又找到公司负责人,要求签劳动合同。过了几天,公司负责人将劳动合同交给小王,请他签字。小王拿到合同后,只注意看了一下有关工资条款,认为没有问题了,就签上了自己的名字。可当他再领到工资时,发现仍然不是1800元,而是只比没有签劳动合同时增加了500元。小王清楚记得合同条款上明明写的是1800元。"不应该出现这样的问题呀!"他真搞不明白。

小王带着劳动合同,找毕业学校的职业指导老师咨询。老师发现劳动合同有关社会保险条款上有这样的内容:"小王要承担企业及个人应缴纳的社会保险费。"

老师告诉他:"缴纳社会保险是用人单位和劳动者共同的法律义务,这份合同违反了社会保险法规的规定。按合同执行,你不仅要承担自己的社会保险缴费义务,而且还要替企业承担缴费义务,自然就拿不到1800元工资了。"

附件1:劳动合同范例

编号:

广　州　市
劳　动　合　同

用人单位(甲方):＿＿＿＿＿＿＿＿
地　　址(甲方):＿＿＿＿＿＿＿＿
职　　工(乙方):＿＿＿＿＿＿＿＿

劳动合同政策法规咨询电话:12333

使　用　说　明

一、用人单位与职工签订劳动合同时,双方应认真阅读劳动合同。劳动合同一经依法签订即具有法律效力,双方必须严格履行。

二、劳动合同必须由用人单位(甲方)的法定代表人(或者委托代理人)和职工(乙方)亲自签章,并加盖用人单位公章(或者劳动合同专用章)方为有效。

三、合同参考文本中的空栏,由双方协商确定后填写清楚;不需填写的空栏,请打上"/"。

四、乙方的工作内容及其类别(管理或专业技术类/工人类)应参照国家规定的职业分类和技能标准明确约定。变更的范围及条件可在合同参考文本第十二条中约定。

五、工时制度分为标准、不定时、综合计算工时三种。如经劳动行政部门批准实行不定时、综合计算工时工作制的,应在本参考文本第十二条中注明并约定其具体内容。

六、约定职工正常工作时间的工资要具体明确,并不得低于本市当年最低工资标准;实行计件工资的,可以在本参考文本第十二条中列明,或另签订补充协议。

七、本单位工会或职工推举的代表与用人单位可依法就工资、工作时间、休息休假、劳动安全卫生、保险福利等事项集体协商,签订集体合同。职工个人与用人单位订立劳动合同的各项劳动标准,不得低于集体合同的约定。

八、双方经协商一致后,对劳动合同参考文本条款的修改或未尽事宜的约定,可在参考文本第十二条中明确,或经协商一致另行签订补充协议;另行签订的补充协议,作为劳动合同的附件,与劳动合同一并履行。

九、签订劳动合同时请使用钢笔或签字笔填写,字迹必须清楚,并不得单方涂改。

十、本文本不适用非全日制用工使用。

甲方(用人单位): 乙方(职工):
名称:_____ 姓名:_____
法定代表人(主要负责人): 身份证号码:_____
_____ 户籍地址:_____
经济类型:_____
通讯地址:_____ 通讯地址:_____
联系人:_____ 电话:_____ 联系电话:_____

甲乙双方根据《中华人民共和国劳动合同法》(以下简称《劳动合同法》)和国家、省市的有关规定,遵循合法、公平、平等自愿、协商一致、诚实信用原则,订立本合同。

一、合同期限

(一)合同期限

甲、乙双方同意按以下第____种方式确定本合同期限:

1. 有固定期限:从____年____月____日起至____年____月____日止。

2. 无固定期限:从____年____月____日起至法定的终止条件出现时止。

3. 以完成一定的工作为期限:从____年____月____日起至工作任务完成时止,并以____为标志。

(二)试用期限

双方同意按以下第____种方式确定试用期期限(试用期包括在合同期内):

1. 无试用期。

2. 试用期从____年____月____日起至____年____月____日止。

(合同期限三个月以上不满一年的,试用期不得超过一个月;合同期限在一年以上不满三年的,试用期不得超过二个月;三年以上固定期限和无固定期限的合同,试用期不得超过六个月。以完成一定工作任务为期限的合同或合同期限不满三个月的,不得约定试用期。同一用人单位与同一劳动者只能约定一次试用期。)

二、工作内容和工作地点

(一)乙方的工作内容:_____。

(二)乙方工作内容确定为(填"是"):(____)管理和专业技术类/(____)工人类。

(三)甲方因生产经营需要调整乙方的工作内容,应协商一致,按变更本合同办理,双方签字或盖章确认的协议书或依法变更通知书作为本合同的附件。

(四)乙方工作地点:_____。

(五)除临时性工作或者短期学习培训外,如甲方需要乙方到本合同约定以外的地点或单位工作和学习培训,应按本合同第七条处理。

三、工作时间和休息休假

(一)甲、乙双方同意按以下第____种方式确定乙方的工作时间:

1. 标准工时制,即每日工作____小时,每周工作____天,每周正常工作不超过40小时,并至少休息一天。

2. 不定时工作制,即经劳动行政部门审批,乙方所在岗位实行不定时工作制,每周至少休息一天。

3. 综合计算工时工作制,即经劳动行政部门审批,乙方所在岗位实行以(填"是"):年(　　)、半年(　　)、季(　　)或月(　　)为周期的综合计算工时工作制。

(二)甲方因生产(工作)需要,经与工会和乙方协商后可以延长工作时间。除《劳动法》第四十二条规定的情形外,一般每日不得超过一小时,因特殊原因最长每日不得超过三小时,每月不得超过三十六小时。

(三)甲方执行法定的及企业依法自行补充的有关工作、休息、休假制度,按规定给予乙方享受节日假、年休假、婚假、丧假、产假、看护假等带薪假期,并按本合同约定的正常工作时间工资及有关政策法规规定的计算方法支付工资。

四、劳动报酬

(一)乙方正常工作时间的工资标准(计算加班工资基数),按下列第(　　)种形式执行,并不得低于当地最低工资标准及本单位集体合同约定的标准。

1. 计时工资:＿＿＿＿元/月(＿＿＿＿元/周);
2. 计件工资:＿＿＿＿(70％以上职工在正常工作时间内可以完成的,本项约定方为成立);
3. 其他形式:＿＿＿＿＿＿＿＿＿＿。

(二)乙方试用期工资为＿＿＿元/月[不得低于第(一)款约定工资的80％或单位同一岗位最低档工资,并不得低于本市最低工资标准]。

(三)甲方依法安排乙方加班的,应按《劳动法》第四十四条的规定支付加班工资。

(四)工资必须以法定货币支付,不得以实物或其他有价证券等形式替代货币支付。

(五)甲方与乙方可以依法根据本单位的经营状况、物价指数情况,经过双方协商或者通过集体协商,确定工资正常增长的具体办法。

(六)甲方给乙方发放工资的时间为:每月＿＿＿日(或周＿＿＿。如遇节假日或休息日,应提前到最近的工作日支付。

五、社会保险

(一)甲、乙双方按照国家和省、市有关规定,参加社会保险。缴纳社会保险费,乙方依法享受相应的社会保险待遇。

(二)乙方患病或非因工负伤,甲方应按国家和地方的规定给予乙方医疗期和享受医疗待遇,并在规定的医疗期内支付病假工资或疾病救济费。

(三)乙方患职业病、因工负伤或者因工死亡的,甲方应按国家和省市的工伤保险法律法规的规定办理。

六、劳动保护、劳动条件和职业危害防护

(一)甲方按国家和省、市有关劳动保护规定为乙方提供符合国家劳动卫生标准的劳动作业场所。切实保护乙方在生产工作中的安全和健康。如乙方工作过程中可能产生职业病危害,甲方应如实告知乙方,并应切实按《职业病防治法》的规定,保护乙方的健康及其相关权益。

(二)甲方按国家有关规定,发给乙方必要的劳动保护用品,并按劳动保护规定每＿＿＿＿(年/季/月)免费安排乙方进行体检。

(三)甲方按国家和地方有关规定,做好女职工和未成年工的劳动保护工作。

(四)如甲方违章指挥、强令冒险作业危及人身安全的,乙方有权拒绝,并可以随时解除本劳动合同。对甲方及其管理人员漠视乙方安全和健康的行为,乙方有权要求改正并向有关部门检举、控告。

七、劳动合同的变更、解除、终止

（一）符合《劳动合同法》规定的条件或者经甲、乙双方协商一致，可以变更劳动合同的相关内容或者解除固定期限合同、无固定期限合同和以完成一定工作为期限合同。

（二）除因乙方不胜任工作，甲方可以依法适当调整其工作内容外，变更劳动合同，双方应当签订《变更劳动合同协议书》。

（三）《劳动合同法》规定的终止条件出现。终止本劳动合同。

八、经济补偿金、医疗补助费的发放

解除或者终止本合同，经济补偿金、医疗补助费等发放按《劳动合同法》和国家、省、市有关规定执行。

九、通知和送达

甲乙双方在本合同履行过程中相互发出或者提供的所有通知、文件、文书、资料等，均可以当面交付或以本合同所列明的通讯地址履行送达义务。一方如果迁址或变更电话，应当及时书面通知另一方。

十、因履行本合同发生纠纷的解决办法

乙方认为甲方侵害自己合法权益的，可以先向甲方提出，或者向甲方工会反映，寻求解决。无法解决的，可以向就近的劳动行政部门投诉。属双方因履行本合同发生争议，应当先协商解决；协商不成的，可自争议发生之日起30日内向甲方劳动争议调解委员会申请调解，或者60日内向劳动争议仲裁委员会申请仲裁。

十一、本合同的条款与国家、省、市的新颁布的法律、法规、规章不符的，按新的法律、法规、规章执行

十二、双方需要约定的其他事项

本合同（含附件）一式两份（鉴证时需一式三份，其中鉴证机构留存一份），双方签字后。甲方必须将其中一份交给乙方持有，均具有同等法律效力。甲方不把其中一份交给乙方持有的，视为尚未与乙方签订本劳动合同；发生纠纷时，不得以已签订本合同为由对抗乙方的主张，并由甲方承担相应的法律责任。

甲方：（盖章） 　　　　　　　　　　　　　　乙方：（签名）

法定代表人

（委托代理人）：_____

_____年_____月_____日 　　　　　　　　_____年_____月_____日

变更劳动合同协议书

甲、乙双方遵循合法、公平、平等自愿、协商一致、诚实信用原则，同意对本合同作以下变更：

_____

_____

甲方：（盖章） 　　　　　　　　　　　　　　乙方：（签名）

法定代表人：

（委托代理人）

　　年　　月　　日 　　　　　　　　　　　　　年　　月　　日

附件2：就业协议书

普通高等学校毕业生、毕业研究生就业协议书

16360157　　　　　　　　　广东省高等学校毕业生就业指导中心制

甲方（用人单位）	用人单位名称						组织机构代码或工商注册号		
	联系人			电话					
	地址						邮政编码		
	单位性质	1.机关□ □国家机关[公务员] □党群系统 □政法系统 □部队 □社会团体 □其他 2.事业□ □高校 □普教 □科研 □医疗 □其他 3.企业□ □国有 □集体 □股份合作 □有限责任 □股份有限 □港澳台 □外商 □其他								
	行业	□制造 □建筑 □金融 □IT □运输 □服务 □教育 □文娱体 □其他：_____							
	入户地址						说明：入户地址及档案接收地址要与派遣方案一致。		
	档案投递单位			联系人、电话					
	档案投递地址						邮编		
乙方（毕业生）	姓名			政治面貌	□党员 □团员 □群众 □民主党派		毕业时间	年	月
	毕业学校						学历	□博士 □硕士 □本科 □专科	
	专业及班级						生源地	省　市　县（区）	
	身份证号码						家庭电话		
	家庭地址						手机		
	通过何种途径应聘	□校园招聘会 □校园网络招聘 □校外招聘会 □校外网络招聘 □其他							

甲方（用人单位）与乙方（毕业生）双方通过供需见面、双向选择根据《普通高等学校学生就业工作暂行规定》（教字[1997]6号），达成如下协议：

一、甲方已如实向乙方介绍本单位情况，以及乙方工作岗位情况，并通过对乙方的了解、考核，同意录用乙方，乙方已如实向甲方介绍自己情况，并通过对甲方的了解，愿意到甲方就业并在规定或约定期限内报到。

二、乙方到甲方报到后，双方应按有关法律法规的规定，订立劳动合同（聘用合同），并办理有关招工手续。劳动合同（聘用合同）订立后，本协议自动终止。

三、经甲乙双方协商达成如下条款（如果甲乙双方已有约定，可以不填写以下栏目，并另附约定条款）：

1.甲方聘用乙方为_____（岗位），服务期____年，试用期____月，试用期从_____算起，工作地点为_____。

2.甲方为乙方提供的工作条件和劳动保护应符合国家有关规定。

3.乙方被录用后试用期收入为人民币_____元/月，试用期满后由双方共同约定的收入为人民币_____元/月。录用为公务员的按国家公务员的规定办理。

4.甲方为乙方提供的福利包括社会统筹养老保险、医疗保险、工伤保险、生育保险、失业保险和住房公积金（即"五险一金"）等国家规定的福利及_____。

四、本协议经甲乙双方签字盖章后即生效。学校鉴证登记后列入就业方案。如有违约，违约方支付违约金_____元。

五、本协议在双方签定后应在10个工作日之内由甲（乙）方送学校鉴证登记。

六、本协议一式四份，甲、乙双方和学校、院系各执一份，复印件无效。

七、双方若有其它约定条款，请附后补充，并视为本协议的一部分。

甲方（用人单位）		乙方（毕业生）
用人单位或单位人事部门签章	地方毕业生就业主管部门或省直单位上级主管部门签章	
经办人：　　　　（公章） 　　　　年　月　日	经办人：　　　　（公章） 　　　　年　月　日	签名： 　　年　月　日

鉴证登记方：

院（系）就业管理部门（盖章）_____　　学校毕业生就业管理部门（盖章）_____
经办人：　　　联系电话：　　　　　　　　　　经办人：　　　联系电话：
日　期：　　　年　月　日　　　　　　　　　　日　期：　　　年　月　日
　　　　　　　　　　　　　　　　　　　　　　联系地址：

附件3:中华人民共和国劳动合同法

目　　录

第一章　总则

第二章　劳动合同的订立

第三章　劳动合同的履行和变更

第四章　劳动合同的解除和终止

第五章　特别规定

　　　第一节　集体合同

　　　第二节　劳务派遣

　　　第三节　非全日制用工

第六章　监督检查

第七章　法律责任

第八章　附则

第一章　总　则

第一条　为了完善劳动合同制度,明确劳动合同双方当事人的权利和义务,保护劳动者的合法权益,构建和发展和谐稳定的劳动关系,制定本法。

第二条　中华人民共和国境内的企业、个体经济组织、民办非企业单位等组织(以下称用人单位)与劳动者建立劳动关系,订立、履行、变更、解除或者终止劳动合同,适用本法。

国家机关、事业单位、社会团体和与其建立劳动关系的劳动者,订立、履行、变更、解除或者终止劳动合同,依照本法执行。

第三条　订立劳动合同,应当遵循合法、公平、平等自愿、协商一致、诚实信用的原则。

依法订立的劳动合同具有约束力,用人单位与劳动者应当履行劳动合同约定的义务。

第四条　用人单位应当依法建立和完善劳动规章制度,保障劳动者享有劳动权利、履行劳动义务。

用人单位在制定、修改或者决定有关劳动报酬、工作时间、休息休假、劳动安全卫生、保险福利、职工培训、劳动纪律以及劳动定额管理等直接涉及劳动者切身利益的规章制度或者重大事项时,应当经职工代表大会或者全体职工讨论,提出方案和意见,与工会或者职工代表平等协商确定。

在规章制度和重大事项决定实施过程中,工会或者职工认为不适当的,有权向用人单位提出,通过协商予以修改完善。

用人单位应当将直接涉及劳动者切身利益的规章制度和重大事项决定公示,或者告知劳动者。

第五条　县级以上人民政府劳动行政部门会同工会和企业方面代表,建立健全协调劳动关系三方机制,共同研究解决有关劳动关系的重大问题。

第六条　工会应当帮助、指导劳动者与用人单位依法订立和履行劳动合同,并与用人单位建立集体协商机制,维护劳动者的合法权益。

第二章　劳动合同的订立

第七条　用人单位自用工之日起即与劳动者建立劳动关系。用人单位应当建立职工名册备查。

第八条　用人单位招用劳动者时,应当如实告知劳动者工作内容、工作条件、工作地点、职业危害、安全生产状况、劳动报酬,以及劳动者要求了解的其他情况;用人单位有权了解劳动者与劳动合同直接相关的基本情况,劳动者应当如实说明。

第九条 用人单位招用劳动者,不得扣押劳动者的居民身份证和其他证件,不得要求劳动者提供担保或者以其他名义向劳动者收取财物。

第十条 建立劳动关系,应当订立书面劳动合同。

已建立劳动关系,未同时订立书面劳动合同的,应当自用工之日起一个月内订立书面劳动合同。

用人单位与劳动者在用工前订立劳动合同的,劳动关系自用工之日起建立。

第十一条 用人单位未在用工的同时订立书面劳动合同,与劳动者约定的劳动报酬不明确的,新招用的劳动者的劳动报酬按照集体合同规定的标准执行;没有集体合同或者集体合同未规定的,实行同工同酬。

第十二条 劳动合同分为固定期限劳动合同、无固定期限劳动合同和以完成一定工作任务为期限的劳动合同。

第十三条 固定期限劳动合同,是指用人单位与劳动者约定合同终止时间的劳动合同。

用人单位与劳动者协商一致,可以订立固定期限劳动合同。

第十四条 无固定期限劳动合同,是指用人单位与劳动者约定无确定终止时间的劳动合同。

用人单位与劳动者协商一致,可以订立无固定期限劳动合同。有下列情形之一,劳动者提出或者同意续订、订立劳动合同的,除劳动者提出订立固定期限劳动合同外,应当订立无固定期限劳动合同:

(一)劳动者在该用人单位连续工作满十年的;

(二)用人单位初次实行劳动合同制度或者国有企业改制重新订立劳动合同时,劳动者在该用人单位连续工作满十年且距法定退休年龄不足十年的;

(三)连续订立二次固定期限劳动合同,且劳动者没有本法第三十九条和第四十条第一项、第二项规定的情形,续订劳动合同的。

用人单位自用工之日起满一年不与劳动者订立书面劳动合同的,视为用人单位与劳动者已订立无固定期限劳动合同。

第十五条 以完成一定工作任务为期限的劳动合同,是指用人单位与劳动者约定以某项工作的完成为合同期限的劳动合同。

用人单位与劳动者协商一致,可以订立以完成一定工作任务为期限的劳动合同。

第十六条 劳动合同由用人单位与劳动者协商一致,并经用人单位与劳动者在劳动合同文本上签字或者盖章生效。

劳动合同文本由用人单位和劳动者各执一份。

第十七条 劳动合同应当具备以下条款:

(一)用人单位的名称、住所和法定代表人或者主要负责人;

(二)劳动者的姓名、住址和居民身份证或者其他有效身份证件号码;

(三)劳动合同期限;

(四)工作内容和工作地点;

(五)工作时间和休息休假;

(六)劳动报酬;

(七)社会保险;

（八）劳动保护、劳动条件和职业危害防护；
（九）法律、法规规定应当纳入劳动合同的其他事项。

劳动合同除前款规定的必备条款外，用人单位与劳动者可以约定试用期、培训、保守秘密、补充保险和福利待遇等其他事项。

第十八条　劳动合同对劳动报酬和劳动条件等标准约定不明确，引发争议的，用人单位与劳动者可以重新协商；协商不成的，适用集体合同规定；没有集体合同或者集体合同未规定劳动报酬的，实行同工同酬；没有集体合同或者集体合同未规定劳动条件等标准的，适用国家有关规定。

第十九条　劳动合同期限三个月以上不满一年的，试用期不得超过一个月；劳动合同期限一年以上不满三年的，试用期不得超过二个月；三年以上固定期限和无固定期限的劳动合同，试用期不得超过六个月。

同一用人单位与同一劳动者只能约定一次试用期。

以完成一定工作任务为期限的劳动合同或者劳动合同期限不满三个月的，不得约定试用期。

试用期包含在劳动合同期限内。劳动合同仅约定试用期的，试用期不成立，该期限为劳动合同期限。

第二十条　劳动者在试用期的工资不得低于本单位相同岗位最低档工资或者劳动合同约定工资的百分之八十，并不得低于用人单位所在地的最低工资标准。

第二十一条　在试用期中，除劳动者有本法第三十九条和第四十条第一项、第二项规定的情形外，用人单位不得解除劳动合同。用人单位在试用期解除劳动合同的，应当向劳动者说明理由。

第二十二条　用人单位为劳动者提供专项培训费用，对其进行专业技术培训的，可以与该劳动者订立协议，约定服务期。

劳动者违反服务期约定的，应当按照约定向用人单位支付违约金。违约金的数额不得超过用人单位提供的培训费用。用人单位要求劳动者支付的违约金不得超过服务期尚未履行部分所应分摊的培训费用。

用人单位与劳动者约定服务期的，不影响按照正常的工资调整机制提高劳动者在服务期间的劳动报酬。

第二十三条　用人单位与劳动者可以在劳动合同中约定保守用人单位的商业秘密和与知识产权相关的保密事项。

对负有保密义务的劳动者，用人单位可以在劳动合同或者保密协议中与劳动者约定竞业限制条款，并约定在解除或者终止劳动合同后，在竞业限制期限内按月给予劳动者经济补偿。劳动者违反竞业限制约定的，应当按照约定向用人单位支付违约金。

第二十四条　竞业限制的人员限于用人单位的高级管理人员、高级技术人员和其他负有保密义务的人员。竞业限制的范围、地域、期限由用人单位与劳动者约定，竞业限制的约定不得违反法律、法规的规定。

在解除或者终止劳动合同后，前款规定的人员到与本单位生产或者经营同类产品、从事同类业务的有竞争关系的其他用人单位，或者自己开业生产或者经营同类产品、从事同类业务的竞业限制期限，不得超过二年。

第二十五条　除本法第二十二条和第二十三条规定的情形外，用人单位不得与劳动者约定由劳动者承担违约金。

第二十六条　下列劳动合同无效或者部分无效：
（一）以欺诈、胁迫的手段或者乘人之危,使对方在违背真实意思的情况下订立或者变更劳动合同的；
（二）用人单位免除自己的法定责任、排除劳动者权利的；
（三）违反法律、行政法规强制性规定的。
对劳动合同的无效或者部分无效有争议的,由劳动争议仲裁机构或者人民法院确认。
第二十七条　劳动合同部分无效,不影响其他部分效力的,其他部分仍然有效。
第二十八条　劳动合同被确认无效,劳动者已付出劳动的,用人单位应当向劳动者支付劳动报酬。劳动报酬的数额,参照本单位相同或者相近岗位劳动者的劳动报酬确定。

第三章　劳动合同的履行和变更

第二十九条　用人单位与劳动者应当按照劳动合同的约定,全面履行各自的义务。
第三十条　用人单位应当按照劳动合同约定和国家规定,向劳动者及时足额支付劳动报酬。
用人单位拖欠或者未足额支付劳动报酬的,劳动者可以依法向当地人民法院申请支付令,人民法院应当依法发出支付令。
第三十一条　用人单位应当严格执行劳动定额标准,不得强迫或者变相强迫劳动者加班。用人单位安排加班的,应当按照国家有关规定向劳动者支付加班费。
第三十二条　劳动者拒绝用人单位管理人员违章指挥、强令冒险作业的,不视为违反劳动合同。
劳动者对危害生命安全和身体健康的劳动条件,有权对用人单位提出批评、检举和控告。
第三十三条　用人单位变更名称、法定代表人、主要负责人或者投资人等事项,不影响劳动合同的履行。
第三十四条　用人单位发生合并或者分立等情况,原劳动合同继续有效,劳动合同由承继其权利和义务的用人单位继续履行。
第三十五条　用人单位与劳动者协商一致,可以变更劳动合同约定的内容。变更劳动合同,应当采用书面形式。
变更后的劳动合同文本由用人单位和劳动者各执一份。

第四章　劳动合同的解除和终止

第三十六条　用人单位与劳动者协商一致,可以解除劳动合同。
第三十七条　劳动者提前三十日以书面形式通知用人单位,可以解除劳动合同。劳动者在试用期内提前三日通知用人单位,可以解除劳动合同。
第三十八条　用人单位有下列情形之一的,劳动者可以解除劳动合同：
（一）未按照劳动合同约定提供劳动保护或者劳动条件的；
（二）未及时足额支付劳动报酬的；
（三）未依法为劳动者缴纳社会保险费的；
（四）用人单位的规章制度违反法律、法规的规定,损害劳动者权益的；
（五）因本法第二十六条第一款规定的情形致使劳动合同无效的；
（六）法律、行政法规规定劳动者可以解除劳动合同的其他情形。
用人单位以暴力、威胁或者非法限制人身自由的手段强迫劳动者劳动的,或者用人单位违章指挥、强令冒险作业危及劳动者人身安全的,劳动者可以立即解除劳动合同,不需事先告知用人单位。

第三十九条　劳动者有下列情形之一的,用人单位可以解除劳动合同:

(一)在试用期间被证明不符合录用条件的;

(二)严重违反用人单位的规章制度的;

(三)严重失职,营私舞弊,给用人单位造成重大损害的;

(四)劳动者同时与其他用人单位建立劳动关系,对完成本单位的工作任务造成严重影响,或者经用人单位提出,拒不改正的;

(五)因本法第二十六条第一款第一项规定的情形致使劳动合同无效的;

(六)被依法追究刑事责任的。

第四十条　有下列情形之一的,用人单位提前三十日以书面形式通知劳动者本人或者额外支付劳动者一个月工资后,可以解除劳动合同:

(一)劳动者患病或者非因工负伤,在规定的医疗期满后不能从事原工作,也不能从事由用人单位另行安排的工作的;

(二)劳动者不能胜任工作,经过培训或者调整工作岗位,仍不能胜任工作的;

(三)劳动合同订立时所依据的客观情况发生重大变化,致使劳动合同无法履行,经用人单位与劳动者协商,未能就变更劳动合同内容达成协议的。

第四十一条　有下列情形之一,需要裁减人员二十人以上或者裁减不足二十人但占企业职工总数百分之十以上的,用人单位提前三十日向工会或者全体职工说明情况,听取工会或者职工的意见后,裁减人员方案经向劳动行政部门报告,可以裁减人员:

(一)依照企业破产法规定进行重整的;

(二)生产经营发生严重困难的;

(三)企业转产、重大技术革新或者经营方式调整,经变更劳动合同后,仍需裁减人员的;

(四)其他因劳动合同订立时所依据的客观经济情况发生重大变化,致使劳动合同无法履行的。

裁减人员时,应当优先留用下列人员:

(一)与本单位订立较长期限的固定期限劳动合同的;

(二)与本单位订立无固定期限劳动合同的;

(三)家庭无其他就业人员,有需要扶养的老人或者未成年人的。

用人单位依照本条第一款规定裁减人员,在六个月内重新招用人员的,应当通知被裁减的人员,并在同等条件下优先招用被裁减的人员。

第四十二条　劳动者有下列情形之一的,用人单位不得依照本法第四十条、第四十一条的规定解除劳动合同:

(一)从事接触职业病危害作业的劳动者未进行离岗前职业健康检查,或者疑似职业病病人在诊断或者医学观察期间的;

(二)在本单位患职业病或者因工负伤并被确认丧失或者部分丧失劳动能力的;

(三)患病或者非因工负伤,在规定的医疗期内的;

(四)女职工在孕期、产期、哺乳期的;

(五)在本单位连续工作满十五年,且距法定退休年龄不足五年的;

(六)法律、行政法规规定的其他情形。

第四十三条　用人单位单方解除劳动合同,应当事先将理由通知工会。用人单位违反法律、行政法规规定或者劳动合同约定的,工会有权要求用人单位纠正。用人单位应当研究工会的意见,并将处理结果书面通知工会。

第四十四条　有下列情形之一的,劳动合同终止:

（一）劳动合同期满的；
（二）劳动者开始依法享受基本养老保险待遇的；
（三）劳动者死亡，或者被人民法院宣告死亡或者宣告失踪的；
（四）用人单位被依法宣告破产的；
（五）用人单位被吊销营业执照、责令关闭、撤销或者用人单位决定提前解散的；
（六）法律、行政法规规定的其他情形。

第四十五条　劳动合同期满，有本法第四十二条规定情形之一的，劳动合同应当续延至相应的情形消失时终止。但是，本法第四十二条第二项规定丧失或者部分丧失劳动能力劳动者的劳动合同的终止，按照国家有关工伤保险的规定执行。

第四十六条　有下列情形之一的，用人单位应当向劳动者支付经济补偿：
（一）劳动者依照本法第三十八条规定解除劳动合同的；
（二）用人单位依照本法第三十六条规定向劳动者提出解除劳动合同并与劳动者协商一致解除劳动合同的；
（三）用人单位依照本法第四十条规定解除劳动合同的；
（四）用人单位依照本法第四十一条第一款规定解除劳动合同的；
（五）除用人单位维持或者提高劳动合同约定条件续订劳动合同，劳动者不同意续订的情形外，依照本法第四十四条第一项规定终止固定期限劳动合同的；
（六）依照本法第四十四条第四项、第五项规定终止劳动合同的；
（七）法律、行政法规规定的其他情形。

第四十七条　经济补偿按劳动者在本单位工作的年限，每满一年支付一个月工资的标准向劳动者支付。六个月以上不满一年的，按一年计算；不满六个月的，向劳动者支付半个月工资的经济补偿。

劳动者月工资高于用人单位所在直辖市、设区的市级人民政府公布的本地区上年度职工月平均工资三倍的，向其支付经济补偿的标准按职工月平均工资三倍的数额支付，向其支付经济补偿的年限最高不超过十二年。

本条所称月工资是指劳动者在劳动合同解除或者终止前十二个月的平均工资。

第四十八条　用人单位违反本法规定解除或者终止劳动合同，劳动者要求继续履行劳动合同的，用人单位应当继续履行；劳动者不要求继续履行劳动合同或者劳动合同已经不能继续履行的，用人单位应当依照本法第八十七条规定支付赔偿金。

第四十九条　国家采取措施，建立健全劳动者社会保险关系跨地区转移接续制度。

第五十条　用人单位应当在解除或者终止劳动合同时出具解除或者终止劳动合同的证明，并在十五日内为劳动者办理档案和社会保险关系转移手续。

劳动者应当按照双方约定，办理工作交接。用人单位依照本法有关规定应当向劳动者支付经济补偿的，在办结工作交接时支付。

用人单位对已经解除或者终止的劳动合同的文本，至少保存两年备查。

第五章　特别规定

第一节　集体合同

第五十一条　企业职工一方与用人单位通过平等协商，可以就劳动报酬、工作时间、休息休假、劳动安全卫生、保险福利等事项订立集体合同。集体合同草案应当提交职工代表大会或者全体职工讨论通过。

集体合同由工会代表企业职工一方与用人单位订立；尚未建立工会的用人单位，由上级工会指导劳动者推举的代表与用人单位订立。

第五十二条　企业职工一方与用人单位可以订立劳动安全卫生、女职工权益保护、工资调整机制等专项集体合同。

第五十三条　在县级以下区域内，建筑业、采矿业、餐饮服务业等行业可以由工会与企业方面代表订立行业性集体合同，或者订立区域性集体合同。

第五十四条　集体合同订立后，应当报送劳动行政部门；劳动行政部门自收到集体合同文本之日起十五日内未提出异议的，集体合同即行生效。

依法订立的集体合同对用人单位和劳动者具有约束力。行业性、区域性集体合同对当地本行业、本区域的用人单位和劳动者具有约束力。

第五十五条　集体合同中劳动报酬和劳动条件等标准不得低于当地人民政府规定的最低标准；用人单位与劳动者订立的劳动合同中劳动报酬和劳动条件等标准不得低于集体合同规定的标准。

第五十六条　用人单位违反集体合同，侵犯职工劳动权益的，工会可以依法要求用人单位承担责任；因履行集体合同发生争议，经协商解决不成的，工会可以依法申请仲裁、提起诉讼。

第二节　劳务派遣

第五十七条　劳务派遣单位应当依照公司法的有关规定设立，注册资本不得少于五十万元。

第五十八条　劳务派遣单位是本法所称用人单位，应当履行用人单位对劳动者的义务。劳务派遣单位与被派遣劳动者订立的劳动合同，除应当载明本法第十七条规定的事项外，还应当载明被派遣劳动者的用工单位以及派遣期限、工作岗位等情况。

劳务派遣单位应当与被派遣劳动者订立二年以上的固定期限劳动合同，按月支付劳动报酬；被派遣劳动者在无工作期间，劳务派遣单位应当按照所在地人民政府规定的最低工资标准，向其按月支付报酬。

第五十九条　劳务派遣单位派遣劳动者应当与接受以劳务派遣形式用工的单位（以下称用工单位）订立劳务派遣协议。劳务派遣协议应当约定派遣岗位和人员数量、派遣期限、劳动报酬和社会保险费的数额与支付方式以及违反协议的责任。

用工单位应当根据工作岗位的实际需要与劳务派遣单位确定派遣期限，不得将连续用工期限分割订立数个短期劳务派遣协议。

第六十条　劳务派遣单位应当将劳务派遣协议的内容告知被派遣劳动者。

劳务派遣单位不得克扣用工单位按照劳务派遣协议支付给被派遣劳动者的劳动报酬。

劳务派遣单位和用工单位不得向被派遣劳动者收取费用。

第六十一条　劳务派遣单位跨地区派遣劳动者的，被派遣劳动者享有的劳动报酬和劳动条件，按照用工单位所在地的标准执行。

第六十二条　用工单位应当履行下列义务：

（一）执行国家劳动标准，提供相应的劳动条件和劳动保护；

（二）告知被派遣劳动者的工作要求和劳动报酬；

（三）支付加班费、绩效奖金，提供与工作岗位相关的福利待遇；

（四）对在岗被派遣劳动者进行工作岗位所必需的培训；

（五）连续用工的，实行正常的工资调整机制。

用工单位不得将被派遣劳动者再派遣到其他用人单位。

第六十三条　被派遣劳动者享有与用工单位的劳动者同工同酬的权利。用工单位无同类岗位劳动者的,参照用工单位所在地相同或者相近岗位劳动者的劳动报酬确定。

第六十四条　被派遣劳动者有权在劳务派遣单位或者用工单位依法参加或者组织工会,维护自身的合法权益。

第六十五条　被派遣劳动者可以依照本法第三十六条、第三十八条的规定与劳务派遣单位解除劳动合同。

被派遣劳动者有本法第三十九条和第四十条第一项、第二项规定情形的,用工单位可以将劳动者退回劳务派遣单位,劳务派遣单位依照本法有关规定,可以与劳动者解除劳动合同。

第六十六条　劳务派遣一般在临时性、辅助性或者替代性的工作岗位上实施。

第六十七条　用人单位不得设立劳务派遣单位向本单位或者所属单位派遣劳动者。

第三节　非全日制用工

第六十八条　非全日制用工,是指以小时计酬为主,劳动者在同一用人单位一般平均每日工作时间不超过四小时,每周工作时间累计不超过二十四小时的用工形式。

第六十九条　非全日制用工双方当事人可以订立口头协议。

从事非全日制用工的劳动者可以与一个或者一个以上用人单位订立劳动合同;但是,后订立的劳动合同不得影响先订立的劳动合同的履行。

第七十条　非全日制用工双方当事人不得约定试用期。

第七十一条　非全日制用工双方当事人任何一方都可以随时通知对方终止用工。终止用工,用人单位不向劳动者支付经济补偿。

第七十二条　非全日制用工小时计酬标准不得低于用人单位所在地人民政府规定的最低小时工资标准。

非全日制用工劳动报酬结算支付周期最长不得超过十五日。

第六章　监督检查

第七十三条　国务院劳动行政部门负责全国劳动合同制度实施的监督管理。

县级以上地方人民政府劳动行政部门负责本行政区域内劳动合同制度实施的监督管理。

县级以上各级人民政府劳动行政部门在劳动合同制度实施的监督管理工作中,应当听取工会、企业方面代表以及有关行业主管部门的意见。

第七十四条　县级以上地方人民政府劳动行政部门依法对下列实施劳动合同制度的情况进行监督检查:

(一)用人单位制定直接涉及劳动者切身利益的规章制度及其执行的情况;

(二)用人单位与劳动者订立和解除劳动合同的情况;

(三)劳务派遣单位和用工单位遵守劳务派遣有关规定的情况;

(四)用人单位遵守国家关于劳动者工作时间和休息休假规定的情况;

(五)用人单位支付劳动合同约定的劳动报酬和执行最低工资标准的情况;

(六)用人单位参加各项社会保险和缴纳社会保险费的情况;

(七)法律、法规规定的其他劳动监察事项。

第七十五条　县级以上地方人民政府劳动行政部门实施监督检查时,有权查阅与劳动合同、集体合同有关的材料,有权对劳动场所进行实地检查,用人单位和劳动者都应当如实提供有关情况和材料。

劳动行政部门的工作人员进行监督检查,应当出示证件,依法行使职权,文明执法。

第七十六条　县级以上人民政府建设、卫生、安全生产监督管理等有关主管部门在各自职责范围内,对用人单位执行劳动合同制度的情况进行监督管理。

第七十七条　劳动者合法权益受到侵害的,有权要求有关部门依法处理,或者依法申请仲裁、提起诉讼。

第七十八条　工会依法维护劳动者的合法权益,对用人单位履行劳动合同、集体合同的情况进行监督。用人单位违反劳动法律、法规和劳动合同、集体合同的,工会有权提出意见或者要求纠正;劳动者申请仲裁、提起诉讼的,工会依法给予支持和帮助。

第七十九条　任何组织或者个人对违反本法的行为都有权举报,县级以上人民政府劳动行政部门应当及时核实、处理,并对举报有功人员给予奖励。

第七章　法律责任

第八十条　用人单位直接涉及劳动者切身利益的规章制度违反法律、法规规定的,由劳动行政部门责令改正,给予警告;给劳动者造成损害的,应当承担赔偿责任。

第八十一条　用人单位提供的劳动合同文本未载明本法规定的劳动合同必备条款或者用人单位未将劳动合同文本交付劳动者的,由劳动行政部门责令改正;给劳动者造成损害的,应当承担赔偿责任。

第八十二条　用人单位自用工之日起超过一个月不满一年未与劳动者订立书面劳动合同的,应当向劳动者每月支付2倍的工资。

用人单位违反本法规定不与劳动者订立无固定期限劳动合同的,自应当订立无固定期限劳动合同之日起向劳动者每月支付2倍的工资。

第八十三条　用人单位违反本法规定与劳动者约定试用期的,由劳动行政部门责令改正;违法约定的试用期已经履行的,由用人单位以劳动者试用期满月工资为标准,按已经履行的超过法定试用期的期间向劳动者支付赔偿金。

第八十四条　用人单位违反本法规定,扣押劳动者居民身份证等证件的,由劳动行政部门责令限期退还劳动者本人,并依照有关法律规定给予处罚。

用人单位违反本法规定,以担保或者其他名义向劳动者收取财物的,由劳动行政部门责令限期退还劳动者本人,并以每人五百元以上两千元以下的标准处以罚款;给劳动者造成损害的,应当承担赔偿责任。

劳动者依法解除或者终止劳动合同,用人单位扣押劳动者档案或者其他物品的,依照前款规定处罚。

第八十五条　用人单位有下列情形之一的,由劳动行政部门责令限期支付劳动报酬、加班费或者经济补偿;劳动报酬低于当地最低工资标准的,应当支付其差额部分;逾期不支付的,责令用人单位按应付金额百分之五十以上百分之一百以下的标准向劳动者加付赔偿金:

(一) 未按照劳动合同的约定或者国家规定及时足额支付劳动者劳动报酬的;

(二) 低于当地最低工资标准支付劳动者工资的;

(三) 安排加班不支付加班费的;

(四) 解除或者终止劳动合同,未依照本法规定向劳动者支付经济补偿的。

第八十六条　劳动合同依照本法第二十六条规定被确认无效,给对方造成损害的,有过错的一方应当承担赔偿责任。

第八十七条　用人单位违反本法规定解除或者终止劳动合同的,应当依照本法第四十七条规定的经济补偿标准的两倍向劳动者支付赔偿金。

第八十八条　用人单位有下列情形之一的,依法给予行政处罚;构成犯罪的,依法追究刑事责任;给劳动者造成损害的,应当承担赔偿责任:

(一) 以暴力、威胁或者非法限制人身自由的手段强迫劳动的;

第五章 白纸黑字——劳动关系与权益保护

（二）违章指挥或者强令冒险作业危及劳动者人身安全的；

（三）侮辱、体罚、殴打、非法搜查或者拘禁劳动者的；

（四）劳动条件恶劣、环境污染严重，给劳动者身心健康造成严重损害的。

第八十九条 用人单位违反本法规定未向劳动者出具解除或者终止劳动合同的书面证明，由劳动行政部门责令改正；给劳动者造成损害的，应当承担赔偿责任。

第九十条 劳动者违反本法规定解除劳动合同，或者违反劳动合同中约定的保密义务或者竞业限制，给用人单位造成损失的，应当承担赔偿责任。

第九十一条 用人单位招用与其他用人单位尚未解除或者终止劳动合同的劳动者，给其他用人单位造成损失的，应当承担连带赔偿责任。

第九十二条 劳务派遣单位违反本法规定的，由劳动行政部门和其他有关主管部门责令改正；情节严重的，以每人一千元以上五千元以下的标准处以罚款，并由工商行政管理部门吊销营业执照；给被派遣劳动者造成损害的，劳务派遣单位与用工单位承担连带赔偿责任。

第九十三条 对不具备合法经营资格的用人单位的违法犯罪行为，依法追究法律责任；劳动者已经付出劳动的，该单位或者其出资人应当依照本法有关规定向劳动者支付劳动报酬、经济补偿、赔偿金；给劳动者造成损害的，应当承担赔偿责任。

第九十四条 个人承包经营违反本法规定招用劳动者，给劳动者造成损害的，发包的组织与个人承包经营者承担连带赔偿责任。

第九十五条 劳动行政部门和其他有关主管部门及其工作人员玩忽职守、不履行法定职责，或者违法行使职权，给劳动者或者用人单位造成损害的，应当承担赔偿责任；对直接负责的主管人员和其他直接责任人员，依法给予行政处分；构成犯罪的，依法追究刑事责任。

第八章 附 则

第九十六条 事业单位与实行聘用制的工作人员订立、履行、变更、解除或者终止劳动合同，法律、行政法规或者国务院另有规定的，依照其规定；未作规定的，依照本法有关规定执行。

第九十七条 本法施行前已依法订立且在本法施行之日存续的劳动合同，继续履行；本法第十四条第二款第三项规定连续订立固定期限劳动合同的次数，自本法施行后续订固定期限劳动合同时开始计算。

本法施行前已建立劳动关系，尚未订立书面劳动合同的，应当自本法施行之日起一个月内订立。

本法施行之日存续的劳动合同在本法施行后解除或者终止，依照本法第四十六条规定应当支付经济补偿的，经济补偿年限自本法施行之日起计算；本法施行前按照当时有关规定，用人单位应当向劳动者支付经济补偿的，按照当时有关规定执行。

第九十八条 本法自2008年1月1日起施行。

第三节 权益与义务

一、社会保险

（一）社会保险主要内容

社会保险是国家通过立法建立的一种社会保障制度，其目的在于使劳动者因为年老、患病、生育、伤残、失业、死亡等原因而暂时中断劳动，或者永久丧失劳动能力，不能获得劳动报酬,本人和供养的家属失去生活来源时,能够从社会(国家)获得物质帮助。

具体险种有:养老保险、医疗保险、失业保险、工伤保险、生育保险五项。其中,养老保险、医疗保险和失业保险,是由企业和个人共同缴纳的保费,工伤保险和生育保险完全由企业承担,个人不需要缴纳。除以上五种保险之外,"一金"是指住房公积金。

(1) 养老保险

养老保险是劳动者在达到法定退休年龄退休后,从政府和社会得到一定的经济补偿物质帮助和服务的一项社会保险。

国有企业、集体企业、外商投资企业、私营企业和其他城镇企业及其职工,实行企业化管理的事业单位及其职工必须参加基本养老保险。

新的参统单位(指各类企业)单位缴费费率确定为10%,个人缴费费率确定为8%,个体工商户及其雇工,灵活就业人员及以个人形式参保的其他各类人员,根据缴费年限实行的是差别费率。参加基本养老保险的个人劳动者,缴费基数在规定范围内可高可低,多交多受益。职工按月领取养老金必须是达到法定退休年龄,并且已经办理退休手续;所在单位和个人依法参加了养老保险并履行了养老保险的缴费义务;个人缴费至少满15年。

中国的企业职工法定退休年龄为:男职工60岁;从事管理和科研工作的女干部55岁,女职工50岁。基本养老金由基础养老金和个人账户养老金组成,职工达到法定退休年龄且个人缴费满15年的,基础养老金月标准为省(自治区、直辖市)或市(地)上年度职工月平均工资的20%。个人账户养老金由个人账户基金支付,月发放标准根据本人账户储存额除以120。个人账户基金用完后,由社会统筹基金支付。

(2) 医疗保险

城镇职工基本医疗保险制度,是根据财政、企业和个人的承受能力所建立的保障职工基本医疗需求的社会保险制度。所有用人单位,包括企业(国有企业、集体企业、外商投资企业和私营企业等)、机关、事业单位、社会团体、民办非企业单位及其职工,都要参加基本医疗保险,城镇职工基本医疗保险基金由基本医疗保险社会统筹基金和个人账户构成。基本医疗保险费由用人单位和职工个人账户构成。基本医疗保险费由用人单位和职工个人共同缴纳,其中:单位按8%比例缴纳,个人缴纳2%。用人单位所缴纳的医疗保险费一部分用于建立基本医疗保险社会统筹基金,这部分基金主要用于支付参保职工住院和特殊慢性病门诊及抢救、急救。发生的基本医疗保险起付标准以上、最高支付限额以下符合规定的医疗费,其中个人也要按规定负担一定比例的费用。个人账户资金主要用于支付参保人员在定点医疗机构和定点零售药店就医购药符合规定的费用,个人账户资金用完或不足部分,由参保人员个人用现金支付,个人账户可以结转使用和依法继承。参保职工因病住院先自付住院起付额,再进入统筹基金和职工个人共付段。

参加基本医疗保险的单位及个人,必须同时参加大额医疗保险,并按规定按时足额缴纳基本医疗保险费和大额医疗保险费,才能享受医疗保险的相关待遇。

(3) 工伤保险

工伤保险也称职业伤害保险。劳动者由于工作原因并在工作过程中受意外伤害,或因接触粉尘、放射线、有毒害物质等职业危害因素引起职业病后,由国家和社会给负伤、致残者以及死亡者生前供养亲属提供必要物质帮助。工伤保险费由用人单位缴纳,对于工伤事故发生率较高的行业工伤保险费的征收费率高于一般标准,一方面,是为了保障这些行业的职工发生工伤时,工伤保险基金可以足额支付工伤职工的工伤保险待遇;另一方面,是通过高费率征收,使企业有风险意识,加强工伤预防工作使伤亡事故率降低。

职工上了工伤保险后,职工住院治疗工伤的,由所在单位按照本单位因公出差伙食补助标准的70%发给住院伙食补助费;经医疗机构出具证明,报经办机构同意,工伤职工到统筹地区以外就医的,所需交通、食宿费用由所在单位按照本单位职工因公出差标准报销。另外,工伤职工因日常生活或者就业需要,经劳动能力鉴定委员会确认可以安装假肢、矫形器、假眼、假牙和配置轮椅等辅助器具,所需费用按照国家规定的标准从工伤保险基金中支付。工伤参保职工的工伤医疗费1～4级工伤人员伤残津贴、一次性伤残补助金、生活护理费、丧葬补助金、供养亲属抚恤金、辅助器具、工伤康复费、劳动能力鉴定费都应从工伤保险基金中支付。

(4) 失业保险

失业保险是国家通过立法强制实行的,由社会集中建立基金,对因失业而暂时中断生活来源的劳动者提供物质帮助的制度。

各类企业及其职工、事业单位及其职工、社会团体及其职工、民办非企业单位及其职工,国家机关与之建立劳动合同关系的职工都应办理失业保险。失业保险基金主要是用于保障失业人员的基本生活。城镇企业、事业单位、社会团体和民办非企业单位按照本单位工资总额的2%缴纳失业保险费,其职工按照本人工资的1%缴纳失业保险费。无固定工资额的单位以统筹地区上年度社会平均工资为基数缴纳失业保险费。单位招用农牧民合同制工人本人不缴纳失业保险费。

当前中国失业保险参保职工的范围包括:在岗职工;停薪留职、请长假、外借外聘、内退等在册不在岗职工;进入再就业服务中心的下岗职工;其他与本单位建立劳动关系的职工(包括建立劳动关系的临时工和农村用工)。城镇企业事业单位失业人员按照有关规定具备以下条件的失业职工可享受失业保险待遇:按照规定参加失业保险,所在单位和本人已按照规定履行缴费义务满1年的,其次不是因本人意愿中断就业的,还有已经办理失业登记,并有求职要求的。

(5) 生育保险

生育保险是针对生育行为的生理特点,根据法律规定,在职女性因生育子女而导致劳动者暂时中断工作、失去正常收入来源时,由国家或社会提供的物质帮助。生育保险待遇包括生育津贴和生育医疗服务两项内容。生育保险基金由用人单位缴纳的生育保险费及其利息以及滞纳金组成。女职工产假期间的生育津贴、生育发生的医疗费用、职工计划生育手术费用及国家规定的与生育保险有关的其他费用都应该从生育保险基金中支出。

所有用人单位(包括各类机关、社会团体、企业、事业、民办非企业单位)及其职工都要参加生育保险。生育保险由用人单位统一缴纳,职工个人不缴纳生育保险费。生育保险费由用人单位按照本单位上年度职工工资总额的0.7%缴纳。享受生育保险待遇的职工,必须符合以下三个条件:用人单位参加生育保险在6个月以上,并按时足额缴纳了生育保险费;计划生育政策有关规定生育或流产的;在本市城镇生育保险定点医疗服务机构,或经批准转入有产科医疗服务机构生产或流产的(包括自然流产和人工流产)。

(二) 如果用人单位拒绝缴纳"三险"

国务院劳动保障行政部门负责全国的社会保险费征缴管理和监督检查工作。劳动保障行政部门或者税务机关对举报应当及时调查,按照规定处理,并为举报人保密。《北京市社会保险费征缴若干规定》第十三条指出:"任何单位和个人发现违反《社会保险费征缴暂行条例》和本规定的行为,有权向劳动保障行政部门举报。劳动保障行政部门应当及时调查处理,并自接到举报之日起60日内将处理结果告知举报人。"如果这样还解决不了,当事人可以向工资关系所在地的劳动争议仲裁委员会提出仲裁申请,这样,也可以依法解决相关的社会保障难的问题。

(三)如果用人单位拒办"住房公积金"

若有单位不办理住房公积金缴存登记或者不为本单位职工办理住房公积金账户设立手续的,由住房公积金管理中心责令限期办理;逾期不办理的,处以1万元以上5万元以下的罚款。若单位逾期不缴或者少缴住房公积金的,由住房公积金管理中心责令限期缴存;逾期仍不缴存的,可以申请人民法院强制执行。

案例分析

小张毕业后经人介绍到一家物业公司工作。工作一段时间后,她发现每月的工资条"应扣税、费项"上,只有扣除个人所得税和养老保险的项目。因她听别人说过,社会保险有多个险种,为此不免产生疑问。她去询问同事,谁知同事却说,每月扣除的各项费用不仅有养老保险,还有医疗保险、失业保险。为此,小张找到公司的人事主管,人事主管告诉她:"公司最近一年录用的员工,只给上养老保险。"小张听罢更糊涂了。

分析:《中华人民共和国劳动法》规定:"国家发展社会保障事业,建立社会保障制度,设立社会保障基金,使劳动者在年老、患病、工伤、失业、生育等情况下获得帮助和补偿。用人单位和劳动者必须依法参加社会保险,缴纳社会保障费。"

小张所在公司关于保险问题给她的答复是错误的,不能只给员工上养老保险。

二、劳动争议

劳动争议是指劳动关系当事人之间因劳动的权利与义务发生分歧而引起的争议,又称劳动纠纷。其中有的属于既定权利的争议,即因适用劳动法和劳动合同、集体合同的既定内容而发生的争议;有的属于要求新的权利而出现的争议,是因制定或变更劳动条件而发生的争议。

(一)劳动争议的种类

根据引起劳动争议的原因不同,可以将劳动争议划分为以下几种:

1. 因用人单位开除、除名、辞退职工和职工辞职、自动离职而产生的劳动争议

开除是用人单位对严重违反劳动纪律,屡教不改,不适合在单位继续工作的劳动者,依法令其脱离本单位的一种最严厉的行政处分。除名是用人单位对无正当理由经常旷工,经批评教育无效,连续旷工超过15天,或者1年以内累计旷工超过30天的劳动者,依法解除其与本单位劳动关系的一种行政处分。辞退是用人单位对严重违反劳动纪律、规章、规程或严重扰乱社会秩序但又不符合开除、除名条件的劳动者,经教育或行政处分仍然无效后,依法与其解除劳动关系的一种行政处分。辞职是劳动者辞去原职务,离开原用人单位一种行为。自动离职是劳动者自行离开原工作岗位,并自行脱离原工作单位的一种行为。上述情况均导致劳动关系终止,也是产生劳动争议的重要因素。

2. 因执行有关工资、保险、福利、培训、劳动保护等规定而产生的劳动争议

工资是劳动者付出劳动后应得的劳动报酬。保险主要是指工伤、生育、失业、养老、病假待

遇、死亡丧葬抚恤等社会保险。福利是指用人单位用于补助职工及其家属和举办集体福利事业的费用。培训是指职工在职期间的职业技术培训。劳动保护是指为保障劳动者在劳动过程中获得适宜的劳动条件而采取的各种保护措施。由于上述规定较为繁杂，又涉及劳动者切身利益，不仅容易发生纠纷，而且容易导致矛盾激化。

3. 因劳动合同而产生的劳动争议

劳动合同是用人单位与劳动者为确立劳动权利义务关系，而达成的意思相一致协议。劳动合同争议在劳动合同的订立、履行、变更和解除过程中，都可能发生。

4. 法律、法规规定的其他劳动争议

根据劳动争议当事人是否为多数和争议内容是否具有共性来划分，劳动争议还可以分为集体劳动争议和个人劳动争议等。当事人对仲裁裁决书不服，应在15日内向法院起诉，逾期，法院将不再受理。

根据《中华人民共和国劳动法》第七十九条规定的精神，劳动争议案件经劳动争议仲裁委员会仲裁是提起诉讼的必经程序。劳动争议仲裁委员会逾期不做出仲裁裁决或做出不予受理的决定，当事人不服向人民法院提起行政诉讼的，人民法院不予受理；当事人不服劳动争议仲裁委员会做出的劳动争议仲裁裁决，可以向人民法院提起民事诉讼。

（二）处理体制

各国处理劳动争议所遵循的立法原则不外乎两种：一是自愿原则，二是强制原则。遵循不同的原则，就会形成不同的组织体制和办案体制。

根据自愿原则，调解或仲裁机构独立于政府的特征性较强，由双方当事人协议是否调解或仲裁；和解协议必须是双方自愿达成的；仲裁人员应由当事人选择。这就形成了"裁审自择"和"裁审分轨"的双轨体制。

根据强制原则，调解或仲裁机构与政府的联系较多，政府常常从中起主要作用；劳动争议任何一方当事人或者政府无须协商均可依据法律规定交付仲裁解决争议；仲裁人员由仲裁机构指定。在强制原则下，有的国家规定仲裁裁决具有终局效力，有的国家则规定对裁决不服的当事人可向法院起诉，形成"裁审衔接"的单轨体制。

（三）处理原则

（1）在查清的基础上，依法处理劳动争议原则。
（2）当事人在法律上一律平等原则。
（3）着重调解劳动争议原则。
（4）及时处理劳动争议的原则。

（四）处理机构

我国目前处理劳动争议的机构为劳动争议调解委员会、地方劳动争议仲裁委员会和地方人民法院。

（五）处理程序

劳动争议调解委员会调解劳动争议的步骤如下：
申请，受理，调查，调解，制作调解协议书。

(六)劳动争议调解

调解是处理企业劳动争议的基本办法或途径之一。事实上,调解贯穿着整个劳动争议的解决过程。它既指在企业劳动争议进入仲裁或诉讼以后由仲裁委员会或法院所做的调解工作,又指企业调解委员会对企业劳动争议所做的调解活动。这里所说的调解指的是后者。企业调解委员会所做的调解活动主要是指调解委员会在接受争议双方当事人调解申请后,首先要查清事实、明确责任;其次,在此基础上根据有关法律和集体合同或劳动合同的规定,通过说服和诱导,最终促使双方当事人在相互让步的前提下自愿达成解决劳动争议的协议。

(七)劳动争议仲裁

仲裁作为企业劳动争议的处理办法之一,是指劳动争议仲裁机构依法对争议双方当事人的争议案件进行公断的执法行为。

仲裁一般要经历这样几个阶段:

1. 案件受理阶段

这一阶段包括两项工作:一是当事人在规定的时效内向劳动争议仲裁委员会提交请求仲裁的书面申请;二是案件受理。仲裁委员会在收到仲裁申请后一段时间内要做出受理或不受理的决定。

2. 调查取证阶段

调查取证的目的是收集有关证据和材料,查明争议事实,为下一步的调解或裁决做好准备。调查取证工作包括撰写调查提纲,根据调查提纲进行有针对性的调查取证,核实调查结果和有关证据等。

3. 调解阶段

仲裁庭在查明事实的基础上,首先要做调解工作,努力促使双方当事人自愿达成协议。对达成协议的仲裁庭还需制作仲裁调解书。

4. 裁决阶段

经仲裁庭调解无效或仲裁调解书送达前当事人反悔,调解失败的,劳动争议的处理便进入裁决阶段。仲裁庭的裁决通过召开仲裁会议的形式做出。一般要经过庭审调查、双方辩论和陈述等过程,最后由仲裁员对争议事实进行充分协商,按照少数服从多数的原则做出裁决。仲裁庭做出裁决后应制作调解裁决书。当事人对裁决不服的,可在规定时间内向法院起诉。

5. 调解或裁决的执行阶段

仲裁调解书自送达当事人之日起生效;仲裁裁决书在法定起诉期满后生效。生效后的调解或裁决,当事人双方都应该自觉执行。

(八)劳动争议诉讼

劳动争议诉讼是人民法院按照民事诉讼法规的程序,以劳动法规为依据,按照劳动争议案件进行审理的活动。

依照现行法律规定,劳动者主要的法定维权渠道有劳动争议处理程序和劳动保障监察程序。目前两个程序都存在各自的不足:①按照劳动争议处理程序解决的,劳动者需出庭举证,办理比较烦琐的仲裁诉讼手续,劳动者常常由于应诉能力不强而导致权益得不到应有的保障。②按照劳动保障监察程序举报投诉,可以免去出庭应诉之累,成本较低,但是劳动监察处理该类案件时缺乏司法体系的有力支持,劳动保障监察处理难、执行难现象十分突出。

小资料

劳动争议维权常识

一、劳动仲裁或诉讼

劳动案件,无论是劳动仲裁阶段,还是到法院诉讼阶段,其实没必要请律师。民事类案件,都可以自己办理。很久以来,大家都认为打官司一定要请律师,其实这是大家认识的误区。大家只是缺少一些专业知识和经验,找个专业人士指点一下,自己去处理就可以。

并且,在劳动仲裁和诉讼过程中,完全可以自己找份新工作,边工作边处理,耽误不了多少事,前提是有专业人士指点。

二、劳动法知识

希望大家在工作之余,多了解点劳动法知识,更好地保护大家的权益。

比如,最常见的劳动案件之一,未签订劳动合同的案件,这样的案子是非常简单的,只要自己手里有证明劳动关系的证据,我们就可以申请劳动仲裁要求该用人单位支付双倍的工资。

可是,很多劳动者平时没有这样的意识,等被拖欠工资了,被无故开除了,自己权益受到侵害的时候,才想起来维权,但是,我们要知道,法律讲究的是证据,一切以证据说话。

所以,只要遇到不签订劳动合同或者签订劳动合同后,不给劳动者本人一份的用人单位,平时工作中尽量多收集一些,比如有公司名称的工装、工作证或工作牌(最好盖有公章)、工资卡、工资条、考勤记录、社会保险缴纳记录、同事证言(离职在职的都可以)或者其他有自己名字和公章的文件等能证明你们之间存在劳动关系的证据。

三、关于解除劳动关系的问题

大家可以看一下《劳动合同法》第36~42条。

劳动者主动解除劳动关系,分四种情况:

(1)双方协商一致解除,协商一致后可以立即离职。用人单位提出经双方同意的,需要支付劳动者经济补偿金,工作一年,支付劳动者一个月工资;(2)劳动者提前30天书面提出离职的,只要到第30天,就可以无条件走人,用人单位必须办理离职手续结清工资。双方劳动合同中约定必须提前3个月或几个月的条款是无效的。用人单位只要不按时给劳动者办理离职,比如出具离职证明、结清工资、返还档案证件等,可以申请劳动仲裁,仲裁委不受理的,可以要求其出具书面不予受理书,直接去法院起诉,法院受理费用10元;

(3)用人单位存在违反《劳动合同法》第38条情况的,比如拖欠工资、没有缴纳社会保险等,劳动者可以书面提出离职后立即走人,不需要等30天;

(4)在试用期内的,提前3天书面提出离职就可以走人。

四、关于时效和维权费用

劳动仲裁自2008年5月1日《劳动争议调解仲裁法》开始,就免费,法院收取10元诉讼费。申请执行的话,执行费用也是用人单位承担。申请立案后,可以边从事新工作,边维权,不耽误什么事。时效也从《劳动法》规定的60天变更为一年。

五、关于竞业限制的问题

竞业限制是指公司的职员(尤其是高级职员)在其任职期间不得兼职于竞争公司或兼营竞争性业务,在其离职后的特定时期和地区内也不得从业于竞争公司或进行竞争性营业活动。

(1)竞业限制仅限于用人单位的高级管理人员、高级技术人员和其他负有保密义务的人员;

(2)竞业限制的时间最长为2年;

(3)用人单位应当在合同解除后按月给予劳动者经济补偿。用人单位没有给劳动者经济补偿的,约定的竞业限制条款对劳动者不具有约束力。经济补偿的标准,国家层面上没有统一规定,上海一般为劳动者12个月平均收入的20%~30%;天津市规定不低于劳动者收入的一半,并且不低于天津市最低工资;南京规定不低于劳动者收入的三分之一;其他地区规定的不是很明确。

▶ 实践训练营

项目一:没有加盖公章的劳动合同是否有效?

杜小姐在某公司做文秘工作一年多了。最近,在工作中出了几次差错,让总经理很不满意。于是,公司决定解除她的劳动合同。杜小姐对此不服,提起了劳动争议仲裁。仲裁机构在审查公司与杜小姐签订的劳动合同时发现,劳动合同没有加盖公司公章,也没有合同鉴证机关的鉴证,公司这方只有一个法人代表的个人签字。

为此,公司认为这份劳动合同无效,企业可以随时解除双方的劳动关系。但杜小姐不同意,她认为:"我与公司签订的劳动合同,虽然公司没有加盖公章,但有法人代表的亲笔签名,这就表示公司认可该合同。怎么能说是无效合同呢?"

公司人事经理反驳道:"劳动合同上没有加盖公司的公章,就不符合订立合同的形式要件,所以,这份劳动合同当然无效了。"

请问:这份劳动合同在仲裁或司法实践上会被认定为无效吗?

项目二:试用期可以不缴纳社保吗?

北京一家公司与李某签订了三年期劳动合同,公司人事主管与李某口头约定:试用期3个月,试用期内不缴纳社会保险,等到试用期过后再补缴。当时李某同意了。在李某工作1个月后,该公司以李某在试用期内不胜任工作为由单方解除了劳动合同。李某不服,要求补缴试用期社保,同时,提出这样的疑问:"劳动合同没有书面约定试用期,该试用期有效吗?在此期间要不要交社会保险?"

项目三:同一劳动者能否重复"试用"?

2015年5月份,应届毕业生小王到大连市开发区一公司应聘,该公司与其签订了一年的劳动合同,试用期为6个月,工资400元。试用期结束前10天,该公司表示还要对其考察,如果小王同意,公司再与其续签3个月的试用期。小王为了今后能留在该公司工作,便同意再签3个月的试用期。第二次试用期到期前,该公司通知小王试用期内未达到录用条件,不再录用。

请问:该公司的做法是否合法?

实践训练营参考答案

1. 没有加盖公章的劳动合同是否有效?

根据法律规定,用人单位在与劳动者签订劳动合同时,应该在劳动合同上签章,即由法人代表签字,并加盖企业公章。本案中的公司在劳动合同上没有加盖公司的公章的行为是不符合劳动法规定的,这个问题的出现主要是由公司的过错造成的,公司应当承担主要责任。所以,虽然合同未加盖公章,但毕竟有法人代表(总经理)的签名,法人代表有权代表公司订立合同,不能仅凭没有加盖公章就认定是无效合同。

该公司与杜小姐双方都已在一年多的时间里,按合同的约定履行了相应的义务,也享受了各自的权利,现在有人突然说合同是无效的,实在是荒唐可笑。

关于劳动合同的鉴证,我国目前的规定是"鼓励鉴证",而不是"强制性鉴证"。换句话说,鉴证只是劳动合同管理部门对合同进行审查认定的一种形式,并不是劳动合同成立的必备条件,更不能用它的有无来作为劳动合同是否有效的标志。因此,劳动合同未经鉴证机关审核盖章就是无效合同的说法,也是站不住脚的。

综上所述,尽管该合同在形式上有一定的缺陷,但还不能因此认定该合同无效。只要该合同内容是合法的,且双方在签订时没有任何一方存在欺诈或胁迫行为,仲裁机构完全可以将它看作是一份有效的劳动合同。

2. 试用期可以不缴纳社保吗?

在咨询了资深的劳动法专家后,得到的答复:

(1) 只要在劳动合同成立期间,就要缴纳社会保险。试用期限包括在劳动合同期限内,所以应当缴纳社会保险。

(2) 应在劳动合同条款之内约定试用期,口头约定的试用期不予认可,属于履行劳动合同约定的期限。

受国际金融危机的影响,大中专毕业生就业形势更为艰难,很多公司趁机招揽大中专毕业生打短工,不与他们签订劳动合同,不缴纳社保或足约定以后补缴社保,试用期满后,又以各种理由辞退试用员工,达到减少成本开支的目的。

近年来,劳动和社会保障部门多次接到类似的投诉或举报,而劳动监察部门问询时,企业多以"没有签订劳动合同"或是"试用期结束后就补缴"来搪塞。对此,劳动监察部门明确指出:不缴、补缴社保均是违法的。同时,劳动监察部门指出,目前一些企业用工存在两大误区:

(1) 私下约定是无效的

1994年《劳动部关于〈中华人民共和国劳动法〉若干条文的说明》第七十二条明确规定:"社会保险基金按照保险类型确定资金来源,逐步实行社会统筹。用人单位和劳动者必须依法参加社会保险,缴纳社会保险费。本条中的'社会保险类型'是指需建立基金的养老、医疗、工伤、失业、生育五种社会保险。"

从上述条文中可以看出,早在1994年我国就建立了强制性的社会保险制度。缴纳社会保险费是用人单位和劳动者的法定义务,不应该因双方任何私下约定而改变。只要建立了劳动关系,就应缴纳社会保险费用。

（2）试用期与合同期是不同的

《中华人民共和国劳动法》第二十一条规定:"劳动合同可以约定试用期",指出了只有在劳动合同存在的情况下才能约定试用期。劳动部《关于贯彻执行〈中华人民共和国劳动法〉若干问题的意见》(下简称《意见》)更是明确了:"劳动者被用人单位录用后,双方可以在劳动合同中约定试用期,试用期应包括在劳动合同期限内。"

《意见》用"应"的字眼,强调了试用期与劳动合同之间的密切关系。由此我们可以得出结论:试用期是依据劳动合同上双方约定的期限进行的,不可以单独就试用期签订劳动合同。

在新《劳动法》实施后,企业这种自作聪明的行为会受到法律的惩罚,还有可能被别有用心的人利用,造成不必要的损失。劳动监察部门提醒:一定要按法律的规定签订劳动合同,按时为员工缴纳社保。

3. 同一劳动者能否重复"试用"?

《劳动合同法》对试用期作了以下规定:

(1) 试用期应签订劳动合同,试用期应包含在合同期限中;

(2) 同一用人单位与同一劳动者只能约定一次试用期;

(3) 试用期的工资不得低于本单位相同岗位最低档工资或者劳动合同约定工资的80%,同时不得低于用人单位所在地的最低工资标准;

(4) 试用期内,用人单位不得解除劳动合同的情形;

(5) 劳动合同期限与试用期期限的规定(表5-1)。

表5-1 劳动合同期限与试用期期限

劳动合同期限	试用期期限
6个月以内的	不得超过15日
6个月以上1年以内的	不得超过30日
1年以上2年以内的	不得超过60日
2年以上的	不得超过6个月

三、明辨职责

（一）明辨职责的含义要点

在各行各业,对自己的价值和责任关系产生错觉的人不少。很多人在个人价值、薪酬待遇的问题上出现过迷茫,把自己该付出的正常劳动看成是额外的贡献,把团队创造的价值当成自己个人创造的价值,把做好了自己的本职工作当成是做出了特殊贡献,认为自己做出的贡献很大,得到的报酬很低。因此,他们要么是向领导发难,要么是带着一股子怨气应付工作,给企业造成了不良影响,甚至是严重的影响。

清醒地认识到自己的责任,并踏实地工作,这是在求职面试时必须要提到的,这会给求职者增色不少。

1. 做好本职工作并不是额外的贡献

每一份工作都有自己的价值,同时代表着相应的薪酬待遇。做好了自己的工作,就是尽到了自己的责任,创造出适当的价值,从而得到那份薪酬。但是,不能把自己通过做好本职工作创造的价值当成是额外的贡献,不能因此认为自己还应该有一份额外的报酬,否则,就容易出问题。

2. 直接创造的效益不是个人独创的

企业开展各项工作的目的是创造经济效益,但是,不是企业里的每个部门、每个员工都能直接创造经济效益。作为一个团队,为了更专业、更高效地创造效益,需要有不同的分工。有的部门和员工直接创造效益,如销售部门、业务人员、营业员、服务员,有的则是间接创造效益,例如设计部门、生产部门、营销策划部门、技术人员和生产工人,还有很多是从事辅助、配合工作和监督管理工作,例如行政部门、后续服务部门等。可以说,企业的效益是整个团队一起创造的,是靠一环扣一环的工作最后形成的,不是直接创造效益的部门和员工独创的。

当然,在这一环扣一环的链条中,不同的分工有不同的价值,也有不同的收入。因此,企业会有相应的薪酬结构和激励机制。对直接创造效益的销售人员、服务人员,经常是以与效益直接挂钩的业绩提成为主。工作水平高、业绩好的员工,收入会比其他员工高出不少,甚至比很多部门的负责人都高。因为,他们的工作更重要,贡献更大。

员工创造的业绩,是依托企业整体资源和实力创造的,不是单枪匹马创造的,不仅是个人努力的成果,也是团队努力的成果。

3. 责任重大不等于有特殊高薪

设置一个岗位、聘用一个员工,都有具体的责任,而且是不可替代的责任。当然,有的人的工作更重要、责任更大,创造的价值也更大,薪酬待遇应该更高。

但是,不要拿自己在履行职责的过程中创造的价值来衡量得到的薪酬待遇,这不是应该比较的。不管自己的工作责任多重要,不管自己履行职责创造的价值多么非凡,合理的薪酬就是回报。假如把在履行职责的过程中创造的价值作为薪酬待遇的依据,那么,很多人的收入都是令人惊叹的天文数字。

例如,医生的职责是治病救人,每一次通过问诊查出重病隐患,通过开药消除疾病,通过动手术根治病患,都挽救了人的生命,价值非凡。如果以这个价值为依据来要求薪酬待遇,那么很多医生每天的收入甚至要达到十万元以上。

至于个人的薪酬待遇与高居不下的房价相比,是有些脱节了,但这是社会现象,不是个别企事业机构的责任。对此,要明白,不能把生活艰难的账算到自己从业的机构上。

不管担当的责任多么重大,都不要奢望拥有特殊的高薪,不能因为自己在工作中创造了巨大的价值、挽救了巨大的损失就要求一份额外的高额回报。

4. 学历不等于能力

一个年轻人,在一所名牌大学获得博士学位后,被分到一家研究所工作,成为研究所里学历最高的人。因为学历高,他很傲慢,瞧不起身边的同事甚至领导。同时,他也很郁闷,因为自己的工资比很多老同事低,尽管自己的学历最高。

学历只代表过去的学习经历,不代表真实的工作能力。而对于用人机构,重要的是一个人的实际工作能力,以及为团队创造的价值。因此,学历比同事更高不是薪酬更高的理由,母校名气比同事的母校更响亮,也不是工资比同事更高的理由。

(二)培养明辨职责的能力

"天下熙熙,皆为利来;天下攘攘,皆为利往。"在市场经济环境中,付出就应该有相应的回报。关注个人利益很正常,但是,要清醒地认识自己的价值,明白自己的薪酬待遇就是对自己认真工作、承担自己职责的合理回报。不要以为人在办公室就应当有一份工资,那是要做好工作才能得到的;不要觉得自己认真做好了工作、创造了很大的价值,就有特殊贡献,就要额外的报酬;更不要把大家一起分工协作创造的价值当成自己个人创造的价值。

向面试官和老板讲出自己明白的这些道理,将会更加引起他们的注意,帮助我们敲开职场的一扇门。我们可以尝试主动说出下面几句话:

我明白,工资是劳动创造的价值的体现,不是来上班就会有一份理所应得的工资,要做好工作才能得到它。我不会因为自己做好了工作就要公司多发奖金,那是不合理的。

我知道,做好自己的工作、为公司创造价值是自己的职责,不是特殊的贡献,更不是额外的贡献。公司如果发奖金,就是对我的鼓励,但我不会因为没有额外的收入,就消极地工作。

我不会把集体的功劳算在自己身上,我知道,以公司员工的身份做成的事,不是自己一个人的功劳。因为,那是依靠公司的资源,在公司提供的平台上做成的。

我明白,公司的效益是大家一起分工协作创造的,不是业务部门独创的,更不是业务员单枪匹马创造的。如果我做业务,一定会经常提醒自己,自己的业绩,是自己依托公司整体资源和实力创造的,不会糊涂地把所有业绩都当成自己个人的功劳。

我明白,学历不代表能力。即使我的工资比老同事低,我也会踏踏实实地工作。

➢ 实践训练营

项目一:说说看

三只老鼠一同去偷油喝。它们找到了一个油瓶,但是瓶口很高,够不着。三只老鼠商量一只踩着一只的肩膀,叠罗汉轮流上去喝。当最后一只老鼠刚刚爬上另外两只老鼠的肩膀上时,不知什么原因,油瓶倒了,惊动了主人,三只老鼠逃跑了。回到老鼠窝,它们开会讨论为什么失败。

第一只老鼠说,我没有喝到油,而且推倒了油瓶,是因为第二只老鼠抖了一下。

第二只老鼠说,我是抖了一下,是因为最底下的老鼠在抖动。

第三只老鼠说,没错,可我好像听到有猫的声音,我才发抖的。

于是三只老鼠哈哈一笑:那看来都不是我们的责任了。

通过以上故事,说说你对承担责任和提高工作绩效的看法。

项目二:护蛋活动

操作程序:

1. 教师在活动开始前,先向学生宣讲活动规则和注意事项。

2. 早上学生到校后,在第一堂课开始前,教师将写好姓名的塑料袋分发给每个学生。

3. 每个学生在自备的生鸡蛋上写上自己的姓名,放进塑料袋后,每两个学生互相帮助,拿毛线绳将塑料袋用死扣系在左手手腕上(为防伤手,可戴护腕,将绳系在护腕上)。

4. 教师用胶条将扣口封住。

5. 学生开始进行一天的学习生活。

6. 一天的学习生活结束后,教师将学生集合在一起,记录好每个学生塑料袋中鸡蛋的存在状态后,让学生互相帮助解开塑料袋。

7. 教师根据活动结果评出"好家长"。

8. 组织学生谈体会。

9. 教师给予指导并总结。

操作规则:

1. 每个学生将自己视为"家长",将鸡蛋视为自己的"孩子"。必须按要求将放进塑料袋的鸡蛋携带在身上,保证鸡蛋完好无损。

2. 不管鸡蛋是否破损,都不得自行将塑料袋解下来。违规者将被视为"失职家长"。学生可互相监督,老师最后也要检查封口。学生如果有左手发力者可以将鸡蛋系在右手上。

3. 学生仍然要照常进行一天的学习生活。不要选取有体育课、劳动课或实验课的日子进行(可根据实际情况,掌握携带时间)。有条件的学校可延长活动的时间。

4. 鸡蛋有裂纹或破损者为"失职家长"。鸡蛋完好无损者可评为"好家长"。注意收集好破损的鸡蛋,没有破损的鸡蛋由学生自行带回。

操作准备:

1. 全班每个学生自备一个生鸡蛋、一个护腕。

2. 教师按全班学生人数准备统一的带有封口的塑料袋。

3. 胶条、毛线绳。

通过一个尽可能接近真实工作情境的环境,要求学生完成某项任务,对学生完成任务的行为过程及行为结果进行观察、评估;体验责任意识的重要性和必要性,培养对人、对事认真负责的态度;体验不负责行为带来的后果。

四、信守规矩

(一) 信守规矩的含义要点

大到国家的法律、法规,小到几个人一起定下的规矩,规章制度随处可见。事实上,自从人类进入文明时代之后,就有了各种各样的规矩,用来协调和统一人们的行为,减少人们自欺欺人、自相残杀的现象,增强一群人的合力。

毫不夸张地说,规章制度是人类社会必不可少的东西,是人们在一起相处、共事时离不开的工具。但是,人性中又存在规章制度的"天敌",即渴望随心所欲的自由。尤其是在衣食无忧、生活宽松的环境里成长起来的年轻人,他们在一大群人的呵护下长大,"我的地盘我做主"的自我中心意识强烈,对规章制度的抵触情绪很大。

对规章制度的作用和价值,要明白以下两点:

1. 无规矩不成方圆

"无规矩不成方圆"道出了规章制度的作用和价值。究竟怎样来理解这句话呢?下面两个经典的故事给出了答案和启示。

(1) 美酒原来是清水

遥远的古代,一个丰收之年,部落里的家家户户都酿造了美酒。酋长选好日子后发出指令,要各家各户带一壶自己家里酿造的美酒一起庆祝丰收、祭祀天神。为此,他准备了一口大缸,届时要各家各户把带来的美酒倒进去,与族人一起共享。

庆祝仪式开始了。按酋长的要求,族人们一家接一家,规规矩矩地端出一个壶,向酋长宣称这是自己家酿造的美酒,然后,一个接一个地倒进大缸里。

倒完之后,酋长让每个人都到大缸里舀出一碗美酒,大家一起随着鼓声一饮而尽。喝下酒后,族人一个个面红耳赤,不敢抬头看人,也没有人开口说话。

族人们面红耳赤,不是因为醉了,而是因为他们喝下的是没有酒味的清水。

这个寓言故事告诉我们,在没有必要监控时,在人性中自私心理和侥幸心理的驱使下,人们会为一己私利而做错事。

(2) 河豚中毒不中毒

河豚肉质细腻,味道极佳,属美味佳肴中的极品。但是,河豚的毒性极强,处理稍有不当,食者就可能中毒身亡。据报道,在中国每年因为吃河豚中毒死亡的有上千人。

日本人很喜欢河豚,吃河豚在日本也很常见,而且将河豚奉为"国粹"。但是,同样是吃河豚,日本却很少出现人中毒、死亡的事故。

为什么有这样的差别呢?

因为,在中国,加工河豚就像做其他的菜肴一样,依靠厨师自己的经验和技巧。怎么处理、怎么加工、怎么烹饪,没有明确的规矩。

日本则不同。在日本,加工河豚有很规范、很严格的程序,加工去毒需要经过30道工序,一个熟练的厨师也要花20分钟才能完成。而且,做这道美味佳肴,不是厨师想做就能做,还要有执照。在取得执照前,厨师至少要接受两年的严格培训,考试合格以后才能领取河豚烹饪的执照。

因此,日本人吃河豚的很多,中毒的事故很少。而我们中国,吃河豚的很少,中毒的事故却很多。

这个反差告诉我们,照章办事比凭个人经验更有效,可以有效地控制风险,提高工作效率,而且,能使很多普通人变成专家型的人物。

通过这两个故事,规章制度的作用和价值可见一斑。

要避免人们做错事,要让一群人在一起和谐地相处、共事、分享,要让人向好的方向努力,而不是向坏的方向发展,要让普通人做出优秀的业绩,就必须要有适当的规矩。对国家而言,需要法律、法规;对企业而言,需要规章制度。如果缺乏必要的、合理的规矩,人们就很容易彷徨,失去控制,陷在低质量、低效率的状态中无力自拔,还会在人性的弱点的驱使下,做出不该做的事,伤害他人。

2. 不要把扶手当成锁链

规章制度就是相关人员要遵守的规矩。规定哪些事要做,哪些事不允许做;一件事应该怎么做,不应该怎么做;要做成什么样,不做成什么样;应该怎样面对发生的事件,应该怎样面对具体的人,等等。企业只有建立一系列的规章制度,才能使员工人性中的优点得到保护和激励,缺点得到制约和警示,让员工少走弯路、少犯错误,将员工的力量凝聚到企业需要的地方,使群体共事和共享必然产生的矛盾与内耗尽量降低。

事实上,没有合理的规章制度就没有和谐的秩序、顺畅的效率、公平公正的依据。而没有秩序、效率和公平公正,一群人在一起只会制造混乱,企业和员工渴望的一切都无法实现。

形象一点来看,规章制度就是引导和支撑员工走好职业道路的"扶手"。大家都抓着"扶手"前进,就能更顺当地一起向前走、向上攀登。只要几个人松开了"扶手",就很容易朝不同的方向走,公说公有理、婆说婆有理,你争我斗,麻烦不断,人人都站不稳,走不动。

因此,身为团队中的一员,要抓住身边的"扶手",遵守各项规章制度,这样才能在职业道路上一帆风顺。但是,有些人对规章制度有错误的认识,将引导和支撑自己的"扶手"当成了束缚自己的绳索,抵触规章制度,不愿意遵守和执行。

(二) 培养信守规矩的习惯

一群人在一起共事,规章制度作用巨大不能忽略。毫不夸张地说,在没有规章制度,或是规章制度只是一纸空文的企业里,员工们只是一盘散沙,工作只是一团乱麻,不会有好产品、好效益。身为团队的一员,应该认真遵守规章制度,就像公民应该遵守国家的法律、法规一样。

切记,对员工而言,规章制度是支撑员工站稳、引导员工走顺的"扶手",不是束缚手脚的绳索;是有助于员工做好工作的工具,不是影响工作的累赘;是保障团队工作质量、工作效率、控制成本、减少风险隐患的必要措施;是保障公平公正的依据,而不是无聊的形式主义。因此,不要漠视自己该记住、该遵守的规章制度,不要置之不理,不要嫌麻烦,更不要抵触、对抗,应该去了解,去熟悉,去遵守执行。哪怕有些规定确实不合理,也不能简单地抵触,不执行,可以向上司、领导提出自己的意见和建议。即将走上工作岗位的新人,尤其要明白,在规章制度面前,将不会受到特殊照顾。大多数机构会对新人进行一些入职说明,但是,不会对新人网开一面。

不能因为身边的一些人不认真遵守规章制度,就跟着他们一起放纵自己,否则,可能遭受批评、处罚,甚至很快会被认为不合格而被辞退。想一想,哪个学校、哪个老师喜欢不遵守纪律的学生?哪个国家、哪个政府喜欢不遵守法律的人?

因此,即便是公司的骨干,也不能松开职场上的"扶手"。何况是新员工,没有任何理由松开自己的"扶手"。

向面试官、老板讲出这些道理,相信任何管理者都会喜欢遵守规章制度的员工。

要想让自己的面试更成功,尝试主动说出下面几句话:

虽然喜欢自由,上班后我肯定会认真遵守公司的规章制度,这就像遵守国家的法律、法规一样,是天经地义的事。

我知道,无规矩不能成方圆。一群人在一起共事,不可以没有规章制度。否则,各有各的想法,各讲各的道理,员工们只是一盘散沙,工作只是一团乱麻,整天陷入争吵,什么事也做不了。

我明白,人性化管理离不开规章制度。因为,人性化最重要的就是公平公正。公平公正需要标准,公司的规章制度就是标准。如果没有规章制度,领导随心所欲来管理,不可能有公平公正。

我会尊重规章制度,记住自己该遵守的规章制度,因为,规章制度对员工有保护作用。毕竟,每个人都有私心,都有人性的弱点,喜欢随心所欲,喜欢干得少、拿得多。如果没有规章制度的监控,我会越来越懒散,还可能会偷奸耍滑,滑向堕落的深渊。

在规章制度面前,我会做好自律,即使身边其他同事不遵守,我也会坚持遵守规章制度,不怕别人说我傻。我觉得,遵守规章制度就是减少挨批评挨处罚,就是保护自己,这样做才是真聪明。

如果违反了公司的规章制度,我会虚心接受公司的批评处罚,不会抵触,不会因为自己是新员工就抱怨,也不会哭哭啼啼、让领导为难。

▶ 实践训练营

项目:说说看

一个在日本打工的中国留学生,同其他留学生一样,课余时间为日本餐馆洗盘子以赚取学费。日本的餐饮业有一个不成文的行规,即餐馆的盘子必须用水洗七遍。由于洗盘子的工作是按件计酬的,这位留学生一天累下来,也得不了多少工钱。于是他计上心头,以后洗盘子时少洗一两遍。果然,劳动效率便大大提高,他也因此受到老板的器重,工钱自然也迅速增加。一起洗盘子赚学费的日本学生便向他请教技巧。他毫不避讳地说:"你看,洗了七遍的盘子和洗了五遍的有什么区别吗?少洗两次嘛。"日本学生却因此与他渐渐疏远了。

日本人看人,有两个预先推定:一个,是无罪的;另一个,是诚实的。所以,餐馆老板只是偶尔抽查一下盘子清洗的情况。在二次抽查中,老板用专用的试纸测出盘子清洗程度不够并责问这位留学生时,他振振有词:"洗五遍和洗七遍不是一样保持了盘子的清洁吗?"老板只是淡淡地说:"你是一个不诚实的人,请你离开。"这位留学生走到大街上,愤愤不平,举起拳头对着日本餐馆高呼:"打倒日本帝国主义!"

口号归口号,为了生计,他又到该社区的另一家餐馆应聘洗盘子。这位老板打量了他半天,才说:"你就是那位只洗五遍盘子的中国留学生吧。对不起,我们不需要!"第二家、第三家……他屡屡碰壁。不仅如此,他的房东不久也要求他退房,原因是他的"名声"对其他住户(多是留学生)的工作产生了不良影响。他就读的学校也专门找他谈话,希望他能转到其他学校去,因为他影响了学校的生源……万般无奈,他只好收拾行李搬到了另一座城市,一切重新开始。他痛心疾首地告诫准备到日本留学的中国学生:"在日本洗盘子,一定要洗七遍啊!"

从以上故事,说说看你对信守规矩的看法。

第六章
离校——毕业流程

第一节 毕业派遣

一、就业指导部门的工作程序

就业指导部门的工作具有很强的连续性。毕业生就业和招聘接收毕业生的具体工作程序如下：

（一）制定政策，提供指导

国家教育部根据国民经济发展和国家建设的情况、当年毕业生的基本情况，制定相应的就业政策；各地区、各部门所属高校的就业指导部门在国家有关方针、政策的指导下，为即将毕业的大学生提供就业信息、咨询等服务。

（二）毕业生生源统计及资料鉴定

这项工作一般在每年7—8月份开始，由各高校将本校次年的毕业生的基本情况按照要求整理统计，内容主要涉及姓名、性别、出生年月、入学时间、生源所在地、培养方式、专业、院校名称、政治面目等，然后按照资料统计和招生资料进行核实，通过审查后的毕业生才能取得毕业资格，最后将审查结果报省毕业生分配部门备案。

（三）及时发布、收集信息

在每年10月份，学校将本校专业设置和毕业生的基本情况编制成册，通过各种方式与用人单位建立联系。用人单位再将需求信息反馈给学校，学校据此组织毕业生进行供需信息交流。

（四）供需见面和双向选择

这是毕业生落实就业的重要方式，由学校按照需求信息邀请有关单位集中来学校（每年的11月下旬至次年的4—5月份），与毕业生进行供需见面的"双向选择"活动。毕业生在学校的指导下与用人单位签约或达成意向。同时，毕业生也可以参加各地组织的就业洽谈会，选择就业单位。

（五）上报就业计划

毕业生与用人单位根据有关规定签订就业协议书，经学校同意，纳入毕业生就业计划。学校于每年5月底上报省毕业生就业管理部门，确定派遣计划。

（六）派遣毕业生

学校按照批准的派遣计划,在6月底至7月初派遣毕业生。毕业生在离校前,学校对其进行德、智、体等方面的综合鉴定和健康检查,同时发放《毕业生派遣报到证》。毕业生凭《毕业生派遣报到证》在规定时间内到用人单位或生源地人事主管部门报到。毕业生的档案及户口随之迁到用人单位或主管部门。

（七）调整改派

毕业生因某种原因不到原派遣单位报到,经原单位同意,并与新联系的单位签订就业协议后,由学校编制调整派遣计划,然后报上级主管部门,按照有关规定办理改派手续。

（八）组织毕业生离校

各高校按照国家统一要求,一般在每年6月底至7月初为毕业生办理离校手续。

二、派遣

学校就业指导部门根据毕业生的就业落实情况,对毕业生的档案及户口去向制订派遣计划,并按照派遣计划,在毕业生毕业离校时,向毕业生发放《毕业生派遣报到证》。已落实接收单位(接收档案及户口)的毕业生派遣到接收单位报到。未落实接收单位的毕业生,派遣到生源地主管部门报到。依据派遣情况,就业指导部门为毕业生寄发个人档案到接收单位或生源地主管部门,协助办理户口迁移手续。

➢ 资料链接

报 到 证

报到证是《全国普通高等学校本专科毕业生就业报到证》《全国毕业研究生就业报到证》的简称,是学校根据毕业生与用人单位签订的就业协议书编制就业方案,经教育部审核批准后,由省级毕业生就业主管部门签发的派遣证明。报到证正本为蓝色,用于学生报到;内容相同的副本为白色,归入学生个人档案。

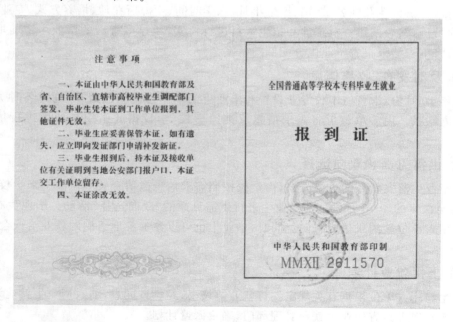

第六章 离校——毕业流程

全国普通高等学校本专科毕业生就业报到证		专　业	体育服务与管理		
广州市高校毕业生就业指导中心：		学　历	专科	修业年限	叁年
		报到地址	广东省广州市		
按照国家制定的 2016 年高等学校毕业生就业方案，现有████工商学院（校）毕业生 ███ 性别 男 到你处报到。		档案材料	另寄		
		报到期限	自 2016 年 7 月 1 日 至 2016 年 7 月 31 日		
		备　注			
		查询：大学生就业在线　www.gradjob.com.cn			
2016 年（7）月 1 日		（ 2016 粤 ） 毕字第111149402339号			

全国普通高等学校本专科毕业生就业报到证		专　业	市场营销(商务经纪与代理)		
深圳市人力资源和社会保障局：		学　历	专科	修业年限	叁年
		报到地址	广东省深圳市		
按照国家制定的 2016 年高等学校毕业生就业方案，现有████工商学院（校）毕业生 ███ 性别 男 到你处报到。		档案材料	另寄		
		报到期限	自 2016 年 7 月 1 日 至 2016 年 7 月 31 日		
		备　注	深圳市人才交流服务中心（西岸分部）		
		查询：大学生就业在线　www.gradjob.com.cn			
 2016 年 7 月 1 日		（ 2016 粤 ） 毕字第111140402297号			

全国普通高等学校本专科毕业生就业报到证		专　业	应用韩语		
河南省大中专学校学生信息咨询与就业指导服务中心：		学　历	专科	修业年限	贰年
		报到地址	河南省		
按照国家制定的 2012 年高等学校毕业生就业方案，现有████工商学院（校）毕业生 ███ 性别 女 到你处报到。		档案材料	另寄		
		报到期限	自 2012 年 7 月 1 日 至 2012 年 7 月 31 日		
		备　注			
		查询：大学生就业在线　www.gradjob.com.cn			
 2012 年 7 月 1 日		（ 2012 粤 ） 毕字第111142403925号			

毕业生领取《报到证》后应及时到就业单位报到并办理相关手续。

问：《报到证》遗失了如何补办？

答：根据广东省就业指导中心相关规定，毕业生应在报到期限内到相关单位报到。如在报到期限内不慎遗失《报到证》的，应及时向学校就业指导中心提出补办申请，附上相关证件复印件，由学院就业指导中心到广东省就业指导中心办理新报到证。超过报到期限遗失的，不予以补办手续，确实需要的，可填写《就业派遣证明申请表》提交毕业证和身份证复印件，加盖学院就业办公章，由学校就业指导中心交广东省就业指导中心办理派遣证明。

三、暂缓就业

高校毕业生毕业时，还未落实接收单位（接收档案和户口）的，按规定须派遣回生源地的学生，可自愿申请暂缓就业（暂缓派遣）2年，就业主管部门将暂不对其进行派遣。申请暂缓就业的学生与省高校毕业生就业指导中心、学校就业部门签订《高校毕业生暂缓就业协议书》（一式三份，三方各执一份）。学生档案由省高校毕业生就业指导中心托管，户口在学校的学生在暂缓就业期间可继续保留在学校。

1. 毕业生怎么样申请暂缓就业？

答：毕业生于毕业当年（具体时间由各学校安排）向学校就业主管部门提出申请，经审核后由学校于当年6月10日前（毕业研究生于8月31日前）上报到省就业指导中心。经省就业指导中心审批同意后，即可申请暂缓就业。成功申请暂缓就业后需签订暂缓就业协议书，并将档案转递到省就业指导中心。

2. 申请了暂缓就业的如何取消暂缓就业？

答：暂缓就业未生效前由学校统一到省就业指导中心办理取消手续及办理报到证。暂缓就业生效后，如需取消暂缓派遣回生源地的，可凭暂缓就业协议书于正常工作日到省就业指导中心办理取消手续及领取报到证；如需派遣到非生源地区的，需当地就业主管部门（一般为当地人事局或教育局）或省直及中央驻粤单位等有人事接收权单位的同意接收证明及暂缓就业协议书办理取消手续。

3. 取消暂缓后如何查询档案的寄送情况？

答：毕业生取消暂缓就业后，凭通知书转递档案。由省毕业生就业指导中心转送毕业生档案（广东省毕业生可登录大学生就业在线：http://www.gradjob.com.cn的档案查询项目里查询档案的寄送情况）。

四、毕业生改派

毕业生毕业后两年内，找到新的接收单位，且该单位有户口档案接收权的，可凭新单位正式接收函、原单位"同意改派"证明、原报到证。向学校就业指导中心提出改派申请。由学校就业指导中心审核加盖意见后向省就业指导中心申请办理新的报到证。

问：老师，我现在拿到了深圳人力资源和社会保障局的接收函，怎么才能把我的报到证改成深圳抬头呢？

答：你先拿着这张接收函和你原来那张报到证回到报到证抬头（即左上角）所在单位办理"同意改派"证明，并加盖公章后，将接收函原件、原报到证原件、原单位"同意改派"证明三样材料交回学校学业指导中心。由学校就业中心加盖意见后交广东省就业中心重新办理报到证。广东省就业指导中心一般每周受理一次各校办理调整改派手续（具体时间另定）。

> **资料链接**

广东省调整改派的相关规定：

(1) 对派遣到广东省12个山区市(韶关、清远、湛江、茂名、阳江、肇庆、河源、梅州、潮州、揭阳、汕尾、云浮)的毕业生，只要当地需要，原则上不作调整。

(2) 对已与用人单位签订就业协议的毕业生，原则上不作调整。

(3) 在人才市场办理空挂档案的，不作调整改派。

(4) 有下列情形之一者，由学校报地方主管毕业生调配部门批准，不再负责其就业，学校将其户口和档案转至家庭所在地，按社会待业人员处理：

- 不顾国家需要，坚持个人无理要求，经多方教育仍拒绝改正的。
- 自派遣之日起，无正当理由超过三个月不去就业单位报到的。
- 报到后，拒不服从安排或无理要求用人单位退回的。
- 其他违反毕业生就业规定的。

五、结业生

结业生找到工作单位的可以派遣，但必须在报到证上注明"结业生"字样。结业生在规定时间内无接收单位的，由学校将其户口、档案转至家庭所在地，家在农村的保留其非农业户籍，自谋职业。根据有关规定，结业生规定年限内补考及格的，可换发毕业证书。

问：结业生取得毕业证后如何办理派遣手续？

答：结业生、延长学制的毕业生在取得毕业资格后三个月内找到工作或要求回生源地就业的，可以纳入当年就业方案派遣，签发当年的报到证。毕业生应在三个月内提交毕业证复印件及其他接收证明经学校就业主管部门向省就业指导中心提出申请办理派遣手续。

六、升学等特殊情况

根据相关规定，申请升学(含攻读博士、硕士、双学位及专升本)的毕业生，由毕业生本人提出申请，经学校审核、上报及省就业指导中心审批同意后，省毕业生就业主管部门不签发就业报到证。在制订就业方案后提出不再升学的，应回家庭所在地就业，省毕业生就业主管部门不再签发就业报到证。

毕业生取得升学资格后应登录大学生就业在线网站(http://www.gradjob.com.cn)注册绑定后，填写相关信息并提出申请，然后提交相关材料到学校就业主管部门审核，由学校就业主管部门上报到省就业指导中心审批。

第二节 毕业生毕业流程与离校报到

一、毕业生毕业流程

毕业生毕业流程见图6-1。

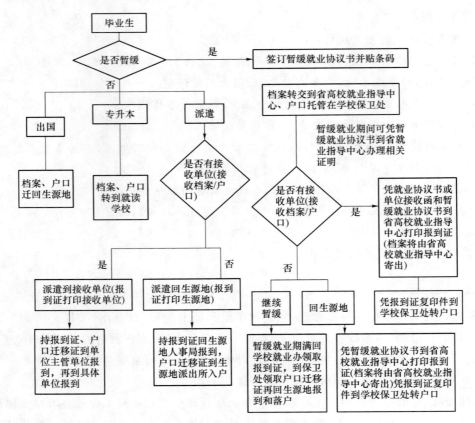

图 6-1 毕业生毕业流程

二、毕业生离校、报到须知

(一) 毕业生派遣须知

领取到《普通高等学校本专科毕业生就业报到证》的毕业生:

(1) 请认真核对《报到证》上的个人信息(姓名、性别、专业、报到地址)是否正确。

(2) 务必在报到证的有效期内(7月1日至7月31日)报到。

(3) 有关《报到证》的任何疑问,可在6月28日前到招生就业办咨询及办理,逾期不受理。

(4) 派遣须知。

派遣回生源地报到的毕业生:

A. 毕业离校前领取《报到证》,在规定时间内(7月1日—7月31日)同时携带本人身份证、户口本、毕业证到生源地人社局(人才服务中心)报到。

B. 户口在学校的,到保卫处领取《户口迁移证》,回生源地报到后办理入户手续。

C. 部分地市已实现网络报到,可在办理报到手续前在网上查询。

已落实接收单位(能接收档案、户口),并已签订有效《普通高等学校毕业生就业协议书》的毕业生:

A. 毕业离校前领取《报到证》到接收单位报到。

B. 凭《报到证》回户口所在地迁移户口;户口在学院的,由保卫处办理有关户口迁移手续。

(5) 其他须知。

A. 回生源地报到的毕业生,请务必密切关注个人档案去向,于当年内到生源地人社局查询是否收到档案,如未收到,可从9月份开始在学校就业网查询档案交寄记录。

B. 目前广东省高校毕业生调整派遣的有效期为两年,请有需要的同学在获得《接收函》后及时联系招就办。

C. 毕业生如对报到程序不清楚的,可登录各地级市人社局网站查看相关要求。有其他疑问的,可与就业办联系,或在"南华就业创业平台"订阅号上客服留言。

D. 报到证关系到人事档案去向,切勿遗失,如报到证确实遗失,又在报到期限内的,要及时向学校就业办申请补办手续,如在报到期限后遗失的,请及时与就业办联系。

E. 为确保个人就业信息准确上报,在毕业当年内(12月以前)登录学校就业网更新个人就业信息。

(二)毕业生暂缓就业须知

办理"暂缓就业"的毕业生,请注意以下事项:

(1) 认真阅读《暂缓就业协议书》的相关内容。暂缓就业期间,严格按照《暂缓就业协议书》相关规定处理、办理相关手续。

(2)《暂缓就业协议书》请妥善保管,遗失无法补办,如不慎遗失《暂缓就业协议书》,可回学校就业办开具《暂缓就业证明》。

(3) 在暂缓就业两年期限内,需要取消暂缓就业的,凭《暂缓就业协议书》,自行到省毕业生就业指导中心办理相关手续,打印《报到证》。户口仍保留在学院的,凭《报到证》复印件到学院保卫处办理《户口迁移证》;再凭《报到证》《户口迁移证》到接收单位或生源地人社局办理报到、入户手续。

(4) 暂缓就业期限届满、仍未取消暂缓就业的毕业生,凭身份证回学校天河校区招就办领取本人的《报到证》,户口在学院的,到保卫处领取《户口迁移证》。领取时间以学校就业网上通知为准,毕业生可提前致电就业办咨询。

(5) 暂缓就业期间,档案托管在广东省高校毕业生就业指导中心。

(6) 为确保个人就业信息准确上报,在毕业当年内(当年12月以前)登录学校就业网更新个人就业信息。

(三)升学、结业等毕业生须知

1. 升学的毕业生

(1) 你们签订了《升学不参加就业申请表》,所以是没有报到证的,档案和户口关系将转到新学校。

(2) 档案由毕业生本人在毕业当年8月底9月初,即前往新学校报到前,到招生就业办领取。户口在学校的学生,请于毕业当年8月底9月初凭《录取通知书》到学校保卫处办理户口迁移手续。

2. 结业生

结业生(暂时不能毕业的学生)的档案和户口会继续留在学校。获得毕业资格后,请在领取《毕业证书》的同时,务必到学校就业办领取《报到证》。

第三节 毕业生登记表与毕业生档案

一、毕业生登记表

《毕业生登记表》是由教育行政机关统一印制的具有规范格式的毕业生信息表格，一般由上级教育主管部门发放、备案，由毕业生所属学校管理、存档，由毕业生本人和校方分别填写相关内容，全面并客观记录、评价毕业生在校学习及行为表现。《毕业生登记表》不仅是毕业生本人在校学习期间的成长记录，也是校方认定其毕业资格的基本依据。《毕业生登记表》作为毕业生本人个人材料归入毕业生个人档案。

高等学校毕业生登记表

学　　校　　广东南华工商职业学院

院　　系　　（院/系全称）

专　　业　　(不能直接填写专业方向,可加括弧填写专业方向),如会计（注册会计师）

姓　　名　　×××（与身份证一致）

填表日期　　××××年××月××日

中华人民共和国教育部制订

填 表 说 明

1. 毕业生必须实事求是地填写本表,填写时一律用钢笔或毛笔,字迹要清楚。

2. 表内所列项目,要全部填写,不留空白,如有情况不明无法填写时、应写"不清""不详"及其原因,如无该项情况,也应写"无"。

3. "本人学历及社会经历",自入小学时起,依时间顺序详细填写,年月要衔接。中途间断学习和工作的时间也要填入,并加说明。

4. "家庭主要成员"是指直系亲属(父母和爱人、子女)。"主要社会关系"是指对本人影响较大、关系密切的亲友。

5. "本人身体健康状况"主要填写有无疾病和体质强弱状况。

6. 贴最近一寸正面半身脱帽照片。

7. 如有其他问题,需要说明时,可另纸附上。

姓 名	现 名	××× （同身份证）	性别	男或女	民 族	×族	照片 大一寸彩照 （一定要贴）
	曾用名	无 （有则如实填）	出 生 年月日		19××年××月××日		
	籍 贯	××省××市/县 （按户口本填）	学 历		大学专科		
出 生 地		××省（区、市）××市××县（注：按户口本填）					
现在家庭 住　址		××省（区、市）××市××县××乡（镇）村（街道）组（门牌号）（注：必须精确到门牌号）					
是否华侨 侨居何处		否 （是，则填"是"及相应地址）					
何时何地何人 介绍参加共产党 或共青团		××年×月，在×省×市×中学经×××介绍加入共青团（党员需同时填入下一句话） ××年×月，在××学院经×××介绍加入中国共产党 （群众填"无"）			身　体 健康状况		无疾病 体质强
婚否？对方姓名、 政治面貌、现在 何处、任何职		如未婚，填"否" 如已婚，填"×××（配偶姓名），中共党员（或共青团员或群众），现在××（地点）××（单位）任××职务"					
何时何地因 何原因受过 何种奖励或 处分		如无奖励，则填"无奖励"，有则按以下格式填写： 20××/20××学年第×学期，于××学院获优秀奖学金×等奖； 20××/20××学年第×学期，于××学院获励志奖学金； 20××学年，于××学院获"优秀学生干部／优秀学生／优秀团员／…"荣誉称号。 （助学金、补助之类的不属于奖学金，不可填写于此栏） 没有受过任何处分（必须有这句话） （有则填"××年，于××学院因×××受到××处分"） 主要填写在大学期间获得的荣誉称号及处分情况。根据个人实际情况进行填写。不能为空。					

续表

本 人 学 历 及 社 会 经 历		
自何年何月起至 何年何月止	在何地、何学校（或单位） 学 习（或 任 何 职）	证 明 人 现在何处
199×年9月—200×年7月	在×省×市×小学学习（小学），担任××	×××（姓名） ××（学校名称）
200×年9月—200×年7月	在×省×市×中学学习（初中），担任××	×××（姓名） ××（学校名称）
200×年9月—201×年7月	在×省×市×中学学习（高中），担任××	×××（姓名） ××（学校名称）
201×年9月—201×年7月	在广东南华工商职业学院学习（大学），担任××	×××（姓名） ××（学校名称）
	期间如有休学、降级、转学、补习等情况，应根据年份填写完整，务必使年份前后连贯	（证明人一般为班主任或熟悉自己的学校老师）
家庭主要成员和主要社会关系、他们的姓名、年龄，在何地、何单位、任何职，政治面貌等情况，现在与本人的关系如何	父亲，×××，×岁，在广东省×××（单位）任×××（职务），中共党员（或群众），与本人关系密切（或良好）； 母亲，×××，×岁，在广东省×区×镇×村务农，中共党员（或群众），与本人关系密切； 妹妹，×××，×岁，在××大学××学院（或广东省×县××中学）读书，共青团员，与本人关系密切； 舅舅，×××，×岁，在××省××市打工，中共党员（或群众），与本人关系密切。 请根据实际情况参照以上举例进行填写； 一般的顺序为父亲、母亲、兄弟姐妹（其中祖父、祖母、外祖父、外祖母、伯伯、叔叔、姑妈、舅舅、姨妈）选一个即可； "家庭主要成员"是指直系亲属，必须填写齐全； "主要社会关系"是指对本人影响较大、关系密切的亲友。 根据个人实际情况选择填写，已去世的不要填写。	

自 我 鉴 定

此栏本人填写

内容：在校期间表现和学习收获等，可以从学习上、生活上、思想政治情况和实践等方面来阐述。

要求：因需装入个人档案，要求内容全面，字迹工整，用正楷填写，篇幅不能太少，一般要求基本填满本格。采取"总、分、总"结构。

本人××××××××××××，××××××××××××××××××，×××××××××××××。

×××××××××××××，×××××××××××××××，××××××××××××××。×××××××××××××××，××××××××××××××，××××××××××××××，××，×××××××××××。

××××××××××××××××。××××××××××××××××，××××××××××××××××，××××××××××××。

×××××××××××××××××，××××××××××××。×××××××××××××××，××××××××××××××。

综述所述（或总而言之 或……），××××××××××××，×××××××××××××××，××××××××××。××××××××，××××××××××××，××××××××××××。

本人签名×××

××年××月××日

第六章　离校——毕业流程

班委鉴定	××同学……（字数不低于200字）。应包括对该生在班级里政治思想、学习态度、学习成绩、社会实践、参与学生活动、能力特长、遵纪守法、人际关系等方面的表现和客观评价（样本可参考其他资料）。 （此栏由班委组织填写） **请勿本人自行填写** 　　　　　　　　　　　　　　　　　　班长签名： 　　　　　　　　　　　　　　　　　　××××年××月××日
院系意见	（此栏由辅导员组织填写） **请勿本人自行填写** 负责人签名：(此处统一上交后由辅导员签名)　　　公　章 ××××年××月××日　　　　　　　　　　　××××年××月××日
学校意见	**请勿本人自行填写** 　　　　　　　　　　　　　　　　　　公　章 　　　　　　　　　　　　　　　　　　××××年××月××日

161

续 表

毕业实习单位和主要内容	于201×年×月—201×年×月在广东省××市××单位实习,实习的主要内容为: 1. ……; 2. ……; 3. ……。
毕业论文题目或毕业设计	暂不填写
有何特长	钢琴、足球、书法…… 如实填写
懂何种外语程度如何	如"英语　通过国家大学英语B级"或 "英语　通过国家大学英语四级" 如实填写,有其他语种,可加一行。 如"日语　通过××××××"
本人工作志　愿	本人希望从事×××、××××、×××××等方面的工作。
学校对其授予何种学位	无

《高校毕业生登记表》填表说明：

（1）填写时一律用钢笔或签字笔（黑色），不得使用圆珠笔或铅笔，字迹要清楚。

（2）此登记表计入学生档案，请仔细填写，填表过程中严禁涂改，如使用涂改液则表格作废。

（3）表内所列项目必须全部如实填写，不得留空白，如有情况不明无法填写时，应写"不清""不详"及其原因，如无该项情况，也应写"无"。

（4）表格封面的"学校""院系""专业"必须填写全称。

（5）表格封面和第一页"姓名"一栏的填写必须和身份证、户籍卡及学籍卡一致。曾用名如有则如实填写，无则填写"无"。

（6）"现在家庭详细住址"应填写父母家庭住址，已婚者可以填写自己的家庭住址，不应填写学校的宿舍地址。"邮政编码"和"家庭电话"应与所填的"现有家庭详细住址"一致。

（7）"本人身体健康状况"一般填写无疾病，或者写明"健康""良好"等，如有疾病应如实填写。

（8）"何时何地何人介绍加入共产党或共青团"一栏，党员需要分别填写入党和入团的情况，团员需要填写入团的情况，群众填写"无"。必须将时间、地点、介绍人等项内容全部填写清楚。注意：入党介绍人须填写两名，入团介绍人填写一人即可。

（9）"婚否、对方姓名、政治面貌、现在何处、任何职"一栏，未婚者填写"无"，已婚者需将配偶的姓名、政治面貌、现所在单位和职务等项内容全部填写清楚。

（10）"何时何地因何种原因受过何种奖励或处分"一栏，若在校期间没有受过任何处分，则填"没有受过任何处分"；若在校期间受过党、团及行政处分但由于表现突出而撤销处分者，则填"无处分"；若在校期间受过党、团及行政处分而未撤销处分者，则应如实填写所受处分的时间、地点、原因和处分等级。奖励应填写清楚获奖时间、地点、原因和奖项。优秀（良）毕业生称号在"何时何地因何原因受到奖励或处分"栏中要填写。此栏填写容易不完整或不确切，请各院（系）在填表前向毕业生讲清要求，并认真审核。

（11）"本人学历及社会经历"一栏应填写清楚本人从小学以来的学习和工作经历，经历时间上应连续不得出现空白阶段。"在何地、何校（或单位）学习（或任何职）"一栏填写格式应为"××市××学校，小学（初中、高中、本科）"，"证明人现在何处"一栏填写格式应为"××（证明人姓名），现在××单位"或"××（单位）××（证明人姓名）"。

（12）"家庭主要成员和主要社会关系，他们的姓名、年龄、在何地、何单位、任何职、政治面貌、现在与本人的关系如何"一栏中"家庭主要成员"是指直系家属（父母和爱人、子女，父母两人情况须填写完整）；"主要社会关系"是指对本人影响较大，关系密切的亲友。填写格式为"父亲××（姓名），在×地×单位任×职务，党员（团员、群众），与本人关系良好（密切）"。特别注意"现在与本人的关系如何"不可以漏填。

（13）"自我鉴定"栏：由学生本人认真填写，内容为全面总结本人在校期间学业情况、思想政治表现及其他方面的表现，实事求是地评价自己的优点和成绩，指出不足和努力方向，篇幅不宜过短。

（14）"班组鉴定"栏：将"班组鉴定"改为"班级鉴定"，将"班组长签字"改为"辅导员或班主任签字"。此栏由辅导员或班主任填写、签字。内容为该毕业生在校期间的一贯表现和全面评价。

（15）"学校组织意见"栏：由各院（系）填写对班级鉴定的意见以及是否同意毕业，一般格式为"同意班级鉴定，准予毕业（结业、大专毕业）"，由院（系）领导签字，并加盖院（系）行政公章[院（系）行政公章应盖在稍靠左侧，右侧留出加盖学校公章的位置]。

（16）"毕业实习单位和主要内容"栏，由学生如实填写。注意：如在校内实验室完成毕业设计，则填"无"。

（17）"本人工作志愿"要填写，"学校对其就业的意见"栏不用填写。

（18）毕业生登记表必须严肃对待，鉴定人、鉴定机关必须谨慎对待。

(19) 毕业生登记表必须由本人填写。
(20) 贴近期二寸免冠照片。
(21) 如有其他情况，可另附一张纸说明。

二、毕业生档案

（一）高校毕业生档案

高校毕业生档案一般包括：
(1) 高中档案；
(2) 大学期间学籍表；
(3) 大学期间成绩单；
(4) 毕业生登记表；
(5) 报到证副本；
(6) 党团关系；
(7) 奖惩记录。

（二）毕业生档案经常出现的问题

一是毕业时未办任何手续，任档案"自由飞翔"；二是虽然托管到了相关机构，但从此置之不理，直到用时才回头查找；三是留在自己手上。

档案看似一时用不到，但"弃档"会使个人的一些权益无法得到保障。如果一个人遗弃自己的个人档案，会产生许多消极的影响。

1. 影响个人利益

有了档案，就可以享受到相关的人事、劳动、社会保障服务，如办理社会保险、失业保险等。无论是在原单位供职的人，还是辞职后另求新职者，在办理社会保险、领取失业金时，个人档案记录的工龄、工资、待遇、职务、社保参保年限等都是主要依据。

2. 影响毕业生转正定级和工龄计算

很多大学毕业生找到工作后，没有及时办理参加工作手续，工作几年后仍然是学生身份，从而影响了自己的转正定级，也影响到工龄和退休金的计算。

3. 耽误职称评定和工作调转

有的毕业生自大学毕业后，档案既没有提交单位，又没有存在政府指定的人才服务中心，职称评定就会因手续不全而受到影响；有人虽然在毕业后把档案存到了人才服务机构，但没有及时办理就业手续，等到几年后调动工作时，才发现需要办理参加工作后的所有手续，并要在转正定级后才能正式调动。

4. 导致留学人员保险断档

现在自费出国留学人数与日俱增，但当许多学子海外深造归来时，却发现因人事档案存放不当，自己无意间做了几年"无业人员"，为今后的工作带来很多不便。

1. 大学毕业生档案是如何转接的？

答：普通高等院校一般是按照《就业协议书》（即三方协议）签发《报到证》、转递档案的。

若毕业生有接收单位，寄送到接收单位所在的档案管理部门。

若毕业生没有接收单位，寄送到生源地（入学前户籍所在地）人事档案管理部门。

2. 毕业生档案是否可以自带？

答：国家相关政策规定：高校毕业生档案应通过"机要交通"或由档案管理部门派专人送取，不得交高校毕业生及其他个人自带。对本人自带的高校毕业生档案，人才中心概不接收。

第七章
升华——大学生自主创业之路

大学生创业是近年来热门的话题。由于毕业生人数逐年攀升,就业市场竞争越来越激烈,加上就业地域不均衡,大学毕业生就业难问题突出,于是自主创业成了大学生就业工作的重要突破口。国家提出了"大众创业、万众创新"的发展战略,并出台了一系列鼓励大学毕业生创业的政策和措施,各高校亦加大投入,不断引导大学生创新创业。

参与创业的大学生都具有冒险精神、敢于拼搏的人,但是,并不是具有冒险精神就能实现成功创业的,创业具有很大的风险。因此,对大学生创业进行理性的指导,显得必要而迫切。

第一节 创业概述

一、创业的含义

创业是创业者对自己拥有的资源或通过努力对能够拥有的资源进行优化整合,从而创造出更大经济或社会价值的过程。创业是一种劳动方式,是一种需要创业者运营、组织、运用服务、技术、器物作业的思考、推理和判断的行为。

狭义上的创业,可以理解为"创建一个新企业的过程",具体表现在国家工商行政部门注册登记为个体工商户、个人独资企业、合伙企业、农民专业合作社或有限责任公司等等。

二、创业的基本类型

根据创业动机的不同性质,可以将创业活动分为生存型创业与机会型创业。

(一)生存型创业

生存型创业是没有其他选择,为了生存而无奈的被动创业。我国在全球的创业类型中,偏向于这种创业,特别是对于刚进入社会的大学生,首先要解决的是生存问题,常见的个体户大多是生存型创业,比如摆地摊、商业代理、开网店、做经销商等。

(二)机会型创业

机会型创业是指为了追求某种商业机会而从事创业的经营活动与行为,是已感知到商业机会的人自愿组织资源,去开发其所预想的机会,是对创业机会的主动追求。

技术创业是机会型创业中最有挑战性的一种类型。

三、创业的动机和原因

当自己产生了创业的念头的时候,应该仔细地想一下,自己为什么要创业?这就是需要思考创业的动机和原因。明确了自己创业的动机和原因,并且经过周密分析,认定动因是正确的,这将有利于在创业过程中树立信心、坚定信念并克服困难,从而取得最终的成功创业。常见的创业动因有以下几个方面:

1. 做自己喜欢的事

在一个公司或单位里上班,必须服从公司的所有工作安排。有时,这可能会让人非常不情愿,但是也不得不去做。因为我们是被雇佣者,而非老板。在自己创办的公司里,基本上就可以选择自己喜爱的事业,按照自己喜欢的方式去做自己喜欢的事情。为自己创办的企业而工作,做自己喜欢的事情,去实现自己的人生理想与抱负,是大多数创业者的创业理由。

2. 做自己能做的事

一般来说,很多人完成学业后会从事与所学专业对口的工作。但是,有的人由于各种原因而不能从事自己所能够做的工作,或者说,公司分配给自己的工作,即便是非常努力也做不好,于是走上了自己创业的道路,去从事自己能够做的事情。

3. 找到了一个好机会

在自己实际的研究或工作中,可能会有意或无意中发现了自己认为很好的市场机会,一般来说,都会非常兴奋。我们可能会产生创业的冲动而走向创业。一些高科技企业的创业,常常是在这样的情况下起步的。对于认定的机会,也许是好的市场机会,也许是好的技术机会,而好的创意则是来自市场与技术的结合。

4. 为改变家庭或个人的经济状况

这也是在创业者中常见的创业理由。由于在公司里工作的薪资不是很高,难以维持家庭的生活开销或提高家庭生活的质量,创业者经过分析后发现,要想改变命运或现实的生活,必须走自己创业的道路,让自己的能力尽情地发挥,并获取最大的经济回报。

第二节 大学生创业素质

创业是极具挑战性的社会活动,是对创业者自身智慧、能力、气魄、胆识的全方位考验。一个人要想获得创业者的成功,必须具备基本的创业素质。创业基本素质包括创业意识、创业心理品质、创业精神、竞争意识、创业能力。

1. 强烈的创业意识

要想取得创业的成功,创业者必须具备自我实现、追求成功的强烈的创业意识。强烈的创业意识,帮助创业者克服创业道路上的各种艰难险阻,将创业目标作为自己的人生奋斗目标。创业的成功是思想上长期准备的结果,事业的成功总是属于有思想准备的人,也属于有创业意识的人。

2. 良好的创业心理品质

创业之路,是充满艰险与曲折的,自主创业就等于是一个人去面对变化莫测的激烈竞争以及随时出现的需要迅速正确解决的问题和矛盾,这需要创业者具有非常强的心理调控能力,能够持续保持一种积极、沉稳的心态,即有良好的创业心理品质。它与人固有的气质、性格有密切的关系,主要体现在人的独立性、敢为性、坚韧性、克制性、适应性、合作性等方面,它反映了创业者的意志和情感。创业的成功在很大程度上取决于创业者的创业心理品质。正因为创业之路不会一帆风顺,所以,如果不具备良好的心理素质、坚韧的意志,一遇挫折就垂头丧气、一蹶不振,那么,在创业的道路上是走不远的。

3. 自信、自强、自主、自立创业精神

自信就是对自己充满信心。自信心能赋予人主动积极的人生态度和进取精神,不依赖、不等待。要成为一名成功的创业者,必须坚持信仰如一,拥有使命感和责任感;信念坚定,顽强拼搏,直到成功。信念是生命的力量,是创立事业之本,信念是创业的原动力。要相信自己有能力,有条件去开创自己未来的事业,相信自己能够主宰自己的命运,成为创业的成功者。

自强就是在自信的基础上,不贪图眼前的利益,不依恋平淡的生活,敢于实践,不断增长自己各方面的能力与才干,勇于使自己成为生活与事业的强者。

自主就是具有独立的人格,具有独立性思维能力,不受传统和世俗偏见的束缚,不受舆论和环境的影响,能自己选择自己的道路,善于设计和规划自己的未来,并采取相应的行动。自主还要有远见、有敢为人先的胆略和实事求是的科学态度,能把握住自己的航向,直至达到成功的彼岸。

自立就是凭自己的头脑和双手,凭借自己的智慧和才能,凭借自己的努力和奋斗,建立起自己生活和事业的基础。21世纪的青年人应该早立、快立志向,自谋职业,勤劳致富,建立起自己的事业。

4. 竞争意识

竞争是市场经济最重要的特征之一,是企业赖以生存和发展的基础,也是一个立足社会不可缺乏的一种精神。人生即竞争,竞争本身就是提高,竞争的目的只有一个——取胜。随着我国社会主义市场经济从低级向高级发展,竞争越来越激烈。从小规模的分散竞争,发展到大集团集中竞争;从国内竞争发展到国际竞争;从单纯产品竞争,发展到综合实力的竞争。因此,创业者如果缺乏竞争意识,实际上就等于放弃了自己的生存权利。创业者只有敢于竞争,善于竞争,才能取得成功。创业之初面临的是一个充满压力的市场,如果创业者缺乏竞争的心理准备,甚至害怕竞争,就只能是一事无成。

5. 全面的创业能力素质

创业能力是一种特殊的能力,这种特殊能力往往影响创业活动的效率和创业的成功。创业能力包括决策能力、经营管理能力、专业技术能力、交往协调能力和创新能力。

(1) 决策能力。决策能力是创业者根据主客观条件,因地制宜,正确地确定创业的发展方向、目标、战略以及具体选择实施方案的能力。决策是一个人综合能力的表现,一个创业者首先要成为一个决策者。创业者的决策能力通常包括:分析、判断能力和创新能力。

大学生要创业,首先要从众多的创业目标以及方向中进行分析比较,选择最适合发挥自己特长与优势的创业方向和途径、方法。在创业的过程中,能从错综复杂的现象中发现事物的本质,找出存在的真正问题,分析原因,从而正确处理问题,这就要求创业者具有良好的分析能力。所谓判断能力,就是能从客观事物的发展变化中找出因果关系,并善于从中把握事物的发展方向,分析是判断的前提,判断是分析的目的,良好的决策能力是良好的分析能力加果断的判断能力。创业实际就是一个充满创新的事业,所以创业者必须具备创新能力,有创新思维,无思维定式,不墨守成规,能根据客观情况的变化,及时提出新目标、新方案,不断开拓新局面,创出新路子,可以说,不断创新是创业者不断前进的关键环节。

(2) 经营管理能力。经营管理能力是指对人员、资金的管理能力。它涉及人员的选择、使用、组合和优化;也涉及资金聚集、核算、分配、使用、流动。经营管理能力是一种较高层次的综合能力,是运筹能力。经营管理能力的形成要从学会经营、学会管理、学会用人、学会理财等几个方面去努力。

①学会经营。创业者一旦确定了创业目标,就要组织实施,为了在激烈的市场竞争中取得优势,必须学会经营。②学会管理。要学会质量管理,要始终坚持质量第一的原则。质量不仅是生产物质产品的生命,也是从事服务业和其他工作的生命,创业者必须严格树立牢固的质量观。要学会效益管理,要始终坚持效益最佳原则,效益最佳是创业的终极目标。可以说,无效益的管理是失败的管理,无效益的创业是失败的创业。要做到效益最佳,必须在创业活动的人、物、资金、场地、时间的使用上选择最佳方案运作。做到人员和资金不闲散,设备和场地不空置,原料和材料不浪费,使创业活动有条不紊地运转。学会管理还要敢于负责,创业者要对本企业、员工、消费者、顾客以及对整个社会都抱有高度的责任感。③学会用人。市场经济的竞争是人才的竞争,谁拥有人才,谁就拥有市场、拥有顾客。一个学校没有品学兼优的教师,这个学校必然办不好,一个企业没有优秀的管理人才、技术人才,这个企业就不会有好的经济效益和社会效益,一个创业者不吸纳德才兼备、志同道合的人共创事业,创业就难以成功。因此,必须学会用人。要善于吸纳比自己强或有某种专长的人共同创业。④学会理财。学会理财首先要学会开源节流。开源就是培植财源,在创业过程中除了抓好主要项目创收外,还要注意广辟资金来源。节流就是节省不必要的开支、树立节约每一滴水、每一度电的思想。大凡百万富翁、亿万富翁都是从几百元、几千元起家的,都经历了聚少成多、勤俭节约的历程。其次要学会管理资金。一是要把握好资金的预决算,做到心中有数;二是要把握好资金的进出和周转,每笔资金的来源和支出都要记账,做到有账可查;三是把握好资金投入的论证,每投入一笔资金都要进行可行性论证,有利可图才投入,大利大投入、小利小投入,保证使用好每一笔资金。总之,创业者心中时刻装有一把算盘,每做一件事、每用一笔钱,都要掂量一下是否有利于事业的发展,有没有效益,会不会使资金增值,这样,才能理好财。⑤要讲诚信。就创业者个人而言,诚信乃立身之本。"言而无信,不知其可也。"创业者在创业过程中,如不讲信誉,就无法开创出自己的事业;失去信誉,就会寸步难行。诚信,一是要言出即行;二是要讲质量;三是要以诚信动人。

(3) 专业技术能力。专业技术能力是创业者掌握和运用专业知识进行专业生产的能力。专业技术能力的形成具有很强的实践性。许多专业知识和专业技巧要在实践中摸索,逐步提高发展、完善。创业者要重视创业过程中知识积累的专业技术方面的经验和职业技能的训练,对于书本上介绍过的知识和经验在加深理解的基础上予以提高、拓宽;对于书本上没有介绍过的知识和经验要探索,在探索的过程中要详细记录、认真分析,进行总结、归纳,上升为理论,形成自己的经验特色,积累起来。只有这样,专业技术能力才会不断提高。

(4) 交往协调能力。交往协调能力是指能够妥善的处理与公众(政府部门、新闻媒体、客户等)之间的关系,以及能够协调下属各个部门成员之间关系的能力。创业者应该做到妥当处理与外界的关系,尤其要争取政府部门、工商以及税务部门的支持与理解,同时要善于团结一切可以团结的人,团结一切可以团结的力量,求同存异共同协调的发展,做到不失原则、灵活有度,善于巧妙地将原则性和灵活性结合起来。总之,创业者搞好内外团结,处理好人际关系,才能建立一个有利于自己创业的和谐环境,为成功创业打好基础。

（5）创新能力。创新是知识经济的主旋律，是企业化解外界风险和取得竞争优势的有效途径，创新能力是创业能力素质的重要组成部分。它包括两方面的含义，一是大脑活动的能力，即创造性思维、创造性想象、独立性思维和捕捉灵感的能力；二是创新实践的能力，即人在创新活动中完成创新任务的具体工作的能力。创新能力是一种综合能力，与人们的知识、技能、经验、心态等有着密切的关系。具有广博的知识、扎实的专业基础知识、熟练的专业技能、丰富的实践经验、良好的心态的人容易形成创新能力，它取决于创新意识、智力、创造性思维和创造性想象等。

上述五个方面的基本素质中，每一项基本素质均有其独特的地位与功能，任何一个要素都会影响其他要素的形成和发展，影响其他要素的功能和作用的发挥，乃至影响创业的成功。因此一个未来的创业者，不仅要注意在环境和教育的双重影响下培养自己的创业素质，而且要重视其整体结构的优化，在创业实践中不断提高自我的创业素质。

第三节　创业素质的提升

在对自己的创业素质有所了解以后，大学生可以有针对性地去提高创业素质，譬如通过知识学习、社团活动、人物访谈和创业实践等途径去提升。

一、学习创业知识

创业知识是开展创业活动的基础，掌握全面的创业知识有助于形成系统性思维，有助于指导开展创业活动，学习途径包括与创业人物交往、修读创业指导课程、聆听创业讲座、查阅创业书籍报刊、观看创业视频、参加创业论坛、接受创业培训、浏览创业网站、关注创业微博资讯等。

二、参加创业社团

大学社团活动能锻炼各种综合能力，这是创业者积累经验必不可少的实践过程。积极参加创业协会、创业俱乐部和创业者训练营活动，在工作岗位上施展和检验自己的才能，并以社团为平台结识创业相关领域的专家和商家，积累创业人脉资源。

三、访谈创业人士

想创业，就要与创业者在一起。想方设法与自己身边的创业人士接触，采访他们，与他们成为朋友，将会得到最直接的创业经验与技巧，这要比看书本的收获更实际、更真实。通过采访创业人士，可以详细了解特定职业或创业过程中不为常人所知的要求，可以帮助我们在进入某一行业或创业前做好相关方面的技能准备，间接获得一定的行业知识，还可以帮助我们建立创业人脉，为以后成功创业打下基础。具体途径包括参观和访问知名企业，采访校内外创业成功人士和正在创业中的人士（包括大学生创业者），向创业指导专家、创业指导课程老师请教等。

四、投入创业实践

实践出真知，创业素质的提高从根本上要落实到实践中去。作为大学生，投入创业实践的主要途径有以下四种：

（1）参加创业模拟实践。如各种商业模拟游戏、创业沙盘推演、创业情景模拟等虚拟性实践活动。

（2）参加创业大赛实践。包括校内外举办的各类大学生创业计划大赛、发明专利比赛、创新大赛、营销策划大赛、市场调研大赛等，通过比赛演练创业。

（3）参加创业企业实践。就是到创业企业中去工作，掌握今后创业所需要的技能和经验，结合工作尝试开展带有开创性的项目，积累相关人脉资源。

（4）直接创业企业或经营创业项目。有些院校开辟专门的大学生创业园，想办法进驻，获得创业支持。

第四节 创业计划书的撰写

创业计划是创业者创建企业的路线图，创业计划书是创业者论证创业构思的可行性分析报告。要撰写创业计划书，首先要了解创业计划书的内容架构。从内容架构上来说，创业计划书包括基本框架和正文内容两个部分。基本框架包括封面、扉页、目录和附录部分。正文部分通常包括执行概要、公司介绍、产品/服务介绍、市场分析、营销策略、人员及组织结构、财务预测、投资分析、风险控制、风险资金的退出10项内容。

（1）执行概要。执行概要列在创业计划书的最前面，是读者最先阅读的部分。能否吸引投资者看完全文，就看执行概要是否吸引人。执行概要应该浓缩计划书的精华，特别要详细说明企业的独特之处以及获取成功的因素，突出公司各方面的优势，使读者在最短的时间内掌握计划的核心并做出判断。它包括公司基本情况、产品/服务描述、市场分析、市场策略、人员与组织结构、融资回报与退出、财务预测和风险控制等。

（2）公司介绍。公司介绍主要是创业企业或创业者拟建企业的总体情况介绍，包括：①公司的一般描述(合法名称、成立时间、注册地点、企业法律形式、创办人及目标顾客等)；②公司的愿景目标和发展战略。说明本企业在何时想做成怎样，最终追求的目标是什么；③公司的股权结构。说明创业团队成员出资金额、持股情况及成员之间的关系等。

（3）产品/服务介绍。在进行投资项目评估时，投资人最关心的问题之一就是企业的产品/服务，以及这些产品/服务是如何满足客户需求和创造客户价值的。它包括产品的概念、性能和特性；产品的市场竞争力；产品的研究和开发过程；发展新产品的计划和成本分析；产品的市场前景预测；产品的品牌和专利等。如果涉及产品生产，还要有生产计划的内容，包括厂房、设备、原材料、生产流程、生产计划、质量控制、产品储存与运输等。

（4）市场分析。清晰的市场机会分析是吸引投资者进入的关键因素。它包括：①目标市场分析。说明目标市场对象是谁，市场规模和发展空间有多大；②宏观环境分析。可运用PEST法对创业想法所涉及的政策法律环境、经济环境、社会文化环境与技术环境做出周密的分析；③地区环境分析。阐述本企业/项目相对于这个地区内其他企业的规模、影响程度、自身的发展前景有多大；④行业环境分析。可运用波特竞争五力模型，对行业内现有竞争者、潜在的进入者、替代品生产者、供应商和购买者进行分析，尤其要对行业内现有竞争者进行重点分析。

（5）营销策略。营销计划主要是对如何达到销售预期情况进行描述分析，需要详细说明营销战略和策略，这是企业经营中最富挑战性的环节。这包括市场机构和营销渠道的选择、营销队伍和管理、促销计划和广告策略、价格决策等。

（6）人员及组织结构。投资者普遍认为,团队是整个创业项目中至关重要的因素。这包括公司的组织架构图、各部门的功能与责任、各部门负责人及主要成员、公司的报酬体系、公司的股东名单、董事会成员和各位董事的背景资料。

（7）财务预测。投资者最关心公司的财务状况和未来的财务计划,这是公司价值的核心。能否提交一份规范、合理、专业的财务计划,直接影响到融资的效果。这包括过去三年的历史数据,今后三年的发展预测,主要提供过去三年的现金流量表、资产负债表、损益表,以及年度的财务总结报告书。

（8）投资分析。这会是吸引投资者的最重要的分析内容,包括:①融资计划,说明创业者对资本的具体需求和安排,列出资金结构及数量,提出最具吸引力的融资方案,另外还需制定详尽的资金使用规划;②投资回报,需要使用具体数字来描述投资人可以得到的回报。

（9）风险控制。识别并讨论创业项目中的风险,能增加创业者和创业项目在投资者心目中的可信度。这包括在行业、市场、人员竞争、客户、销售、研发等方面可能面对的关键风险,并拟订规避风险的对策。

（10）风险资金的退出。收回投资的方式主要有四种,分别是公开上市、股权转让、并购和利润分红。

撰写创业计划书时,抓住以下两个要点:一是在表达核心要素上,应内容完整、简明扼要;二是在表达方式上,应格式清晰,版面大方美观,创意新颖,整体上做到"了解读者、分清类型、凸显优势、客观实用、深入浅出、简洁清晰、风格一致、保护秘密"。

➢ 实践训练营

项目：你是否适合创业

测试1：

以下问题答"是"得1分,答"否"则不计分,请如实回答,完成后统计所得的分数。

1. 你是否曾经为了某个理想而制订下两年以上的长期计划,并且按计划进行直到完成?
2. 在学校和家庭生活中,你是否能在没有父母及师长的督促下,自动地完成分派的工作?
3. 你是否喜欢独自完成自己的工作,并且做得很好?
4. 当你与朋友们在一起时,你的朋友是否常寻求你的指引和建议?你是否曾被推举为领导者?
5. 在求学时期,你有没有赚钱的经验?你喜欢储蓄吗?
6. 你是否能够专注地投入个人兴趣连续十小时以上?
7. 你是否习惯保存重要资料,并且井井有条地整理,以备需要时可以随时提取查阅?
8. 在平时生活中,你是否热衷于社区服务工作?你关心别人的需要吗?
9. 不论成绩如何,你是否喜欢音乐、艺术、体育课程?
10. 在求学期间,你是否曾经带动同学,完成一项由你主持的大型活动,譬如运动会、歌唱比赛、画海报宣传活动等等?

0～2分:你目前并不适合自主创业,还应在工作中学习更多技能、积累更多经验。

3～4分:你需要在旁人的指导下去创业,才会有成功的机会。

5～6分:你非常适合自己创业。但在所有"否"的答案中,你必须分析出自己的问题并加以纠正。

7~8分:你个性中的特质,足以使你从小事业慢慢做起,并从妥善管理中获得经验,成为成功的创业者。

9~10分:你有无限的潜能,只要懂得把握时机和运气,你将成为未来的商业巨子。祝你成功!

测试2:
1. 我不喜欢那些比我能力差的人告诉我该做什么。□是 □否
2. 我喜欢挑战自己。□是 □否
3. 我想要成功。□是 □否
4. 我喜欢做自己的老板。□是 □否
5. 我总是寻找新的、更好的方法去做事。□是 □否
6. 我喜欢质疑那些传统智慧。□是□否
7. 我喜欢团队合作来完成任务。□是 □否
8. 人们会因为我的创意感到很兴奋。□是 □否
9. 我很少感到满足或自满。□是 □否
10. 我不能久坐不动。□是□否
11. 遇到困难时,我常能用自己的方式解决。□是 □否
12. 我宁可以自己的方式失败,也不愿用别人的方式成功。□是 □否
13. 无论何时出现问题,我都准备好了投入地解决。□是□否
14. 我觉得墨守成规的人是可以接受新事物的。□是 □否
15. 我的家庭成员是自主创业的人。□是 □否
16. 我有朋友是自主创业的。□是 □否
17. 我成长时,曾在放学后和假期里工作(兼职)过。□是□否
18. 我销售物品时总会感觉肾上腺激素猛增。□是 □否
19. 取得预期目标时,我会很兴奋。□是 □否
20. 我能写出一份比这份自测题更好的题目(你看完此题时的确在写)。□是 □否

如果你对20道题目中的17道以上(含17道),都回答了"是",那么,现在正是"拷问"你的内心的时候:你有债务吗?需要承担赡养费吗?你想松一口气?如果是肯定回答,你可能最好再等等,别现在就创业。

如果是否定回答,继续看下面的问题:你有多余的资金吗?你有为自己鼓劲的亲戚、伙伴、朋友吗?如果答案是"有",开始考虑你想开始的是哪种类型的创业。

一、创办市场主体基本流程

大学生自主创业可采用的市场主体类型主要有:个体工商户、个人独资企业、合伙企业、农民专业合作社和有限责任公司等。创办不同类型的市场主体,需要准备的材料和办理流程如下:

(一) 个体工商户

1. 需准备的材料

(1) 经营者签署的个体工商户注册登记申请书;

(2) 委托代理人办理的,还应当提交经营者签署的《委托代理人证明》及委托代理人身份证明;

(3) 经营者身份证明;

(4) 经营场所证明;

(5)《个体工商户名称预先核准通知书》(设立申请前已经办理名称预先核准的须提交);

(6)申请登记的经营范围中有法律、行政法规和国务院决定规定必须在登记前报经批准的项目,应当提交有关许可证书或者批准文件;

(7)申请登记为家庭经营的,以主持经营者作为经营者登记,由全体参加经营家庭成员在《个体工商户开业登记申请书》经营者签名栏中签字予以确认。提交居民户口簿或者结婚证复印件作为家庭成员亲属关系证明,同时提交其他参加经营家庭成员的身份证复印件;

(8)国家工商行政管理总局规定提交的其他文件。

2. 办理流程

A. 申请:

① 申请人或者委托的代理人可以直接到经营场所所在地登记机关登记。

② 登记机关委托其下属工商所办理个体工商户登记的,到经营场所所在地工商所登记。

③ 申请人或者其委托的代理人可以通过邮寄、传真、电子数据交换、电子邮件等方式向经营场所所在地登记机关提交申请。通过传真、电子数据交换、电子邮件等方式提交申请的,应当提供申请人或者其代理人的联络方式及通讯地址。对登记机关予以受理的申请,申请人应当自收到受理通知书之日起5日内,提交与传真、电子数据交换、电子邮件内容一致的申请材料原件。

B. 受理:

① 对于申请材料齐全、符合法定形式的,登记机关应当受理。

申请材料不齐全或者不符合法定形式,登记机关应当当场告知申请人需要补正的全部内容,申请人按照要求提交全部补正申请材料的,登记机关应当受理。

申请材料存在可以当场更正的错误的,登记机关应当允许申请人当场更正。

② 登记机关受理登记申请,除当场予以登记的外,应当发给申请人受理通知书。

对于不符合受理条件的登记申请,登记机关不予受理,并发给申请人不予受理通知书。

申请事项依法不属于个体工商户登记范畴的,登记机关应当即时决定不予受理,并向申请人说明理由。

C. 审查和决定:

登记机关对决定予以受理的登记申请,根据下列情况分别做出是否准予登记的决定:

① 申请人提交的申请材料齐全、符合法定形式的,登记机关应当当场予以登记,并发给申请人准予登记通知书。

根据法定条件和程序,需要对申请材料的实质性内容进行核实的,登记机关应当指派两名以上工作人员进行核查,并填写申请材料核查情况报告书。登记机关应当自受理登记申请之日起15日内做出是否准予登记的决定。

② 对于以邮寄、传真、电子数据交换、电子邮件等方式提出申请并经登记机关受理的,登记机关应当自受理登记申请之日起15日内做出是否准予登记的决定。

③ 登记机关做出准予登记决定的,应当发给申请人准予个体工商户登记通知书,并在10日内发给申请人营业执照。

不予登记的,应当发给申请人个体工商户登记驳回通知书。

(二) 个人独资企业

1. 需准备的材料

(1)投资人签署的《个人独资企业登记(备案)申请书》;

(2)投资人身份证明;

(3) 投资人委托代理人的,应当提交投资人的委托书原件和代理人的身份证明或资格证明复印件(核对原件);

(4) 企业住所证明;

(5)《名称预先核准通知书》(设立申请前已经办理名称预先核准的须提交);

(6) 从事法律、行政法规规定须报经有关部门审批的业务的,应当提交有关部门的批准文件。

(7) 国家工商行政管理总局规定提交的其他文件。

2. 办理流程

A. 申请:

由投资人或者其委托的代理人向个人独资企业所在地登记机关申请设立登记。

B. 受理、审查和决定:

登记机关应当在收到全部文件之日起15日内,做出核准登记或者不予登记的决定。予以核准的发给营业执照;不予核准的,发给企业登记驳回通知书。

(三) 合伙企业

1. 需准备的材料

(1) 全体合伙人签署的《合伙企业登记(备案)申请书》;

(2) 全体合伙人的主体资格证明或者自然人的身份证明;

(3) 全体合伙人指定代表或者共同委托代理人的委托书;

(4) 全体合伙人签署的合伙协议;

(5) 全体合伙人签署的对各合伙人缴付出资的确认书;

(6) 主要经营场所证明;

(7)《名称预先核准通知书》(设立申请前已经办理名称预先核准的须提交);

(8) 全体合伙人签署的委托执行事务合伙人的委托书;执行事务合伙人是法人或其他组织的,还应当提交其委派代表的委托书和身份证明复印件(核对原件);

(9) 以非货币形式出资的,提交全体合伙人签署的协商作价确认书或者经全体合伙人委托的法定评估机构出具的评估作价证明;

(10) 法律、行政法规或者国务院规定设立合伙企业须经批准的,或者从事法律、行政法规或者国务院决定规定在登记前须经批准的经营项目,须提交有关批准文件;

(11) 法律、行政法规规定设立特殊的普通合伙企业需要提交合伙人的职业资格证明的,提交相应证明;

(12) 国家工商行政管理总局规定提交的其他文件。

2. 办理流程

A. 申请:

由全体合伙人指定的代表或者共同委托的代理人向企业登记机关申请设立登记;

B. 受理、审查和决定:

申请人提交的登记申请材料齐全、符合法定形式,企业登记机关能够当场登记的,应予当场登记,发给合伙企业营业执照。

除前款规定情形外,企业登记机关应当自受理申请之日起20日内,做出是否登记的决定。予以登记的,发给合伙企业营业执照;不予登记的,应当给予书面答复,并说明理由。

（四）农民专业合作社

1. 需准备的材料

（1）《农民专业合作社登记（备案）申请书》；

（2）全体设立人签名、盖章的设立大会纪要；

（3）全体设立人签名、盖章的章程；

（4）法定代表人、理事的任职文件和身份证明；

（5）载明成员的姓名或者名称、出资方式、出资额以及成员出资总额，并经全体出资成员签名、盖章予以确认的出资清单；

（6）载明成员的姓名或者名称、公民身份号码或者登记证书号码和住所的成员名册，以及成员身份证明；

（7）能够证明农民专业合作社对其住所享有使用权的住所使用证明；

（8）全体设立人指定代表或者委托代理人的证明；

（9）《名称预先核准通知书》（设立申请前已经办理名称预先核准的须提交）；

（10）农民专业合作社的业务范围有属于法律、行政法规或者国务院规定在登记前须经批准的项目的，应当提交有关批准文件；

（11）法律、行政法规规定的其他文件。

2. 办理流程

A. 申请：

由全体设立人指定的代表或者委托的代理人向登记机关申请设立登记；

B. 受理、审查和决定：

申请人提交的登记申请材料齐全、符合法定形式，登记机关能够当场登记的，应予当场登记，发给营业执照。

除前款规定情形外，登记机关应当自受理申请之日起 20 日内，做出是否登记的决定。予以登记的，发给营业执照；不予登记的，应当给予书面答复，并说明理由。

（五）有限责任公司

1. 需准备的材料

（1）公司法定代表人签署的设立登记申请书；

（2）全体股东指定代表或者共同委托代理人的证明；

（3）公司章程；

（4）股东的主体资格证明或者自然人身份证明；

（5）载明公司董事、监事、经理的姓名、住所的文件以及有关委派、选举或者聘用的证明；

（6）公司法定代表人任职文件和身份证明；

（7）企业名称预先核准通知书；

（8）公司住所证明；

（9）国家工商行政管理总局规定要求提交的其他文件。

法律、行政法规或者国务院决定规定设立有限责任公司必须报经批准的，还应当提交批准文件。

2. 办理流程

A. 申请：

由全体股东指定的代表或者共同委托的代理人向公司登记机关申请设立登记。

B. 受理：

公司登记机关根据下列情况分别做出是否受理的决定：

① 申请文件、材料齐全，符合法定形式的，或者申请人按照公司登记机关的要求提交全部补正申请文件、材料的，决定予以受理。

② 申请文件、材料齐全，符合法定形式，但公司登记机关认为申请文件、材料需要核实的，决定予以受理，同时书面告知申请人需要核实的事项、理由以及时间。

③ 申请文件、材料存在可以当场更正的错误的，允许申请人当场予以更正，由申请人在更正处签名或者盖章，注明更正日期；经确认申请文件、材料齐全，符合法定形式的，决定予以受理。

④ 申请文件、材料不齐全或者不符合法定形式的，当场或者在5日内一次告知申请人需要补正的全部内容；当场告知时，将申请文件、材料退回申请人；属于5日内告知的，收取申请文件、材料并出具收到申请文件、材料的凭据，逾期不告知的，自收到申请文件、材料之日起即为受理。

⑤ 不属于公司登记范畴或者不属于本机关登记管辖范围的事项，即时决定不予受理，并告知申请人向有关行政机关申请。

公司登记机关对通过信函、电报、电传、传真、电子数据交换和电子邮件等方式提出申请的，自收到申请文件、材料之日起5日内做出是否受理的决定。

C. 审查和决定：

公司登记机关对决定予以受理的登记申请，分别情况在规定的期限内做出是否准予登记的决定：

① 对申请人到公司登记机关提出的申请予以受理的，当场做出准予登记的决定。

② 对申请人通过信函方式提交的申请予以受理的，自受理之日起15日内做出准予登记的决定。

③ 通过电报、电传、传真、电子数据交换和电子邮件等方式提交申请的，申请人应当自收到《受理通知书》之日起15日内，提交与电报、电传、传真、电子数据交换和电子邮件等内容一致并符合法定形式的申请文件、材料原件；申请人到公司登记机关提交申请文件、材料原件的，当场做出准予登记的决定；申请人通过信函方式提交申请文件、材料原件的，自受理之日起15日内做出准予登记的决定。

④ 公司登记机关自发出《受理通知书》之日起60日内，未收到申请文件、材料原件，或者申请文件、材料原件与公司登记机关所受理的申请文件、材料不一致的，做出不予登记的决定。

公司登记机关需要对申请文件、材料核实的，自受理之日起15日内做出是否准予登记的决定。

D. 发照：

公司登记机关做出准予公司设立登记决定的，出具《准予设立登记通知书》，告知申请人自决定之日起10日内，领取营业执照。

公司登记机关做出不予登记决定的，出具《登记驳回通知书》，说明不予登记的理由，并告知申请人享有依法申请行政复议或者提起行政诉讼的权利。

二、创业优惠政策

（一）税收优惠

持人社部门核发《就业创业证》（注明"毕业年度内自主创业税收政策"）的高校毕业生在毕业年度内（指毕业所在自然年，即1月1日至12月31日）创办个体工商户、个人独资企业的，3年内按每户每年8000元为限额依次扣减其当年实际应缴纳的营业税、城市维护建设税、教育费附加和个人所得税。对高校毕业生创办的小型微利企业,按国家规定享受相关税收支持政策。

(二)创业担保贷款和贴息

对符合条件的大学生自主创业的,可在创业地按规定申请创业担保贷款,贷款额度为10万元。鼓励金融机构参照贷款基础利率,结合风险分担情况,合理确定贷款利率水平,对个人发放的创业担保贷款,在贷款基础利率基础上上浮3个百分点以内的,由财政给予贴息。

(三)免收有关行政事业性收费

毕业2年以内的普通高校学生从事个体经营(除国家限制的行业外)的,自其在工商部门首次注册登记之日起3年内,免收管理类、登记类和证照类等有关行政事业性收费。

(四)享受培训补贴

对大学生创办的小微企业新招用毕业年度高校毕业生,签订1年以上劳动合同并交纳社会保险费的,给予1年社会保险补贴。对大学生在毕业学年(即从毕业前一年7月1日起的12个月)内参加创业培训的,根据其获得创业培训合格证书或就业、创业情况,按规定给予培训补贴。

(五)免费创业服务

有创业意愿的大学生,可免费获得公共就业和人才服务机构提供的创业指导服务,包括政策咨询、信息服务、项目开发、风险评估、开业指导、融资服务、跟踪扶持等"一条龙"创业服务。

(六)取消高校毕业生落户限制

高校毕业生可在创业地办理落户手续(直辖市按有关规定执行)。

(七)创新人才培养

创业大学生可享受各地各高校实施的系列"卓越计划"、科教结合协同育人行动计划等,同时享受跨学科专业开设的交叉课程、创新创业教育实验班等,以及探索建立的跨院系、跨学科、跨专业交叉培养创新创业人才的新机制。

(八)开设创新创业教育课程

自主创业大学生可享受各高校挖掘和充实的各类专业课程和创新创业教育资源,以及面向全体学生开发开设的研究方法、学科前沿、创业基础、就业创业指导等方面的必修课和选修课;同时享受各地区、各高校推出的资源共享的慕课、视频公开课等在线开放课程,和在线开放课程学习认证和学分认定制度。

(九)强化创新创业实践

自主创业大学生可共享学校面向全体学生开放的大学科技园、创业园、创业孵化基地、教育部工程研究中心、各类实验室、教学仪器设备等科技创新资源和实验教学平台。参加全国大学生创新创业大赛、全国高职院校技能大赛,和各类科技创新、创意设计、创业计划等专题竞赛,以及高校学生成立的创新创业协会、创业俱乐部等社团,提升创新创业实践能力。

(十)改革教学制度

自主创业大学生可享受各高校建立的自主创业大学生创新创业学分累计与转换制度;还可享受学生开展创新实验、发表论文、获得专利和自主创业等情况折算为学分,将学生参与课题研究、项目实验等活动认定为课堂学习的新探索。同时享受为有意愿有潜质的学生制定的创新创业能力培养计划,以及创新创业档案和成绩单等系列客观记录并量化评价学生开展创新创业活动情况的教学实践活动。优先支持参与创业的学生转入相关专业学习。

(十一)完善学籍管理规定

有自主创业意愿的大学生,可享受高校实施的弹性学制,放宽学生修业年限,允许调整学业进程、保留学籍休学创新创业。

(十二) 大学生创业指导服务

自主创业大学生可享受各地各高校对自主创业学生实行的持续帮扶、全程指导、一站式服务。以及地方、高校两级信息服务平台,为学生实时提供的国家政策、市场动向等信息,和创业项目对接、知识产权交易等服务。可享受各地在充分发挥各类创业孵化基地作用的基础上,因地制宜建设的大学生创业孵化基地,和相关培训、指导服务等扶持政策。

相关链接:

全国大学生创业服务网:http://cy.ncss.org.cn/

全国大学生就业公共服务立体化平台:http://www.ncss.org.cn/

"创办与改善你的企业"

资料来源:中国创业培训网站　http://www.siyb.com.cn/

一、项目背景

中国劳动力资源丰富,就业任务繁重。劳动力总量供大于求与结构性供不应求的矛盾长期存在,下岗失业人员、城镇新生劳动力(包括大学生)以及农村转移劳动力的就业问题相互交织,当前,就业问题突出反映在下岗失业人员再就业上。

中国政府高度重视就业和再就业工作,强调就业是民生之本,也是安国之策,将控制失业率和增加就业岗位作为宏观调控的重要指标,纳入国民经济和社会发展计划,并先后于2002年和2003年两次召开再就业工作会议,制定出台了一系列鼓励和扶持下岗失业人员再就业的优惠政策措施,包括税费减免、小额贷款、免费培训、场地扶持等,为促进下岗失业人员再就业营造了良好的政策环境。

自谋职业、自主创业正日益成为下岗失业人员再就业的重要渠道。随着国有企业深化改革和结构调整的推进,国有企业作为吸纳劳动力就业主渠道的功能已逐步减弱,而私营个体等非公有制经济和第三产业以及小企业的迅猛发展,为劳动者就业提供了广阔的天地,正日益成为市场经济条件下劳动者就业的重要渠道。特别是随着国家鼓励创业政策的陆续出台和创业服务体系的逐步完善,越来越多的下岗失业人员通过自谋职业或自主创业实现了再就业。

劳动者总体素质偏低,迫切需要加大培训力度。劳动者总体素质偏低,特别是下岗失业人员文化技能水平较低,竞争能力较弱,缺乏创业必备的经营管理知识和能力、技巧,严重影响了下岗失业人员的再就业和创业活动,有的人走了很多弯路才开业,有的即使开了业,但企业办得非常艰难,不到半年,就濒临倒闭。在这些人员当中,女性创业则面临更大的风险和压力。因此,迫切需要加大创业培训工作力度,提高广大下岗失业人员的就业能力和创业能力。

创业培训工作实践,为引入和推广SIYB项目奠定了工作基础。中国政府从1998年开始在部分城市进行创业培训试点,面向有创业意愿和一定创业条件的下岗职工开展培训,帮助他们掌握创办小企业所必需的知识和方法,并通过制定和落实一系列优惠政策和扶持措施,推动其成功创办小企业。取得经验后,向全国推广。期间,2001年,通过实施中国城市就业促进试点项目,引进了国际劳工组织"创办你的企业"(SYB)培训课程,并在项目的三个试点城市(包头、吉林、张家口)和全国其他城市取得积极进展,培训了一批SYB培训教师和培训师,帮助一批下岗失业人员成功创办了微小型企业。与此同时,为更好地推动工作,劳动保障部结合区域布局,依托工作基础较好、促进创业效果较为显著的北京、天津、鞍山等11个城市建设了一批国家创业示范基地,探索创业培训、项目开发、开业指导、融资服务等有机结合促进创业的工作机制,取得初步进展,并开始在全国发挥示范和带动作用。

为进一步增强中国创业培训实施机构的能力建设,使这项工作获得可持续的发展,以便帮助更多的下岗失业人员和其他劳动者成功地走上创业之路,经中国劳动和社会保障部、国际劳工局以及英国国际发展署三方协商,将在中国正式实施SIYB培训项目。

二、培训内容

SYB的培训课程总共分为两大部分,第一部分是创业意识培训,共两步;第二部分是创业计划培训,共十步。

具体的创业计划培训如下:

第1步　将自己作为创业者来评价(即创业适应性分析);

第2步　为自己建立一个好的企业构思(即创业项目构思和选择创业项目);

第3步　评估自己的市场(即产品、客户及竞争对手分析);

第4步　企业的人员组织(即经营上的人员安排);

第5步　选择一种企业法律形态(即申办何种经营许可);

第6步　法律环境和自己的责任(即创业方面的法律法规,创业对自己意味着何种法律风险和法律责任);

第7步　预测启动资金需求;

第8步　制定利润计划(包括成本效益分析);

第9步　判断自己的企业能否生存(包括自己的创业项目的可行性分析,草拟创业计划书);

第10步　开办企业(介绍开办企业的实际程序和步骤)。

三、培训特点

高度满足小企业家需求、学用结合、高度参与、模块化、游戏化、短时间、低成本、统一教材、大量后续服务、严格的质量控制。

1. 培训目标

(1) 经过培训帮助创业者正确认识自我,创业意识得到增强;

(2) 使创业者形成一个相对完善的、实际的企业构想;

(3) 使创业者对企业即将面临的市场环境有理性的认识,且能够正确对市场进行评估。

2. 课程特色

培训结束经考试合格者,可获得国家人力资源和社会保障部门颁发的创业培训证书。

师资力量:由国际劳工组织和中国人力资源和社会保障部统一培训和认证的SYB/SIYB创业培训讲师。

使用教材:国际劳工局(日内瓦)的《创办你的企业》(SYB)。

3. 培训方法

(1) SYB创业训练实行小班教学;

(2) 课堂训练采用高度创新的参与性互动培训方法;

(3) 完全模拟创业实际过程;

(4) 学员在不断丰富和完善自己的创业计划书的同时演绎自己的创业计划;

(5) 强烈感受未来创业的真实世界;
(6) 结业后即可按自己的创业计划书进行成功创业;
(7) SYB 培训机构必须获得国际劳工组织与人力资源和社会保障部的资格认定。

广州市《就业创业证》发放指南

部门名称	广州市高校毕业生就业指导中心
事项名称	《就业创业证》发放
服务对象	1. 在穗普通高等学校全日制学籍在校学生; 2. 在穗普通高等学校全日制学籍或广州生源当年度应届高校毕业生。
办理依据	穗人社函〔2015〕1050 号
办理条件	1. 在穗普通高等学校全日制学籍在校学生; 2. 在穗普通高等学校全日制学籍或广州生源当年度应届高校毕业生。
办理程序	1. 携带相关资料到高指中心前台申请办理; 2. 填写《广州市〈就业创业证〉申领审批表》; 3. 5 个工作日后到高指中心领取《就业创业证》。
所需材料	1. 在穗普通高等学校全日制学籍在校学生: (1)《广州市〈就业创业证〉申领审批表》; (2) 一寸彩照两张; (3) 学校出具《同意申请证明》原件; (4) 身份证原件及复印件; (5) 学生证原件及复印件。 2. 在穗普通高等学校全日制学籍或广州生源当年度应届高校毕业生: (1)《广州市〈就业创业证〉申领审批表》; (2) 一寸彩照两张; (3) 本人户口簿、身份证原件及复印件; (4) 毕业证书或毕(肄/结)业证明原件及复印件; (5)《报到证》或《广州市高校毕业生就业公共服务卡》原件及复印件。
联系方式	020-85598396
受理地点	天河区天河路 198 号南方精典大厦 9 楼
受理时间	周一至周五,上午 9:00-12:00;下午 13:00-17:00
办理期限	5 个工作日
收费标准及依据	免费
备注	公交:乘坐公车指引:可乘坐 b12 路、b13 高峰快线、b1 路、b27 路、b3 路、b4 路、b5 路、节假日公交专线 1 路、78、89、233、234、551、540、545 到"体育中心站"下车。 地铁:乘坐地铁指引:地铁一号线/三号线,在体育西站 E 出口

第八章 职业素养提升

第一节 工作态度

一、正确的工作态度的重要性

在同样的公司,做同样的工作,有些人多年以后,仍旧做同样的工作,任原来的职务,甚至被炒了鱿鱼;有些人却不断前进,在公司的地位日益上升,成为公司不可或缺的人物,所以前者开始抱怨,认为不公,觉得委屈,甚至把所谓怨气发在工作上。其实大可不必,在各方面条件一样的情况下,有什么样的态度,会直接影响一个人的前程。哈佛大学的一项研究认为:一个人的成功,85%是因为他具备积极主动的态度,15%是因为他的智力知识。当我们没有更多更明显的优势时,正确的工作态度就是我们最大的资本。

(一)何为本职工作

在许多的场合,我们常常会听到一句话:"我努力干好本职工作。"这也是工作中常说起的一句话。孔圣人说:不在其位,不谋其政!术业有专攻,每个岗位都有其对应的岗位职责,在公司内部,各司其职,但又相互交集。上道工序为下道工序负责,环环相扣。

何为本职工作呢?顾名思义,本职工作就是本人担任的职务或自己从事的职业工作,如何做好本职工作,并不是说说而已,而是当我们拥有第一份工作的时候,我们正在体现自己生命的价值,当我们做好一份工作的时候,我们正在使自己的生命升值,只有懂得工作是为自己的人,才真正能懂得工作是多么快乐,生命是多么有意义。

企业的本质是获得利润,但是在此过程中,必须先是员工提供有价值的商品、服务以满足客户的需求,才能获得理想的利润,然后企业再把利润用于分配员工、再投资甚至国家等项目。员工想要获得理想的利润,必须先有绩效,而绩效建立在什么基础上呢?很多人认为员工自身的知识和技能是最重要的。其实,大家都忽略了态度的重要作用,知识和技能只解决了"会不会干"和"能不能干"的问题,而态度解决了"愿不愿意干"的问题,在影响工作的各类因素中,态度扮演着带动的角色。可见,员工通过为企业提供自身价值而获得利润的过程中,员工与企业不仅只是谋生的利益共同体,企业还是员工个性与能力的发挥场所、人际关系的场所、竞争的场所、学习的场所、生活的场所。

(二)正确工作态度的重要性

1. 认真负责的态度对执行力有直接影响

在市场经济不断完善的今天,对员工的工作能力提出新的要求,如果员工不能培养出自身对本职工作认真负责的态度,不能优质、高效地执行和落实工作任务,那么,完成日常工作任务都会困难重重,三国演义中的"痛失街亭"一事便是最佳佐证。如果马谡能够严格遵照诸葛亮的战略部署,或是消除自满情绪接受助手的建议,对要隘的地理环境进行认真细致的分析,在山脚要道扎寨安营把守,街亭也就不会失守。街亭的失守,直接造成了马谡的被斩,打乱了蜀国整个战略部署,直接导致蜀国在后面战事中的处处被动。

2. 认真负责的工作态度能促进个人价值的实现

认真负责的工作态度,在很大程度来说,是综合素质的外在表现。如果一个人没有良好、正确的工作态度,那么他即使才高八斗、学富五车也只能"怀才不遇"。真正完成好一件事,落实好一项工作,不论大小,都要付出最大的努力,才能取得成功。有句名言道:"成功只垂青有准备之人。"也就是说,成功是为勤奋、努力的人准备的,这一类人,必然具有对人生、对工作认真负责的态度,即使面对再小的事,再简单的工作,也必将全力以赴。但倘若是懒惰之人,以玩世不恭的姿态对待自己的工作和职责,即使天赋再高,也很难有大的修为和成果。因为困难就不做,或是不认真负责地去做,势必无法取得好的效果,这也就是为什么有时完全合理、可行的政策执行起来却达不到预期的目标,或是与预期的目标有偏差的原因所在。

3. 认真负责的工作态度能充分发挥集体战斗力

俗话说,"众人拾柴火焰高","众人同心,其利断金",集体的力量之大可见一斑。大厦的建成是由一砖一瓦的堆砌,集体也是由众多的独立个人组成。哲学的观点也认为,如果集体作战能坚持一种正确的方式,就能产生"1+1+1>3"的效应,但若是反之,则很有可能不仅不能保持"="的现象,甚至还会导致"1+1+1<3"的现象出现。因此,集体要真正取得远大于个人累加的效应,不仅需要集体内的个人将自己的能量发挥到最大,还需要每个成员树立集体意识,有为团队尽职尽责、全力以赴的精神。每个成员如都能秉持认真负责的态度对待集体的事务,具有团结的意识,集体的凝聚力和作战力必定超强。中国有个古老的故事,名为"三个和尚没水喝",为什么一个、两个都有水喝,反而到了三个就没有水喝了呢?问题还是出在责任心和态度问题上。如果每个"和尚"都能以认真负责之心,主动担起"挑水"之职,"水源"自然源源不断,永不枯竭。

 小资料

服务之所以重要,是因为无论是从事提供商品或服务的商业组织、公用事业部门、中央和地方政府部门,还是志愿性组织,都有自己的客户,所有组织中的每一个人或者直接服务于客户,或者协助他们的内部客户服务于客户。

服务是企业的生存之本,服务的质量直接影响企业的声誉,服务就是SERVICE(本意也是服务),而每个字母都有着丰富的含义:

S——Smile(微笑):服务人员应该对每一位顾客提供微笑服务。

E——Excellent(出色):服务人员将每一服务程序,每一细微服务工作都做得很出色。

R——Ready(准备好):服务人员应该随时准备好为顾客服务。

V——Viewing(看待):服务人员应该将每一位顾客看作是需要提供优质服务的贵宾。

I——Inviting(邀请):服务人员在每一次接待服务结束时,都应该显示出诚意和敬意,主动邀请宾客再次光临。

C——Creating(创造):每一位服务人员应该想方设法精心创造出使顾客能享受其热情服务的氛围。

服务质量包括5个要素见表8-1。

表8-1 服务质量的5个要素

类别	内容说明
信赖度	指一个企业是否能够始终如一地履行自己对客户所做出的承诺,当这个企业真正做到这一点的时候,就会拥有良好的口碑,赢得客户的信赖
专业度	指企业的服务人员所具备的专业知识、技能和职业素质。包括:提供优质服务的能力、对客户的礼貌和尊敬及与客户有效沟通的技巧
有形度	指有形的服务设施、环境、服务人员的仪表以及对客户的帮助和关怀的有形表现。如整洁的服务环境、餐厅里为幼儿提供的专用座椅、麦当劳里带领小朋友载歌载舞的服务员等,都能使服务这一无形产品变有形
同理度	指服务人员能够随时设身处地地为客户着想,真正地同情和理解客户的处境,了解客户的需求
反应度	指服务人员对于客户的需求给予及时反应并能迅速提供服务的愿望。当服务出现问题时,马上回应、迅速解决,能够给服务质量带来积极的影响

二、树立正确的工作态度

(一)调整心态,进入角色

其实心态在不同的场合有不同的要求,在学习求知之时,我们要有一个"空杯的心态",在得意之际我们要有一个懂得居安思危的"谦虚的心态",而在我们工作之中要有一个"高度负责的心态"。

好的心态可以引导我们正确地开展工作,常言道"既来之则安之",既然选择了就要为自己的选择负责任,一个没有责任感的人大到对社会、小到对我们的集体、对我们的工作或是对自己的家庭都将是一种危害,没有责任感的人是得不到别人的尊重,也不会使自己有一个更好的发展。这是一个重要的心态,在好的心态下我们会很自然地接受工作中遇到的问题困难,会把问题困难当成理所当然的事情,因为做有价值的事情是必须经历挑战的,顺心的接受了挑战,战胜了困难,我们的工作自然是出色的,在好的心态的基础上我们要对自己所任职位有全面的了解,知道自己需要做哪些事情,不应该做哪些事情,对于自己的工作要掌握哪些知识,了解些什么内容,对工作要有个完整的规划。对工作要不懈的努力,用心做事保持好的心态,坚持自己,这些其实就是一种成功了。同时要有钻研的精神,勇于尝试不要错过每一次升华自己的机会,所谓困难也许就是个很好的升华自己的机会,没做过的事情,恐惧做的事情,不会做的事情,也许就是机会,俗语说"机会是留给有准备的人"。

工作中我们还要具备另一种好的心态。"正确的事业观与求知上进的心态"是我们做好本职工作、促进个人发展、求得长足进步的取胜之匙。任何地方、任何时候,我们都要树立"工作为个人"的思想,每个人都是从一无所知,再到其后的前途迥异、命运别样,为什么?纵观古贤今人的成长与发展,我们不难发现:他们哪一个不是在千锤百炼之后才脱颖而出的?工作是施展自己才能的舞台,我们寒窗苦读来的知识,我们的应变能力、决断力、适应力,以及我们的协调能力都将在这个舞台上得以展示。人生离不开工作,工作不仅能赚到生存的物质需求,同时,艰难的事务能锻炼我们的意志,新的任务能拓展我们的才能,与同事的合作能培养我们的人格,与他人的交流能提升我们的品行。

所谓职业人就是参与社会分工,自身具备一定的专业知识、技能和素质等,并能够通过为社会创造物质财富和精神财富,而获得其合理报酬,在满足自我精神需求和物质需求的同时,实现自我价值最大化的这样的一类群体。用我们的话说,就是"干什么像什么"。社会人与职业人的区别在于:首先,对于金钱,是生活费与工资的区别;其次,对于业绩,是自我满足与工作成绩的区别;再次,对于制度,自我工作习惯与公司管理制度的区别。

进入职业人角色,我们应该调整好自己的心态,培养以下工作意识:

(1) 公司是利益机构,不需要任何没有实力的人;

(2) 公司每月支付我们的薪水,因此,我们必须至少拿出与我们的工资相对应的实力来回报公司;

(3) 要用继承与开拓的精神来不断进步。

(二) 确定个人目标和计划

(1) 准确定位。要知道自己最适合做什么,是端盘子的料,还是当官的料。如果是端盘子的料,就要考虑如何端,怎样端,端出怎样的等级;如果是当领导的料,就要考虑如何运筹全局,如何知人用人,如何开拓性地开展工作,如何使公司或单位跻身时代的前列。

这是整个职业规划中最难的部分,但认清自己、准确定位又是职业规划无法绕开的一个步骤。认识自己要从职业爱好、职业特长、工作能力、性格特点、价值观、主要优缺点这几个方面进行分析。

(2) 制定自己的奋斗目标。一个人的职业目标,可大可小,可近期可远期,怎么规划呢?规划的制定,可分长、中、短,如十日规划、十月规划、十年规划等。每个阶段的规划,目标要明确,实施计划要周全,而且要切实可行:

- 十天内我要达成什么目标?——短期目标
- 十个月内我要达成什么目标?——中期目标
- 十年内我要达成什么目标?——长期目标

目标的制定是否科学合理,对目标能否顺利实现具有非常重要的意义。在落实目标时,可以运用SMART目标管理方法,对该目标的可行性进行分析、判断和评估(表8-2)。

表8-2 SMART目标管理释义

SMART准则	内容解释
具体的(Specific)	明确具体而不空泛,便于比照,能揭示实质与核心
可衡量的(Measurable)	量化的,可用某种尺度进行衡量
可行的(Achievable)	难度适中,要求在可以实现的范围内且有挑战性
相互关联的(Relevant)	本目标的达成一定是为了实现其他目标
有时间限制的(Time-limited)	决定一个合理的时间段,然后执行,限期完成

小资料

杜拉拉讲解 SMART

杜拉拉是小说《杜拉拉升职记》中的主人公,她依靠个人奋斗获取职业成功,同时也积累了许多职场心得。她十分推崇 SMART 原则,让我们一起聆听杜拉拉对 SMART 原则的解读。

"我刚来这家公司的时候,发现配给我的行政主管很年轻,在设定本年度目标时,她的计划几乎找不到可以量化的东西,这样势必导致到年终时无法衡量工作做得好坏,而且她在日常工作中对下属的要求也会不明确。于是我给她做了一次 SMART 原则的辅导。"

一是关于"量化"。有些工作岗位,其任务很好量化,典型的就是销售人员的销售指标;而有些岗位,工作任务不太好量化,但要尽量量化。比如对前台的要求:要接听好电话——这怎么量化、怎么具体呢?我告诉她:什么叫接好电话?比如接听速度是有要求的,通常理解为"三声起接",即一个电话打进来,电话铃响到第三下的时候,你就要接起电话。

二是关于"具体"。比如她的电话系统维护商告诉她,保证优质服务。什么是优质服务?很模糊。具体地讲,比如保证对紧急情况正常工作时间内 4 小时响应。对紧急情况的具体定义是,比如 1/4 的内线分机瘫痪等。

三是关于"可达成"。让一个没有什么英文程度的初中毕业生,在一年内达到英语四级水平,这不太现实,这种目标是没有意义的;但你让他在一年内熟悉新概念第一册,就有达成的可能性,他努力地跳起来后能够到的。果子,才是意义所在。

四是关于"相关性"。工作目标的设定,要和岗位职责相关联。比如前台,让她学点英语以便接电话的时候用上,就很好,让她学习六西格玛,就比较跑题。

五是关于"时间限制"。比如大家都认为他应该让自己的英语达到四级。平时问他:有没有在学呀?他说一直在学。然后到年底,发现他还在二级、三级上徘徊,就没有意义。一定要规定好,比如他必须在今年的第三季度通过四级考试。要给目标设定一个合理的完成期限。

做到这五点,人们就能知道怎么算做得好。怎么算没有做好。怎么样算超越目标了。

(3) 充分利用 PDCA 循环。规划是连接目标与行动的桥梁。但如果只有规划,没有行动,目标永远也实现不了。利用 PDCA 循环的方法实现目标。

- PLAN——计划;
- DO——实行;
- CHECK——检讨;
- ACTION——行动。

PDCA 循环见图 8-1。

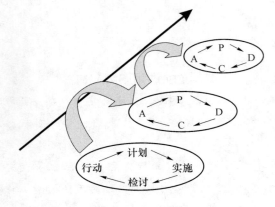

图 8-1　PDCA 循环

(三) 规划自己的职业发展生涯

规划自己的职业发展生涯,你要做好以下四件事:

(1) 认识自己的优缺点。

(2) 确定自己的长期发展目标。

(3) 以第(2)点确定的长期发展目标为方向,制定发展线路图,每个线路都要制定几个合理的短期目标。

(4) 坚定不移地沿着某条线路走下去。

三、正确工作态度的表现

在每个行业里,都有很多出色的人才。他们之所以存在是因为他们比别人更努力、更智慧、更成熟。最重要的是,他们比一般人更积极、更努力。如何成为一名优秀的员工,主要有以下几点:

(一) 带着激情工作

虽然动作都是凿石头,可以是石匠,可以是建造世界上最雄伟建筑的艺术家,就看怎么去想,怎么去看。带着热情和激情去工作的人,工作也会为自己带来相应的回报。

有一个故事,是一个在美国的台湾人写的:作者和一个朋友见面,朋友谈到最近的状况不好,在家小公司工作了两年了,老板既不给涨工资,也不给升职,打算辞职创业。作者建议朋友先不要冲动,因此朋友之前没有创业经历,不如先在这家企业学习创业技能,把这个企业当成自己的企业一样,看看怎么管理和运营,半年之后再选择。一年后两人又见面了,作者追问朋友是否已经创业,朋友答道,还在原来的公司呢。老板又升职又加薪了,福利也改善了。因为朋友回去之后,按照作者的建议,开始关注这家企业的方方面面,特别努力,去做销售,去做服务,复印机打印机坏了都去修,老板很感动,不断给他提高待遇,所以他舍不得走了,还留在这里。

现在的人都很聪明,太聪明就开始斤斤计较,计较太多会失去别人对自己的尊重。用心并且有激情,大家都看得很清楚。聪明的投机是一时的,持久的成功,必须踏实和用心投入。

(二) 注意细节

进入职场之后,会有非常多的场合需要我们向我们的客户、上司、同事来做文字或口头上的工作汇报及演示。这时候一定要注意细节和精雕细琢,事实上我们花了多少心思和工夫,大家是一定能够感受到的。而一个注意细节的人,会得到大家的尊重,也会获得意想不到的收获。

在此分享一个成功企业家的一段经历:他29岁刚到美国的时候,被推荐去一家企业的人力资源部实习。被分配的第一项工作,是将十几页的退休员工详细信息录入到系统中。由于当时他的能力还做不了其他工作,因此非常珍视此次机会,非常认真地完成录入。后来有一次HR部门的同事一起开例会,HR主管当着所有人的面介绍:"这是我们新来的实习生,十几页的员工信息簿录入系统,居然没有一个信息和电话号码是错误的,非常惊人。"就这一件小事,让他一下子成为大家的注意焦点,之后的很多机会都由此产生。大家愿意和他合作,愿意分配给他任务,因为他值得信任。初入职场,不要怕小事,不要怕琐碎,往往将小事做的精彩,会为我们的职业生涯带来意想不到的惊喜。

(三)主动担当

进入职场之后,每个人都会被授予工作任务,而敢于担当的人,往往会赢得更多机会。有这样一个职业人的经历:1997年的时候,他当时所领导的公司刚刚进入中国,客户还不多,大多数在一线、二线城市,咨询团队规模也不大。有一次他们接到一个黑龙江的项目,地点比较偏远,环境艰苦,冬天天气又非常冷,大家都不愿意去,这时有个年轻的顾问站出来说愿意去做,甚至没有其他同事的协助,一个人就去了客户现场。后来她的这个项目做得非常出色,令人印象非常深刻。而她职业生涯的进步也比同时进来的同事都快。

(四)学会竞争,喜欢竞争,尊重自己的竞争对手

职场是一个充满竞争的环境,推进我们不断成长,而让我们成长最快的,是我们的竞争对手。一个行业或领域中领先的企业往往都是双生双伴的,在中国企业也是如此:深圳的华为和中兴通讯、长沙的三一重工和中联重科、山东的海尔和海信。正是由于竞争对手的存在,他们才会倍感压力不停向前跑。

职场人也是一样,这是竞争带来的一种快乐和境界。记得在2004年雅典奥运会上,中国摔跤女运动员王旭当时战胜了这个项目上传奇式的人物——日本的女运动员滨口京子。当时滨口京子在这个奖项上已经蝉联了五年世界冠军。获奖后记者采访王旭问她有什么感想,她平静地说:"在过去备战奥运会的两年,我每天晚上做梦都是和滨口摔跤。今天晚上不会了,今天晚上的梦属于我自己。"那一刻,竞争和胜利为她带来的喜悦,是任何事都无法取代的。

人的一生都面临很多选择,在职场中更是如此,职场的成功不是百米赛跑,更像是马拉松。对于各位即将步入职场的年轻朋友,希望大家能够尽早明确自己喜欢做的事,喜欢过的生活方式,选择适合自己的工作平台。

➢ 实践训练营

项目一:你刚到一个新单位,希望能好好表现,但是领导交办给你的第一件事你就办砸了,你怎么办?

【思路解析】 此题考查的是能否保持正确的工作态度及解决问题的能力。

项目二:单位要组织一次会议,本来是老王负责的,结果老王临时有事中途退出,领导把这个任务交给了你,你接手后发现准备有许多不足的地方,你会怎么办?

【思路解析】 此题考查的是能否保持正确的工作态度及解决问题的能力。

第二节 人际交往、沟通能力

亚里士多德曾说:"能独自生活的人,不是野兽,就是上帝。"

人是社会性动物,不能离开群体而单独生存,正如马克思所言:"人的本质并不是单个人所固有的抽象物,在其现实性上,它是一切社会关系的总和。"在社会生活中,人们几乎每天都要和他人打交道。

有人估计,个人每天除8小时睡眠以外,其余16小时中有70%的时间是在进行人际交往沟通。所以说,人际交往沟通构成了人生的主要内容,个人是在复杂的人际交往沟通过程中不断成长与发展的,通过人际交往沟通,人们才能形成各种人际关系,个体才能学到各种社会经验,完成社会化过程,从单纯走向成熟。

一、人际交往沟通能力的含义和功能

(一) 人际交往沟通能力含义

交往沟通,是指两个以上的人为了交流有关认识性与情绪评价性的信息而相互作用的过程。人际交往作为人们共同活动的特殊形式,实质上是把人的观念、思想、情感等作为信息进行交流的过程。前苏联社会心理学家安德烈耶娃将人际交往沟通的实质做了3个有相互联系的区分:

- 沟通方面,即交往过程中个体信息的互换。
- 相互作用方面,即个体之间活动的交流。
- 知觉方面,即交往双方的人际知觉以及在此基础上的相互了解。

当人际交往沟通作为一种能力来描述的时候,是指妥善处理组织内外关系的能力,包括与周围环境建立广泛联系和对外界信息的吸收、转换能力,以及正确处理上下左右关系的能力。

(二) 人际交往沟通的功能

据美国卡内基工业大学对1万人的个案进行分析研究发现:15%的成功者是由于技术熟练、聪明和工作能力强,85%的成功者则主要是由于具有良好的交往能力。随着社会的发展,人际交往的功能越发显得重要。良好的人际交往能力是建立良好人际关系的基础和前提,它有利于人心理的健康发展,有利于人的自我意识的发展与完善,有利于人克服困难、促进事业的成功,并实现人生价值。

1. 人际交往沟通是身心健康发展的基础

一个人从其诞生的那一刻起,就开始了与他人、与人类社会的交往。从某种意义上来讲,合作是生存和实现自我价值的最好途径。人与人之间的交流与情感融洽,有益于身心健康。而人们在合作和交往中,如果不适"度",就会带来人际关系的紧张,造成各种心理疾患和痛苦。我国著名心理卫生学家丁瓒先生曾说过:"人类的心理适应,最重要的就是人际关系的适应。"所以可以说,人类的心理疾病,主要是由于人际关系失调造成。而良好的人际沟通关系则可以带来好的心情,好心情可以激发奋进,带来成功。

2. 人际交往沟通有助于促进智能等心理品质的发展

一个孩子生下来,最初是向看护他的人学习,从中知道什么与自己有关,什么与自己无关,

这是最初的交流,也是很重要的人生经验。之后,儿童又从与自己的父母的关系那里学会正确与人相处的方法。在学习群体中,和谐的人际沟通关系可以让个体通过彼此之间的相互切磋、相互作用、相互影响,在智能方面发生互补,有利于变换认知角度,改进思维方法,开拓解决问题的途径,促进智能的发展。

3. 人际交往沟通能促进自我完善

在人际交往沟通中怎么样"以人为镜"是自我完善的重要环节。在与他人的交往沟通过程中,通过自己与他人的比较,以及他人对自己的态度和评价、自己在他人心目中的形象和在社会中的地位,同时通过倾听、观察、分析和判断,进一步全面、客观地认识自己,调整和纠正自己。处于良好人际关系中的大学生,时时会感觉到自己为他人所接受、所承认。自尊心会得到满足,从而使自信心得到增强,自身价值得到体现。

4. 人际交往沟通能力影响生涯活动的选择

人们在选择自己的职业之前,都有一个职业理想。职业理想的选择往往受所接触的亲友、同学的影响,在与人交往沟通的过程中,熟悉他们的职业状况和意义,容易受他们的影响和感染,对其职业发生兴趣和爱好。人际关系不仅影响着职业理想的选择,而且影响着职业理想的实现。我们确立了职业理想以后,如果处于和谐的人际关系中,在实现职业理想时,就会得到周围人的赞许、关心和支持。这一宽松的心理环境有利于我们最大限度地发挥能动性去实现自己的职业理想。

(三) 当代大学生人际交往沟通特点

大学生渴望友谊,渴望结交更多的朋友,做更多的交流以获取更多的新思想。在这种心理的作用下,大学生的人际交往沟通以寝室为中心,社会工作和网络社交占主导,呈现出前所未有的开放式交往趋势,具体表现在以下几个方面。

1. 交往的范围扩大

交往对象由以前的亲缘、朋辈交往转向更广泛的社会交往群体,同学交往不局限于同班同学,发展到同级、同系甚至是同校的可认识的所有同学;不仅包括同性交往,异性交往也是同学交往的重要方式。

2. 交往频率提高

交往由偶尔的相聚、互访发展到较为经常的聊天、社团活动、举行聚会、体育活动、娱乐、结伴出游以及其他一些集体活动。

3. 交往手段多元化

电子网络的发展为大学生的交往提供了更广阔的空间,交往手段的发展,使大学生的人际交往变得更方便、更快捷,交往距离更远,交往范围更广。

大学生在社交目的上也趋于"理性化",选择什么样的人交朋友,并不纯粹是出于情感和志同道合,交往的动机已变得很复杂。可以说,大学生的人际交往在注重情感交流的同时,越来越注重与自身社会利益相关的务实性,呈现出情感型交往与功利型交往并重的趋势。

二、提高人际交往沟通能力

人际交往沟通能力表现在对人际交往沟通的认知程度、人际交往沟通过程中的情绪控制和人际交往沟通中的沟通能力三个方面。人际交往沟通看似非常简单,实则是一门极高深的科学,一门饱含真善美的艺术,若想真正做到"随心所欲而不逾矩"绝非易事。为使交际沟通行为从自发走向自觉,从被动走向主动,就必须掌握交际沟通过程的一些基本常识,并加以灵活变通运用。

(一) 人际认知准备

人际交往与人际认知是密不可分的,任何人际交往都包含有认知的因素,只有在对交往对象准确了解的基础上,并根据不同的对象采取相应的交往方式,才能顺利地展开人际交往。

在日常的人际交往过程中,由于受主观心理因素的影响和客观条件的限制,往往不能实现对他人的客观全面正确的认知。影响人际知觉的心理因素主要有:

- 最初印象。是指初次对人知觉时形成的印象往往最为深刻,在以后的人际知觉或人际交往时不断在头脑中出现,并制约着新的印象。
- 晕轮效应。是指在人际知觉时,人们常从对方所具有的某个特征而泛化到其他一系列有关特征,也就是从所知觉到特征泛化推及未知觉到的特征,从局部信息而形成一个完整的印象。
- 定型倾向。是指根据社会上对于某一类人产生的一种比较固定、概括而笼统的看法,按某个人的一些容易辨别的特征把他归属为某一类人,随后又把属于这类成员所共有的典型特征归属到他身上,并以此来知觉和判断他。
- 先入为主。是指对人知觉并非出于对客观对象的知觉,而是凭空臆造后又把这种主观观念投射到对象身上,因而就知觉到原先并不存在的东西。
- 投射作用。是指在人际交往中人们往往把自己的特征归属到其他人身上,假设他人与自己是相同的,利用自己去判断他人。
- 情绪效应。是指认知主体的情绪状态或特定心境会使人在对人知觉时戴上一副有色眼镜,看出来的人和事都染上了自我的情绪色彩等。

在人际交往中,人们的认知偏见会因为循环往复而不断加深,以至成为交往的障碍,只有努力克服认知偏见,尽可能使我们对人的主观印象与客观实际相符,才能正确对待他人,唤起对方的积极反应,保证人际交往的顺利进行。

(二) 人际情绪控制

良好的情绪状态,是保证人际交往正常进行的必要保证。情绪稳定、风度得体,容易跟交际对象从情感上融通,从而达到思想看法上的一致,这样便能保证交际的质量,而要有良好的情绪状态,必须对情绪加以控制,方能适应千差万别的交际情境。

(三) 人际沟通的培养

第一步:开列沟通情境和沟通对象清单

闭上眼睛想一想,我们都在哪些情境中与人沟通,比如学校、家庭、社团、聚会以及日常的各种与人打交道的情境。再想一想,我们都需要与哪些人沟通,比如朋友、父母、同学、配偶、亲戚、领导、邻居、陌生人等。开列清单的目的是使自己清楚自己的沟通范围和对象,以便全面地提高自己的沟通能力。

第二步:评价自己的沟通状况

问自己如下问题:

- 对哪些情境的沟通感到有心理压力?
- 最愿意与谁保持沟通?
- 最不喜欢与谁沟通?
- 是否经常与多数人保持愉快的沟通?

- 是否常感到自己的意思没有说清楚？
- 是否常误解别人,事后才发觉自己错了？
- 是否与朋友保持经常性联系？
- 是否经常懒得给人写信或打电话？

客观、认真地回答上述问题,有助于了解自己在哪些情境中、与哪些人的沟通状况较为理想,在哪些情境中、与哪些人的沟通需要着力改善。

第三步:评价自己的沟通方式

主要问自己如下3个问题：

- 通常情况下,自己是主动与别人沟通还是被动沟通？
- 在与别人沟通时,自己的注意力是否集中？
- 在表达自己的意图时,信息是否充分？

主动沟通者与被动沟通者的沟通状况往往有明显差异。研究表明,主动沟通者更容易与别人建立并维持广泛的人际关系,更可能在人际交往中获得成功。

沟通时保持高度的注意力,有助于了解对方的心理状态,并能够较好地根据反馈来调节自己的沟通过程。没有人喜欢自己的谈话对象总是左顾右盼、心不在焉。

在表达自己的意图时,一定要注意使自己被人充分理解。沟通时的言语、动作等信息如果不充分,则不能明确地表达自己的意思；如果信息过多,出现冗余,也会引起信息接收方的不舒服。因此,信息充分而又无冗余是最佳的沟通方式。

第四步:制订、执行沟通计划

通过前几个步骤,我们一定能够发现自己在哪些方面存在不足,从而确定在哪些方面重点改进。如沟通范围狭窄,则需要扩大沟通范围；忽略了与友人的联系,则需写信、打电话；沟通主动性不够,则需要积极主动地与人沟通等。把这些制成一个循序渐进的沟通计划,然后把自己的计划付诸行动,体现在具体的生活小事中。如觉得自己的沟通范围狭窄,主动性不够,我们可以规定自己每周与两个素不相识的人打招呼,具体如问路、说说天气等。不必害羞,没有人会取笑我们的主动,相反,对方可能还会欣赏我们的勇气。在制订和执行计划时,要注意小步子的原则,即不要对自己提出太高的要求,以免实现不了,反而挫伤自己的积极性。小要求实现并巩固之后,再对自己提出更高的要求。

第五步:对计划进行监督

这一步至关重要。一旦监督不力,可能就会功亏一篑。最好是自己对自己进行监督,比如用日记、图表记载自己的发展状况,并评价与分析自己的感受。

计划的执行需要信心,要坚信自己能够成功。记住:一个人能够做的,比他已经做的和相信自己能够做的要多得多。

（四）走出沟通的误区

不良沟通会造成沟通障碍。所谓的沟通障碍,是指信息在传递和交换过程中,由于信息意图受到干扰或误解,而导致沟通失真的现象。

我们来看个例子:

问:您姓胡吗？（询问姓名）

答:我很幸福。（回答情况）

以上例子告诉我们,传话内容通常会因为中间环节的差错而使表达者的初衷与接受者得到的信息大相径庭。下面跟大家谈谈一下有效沟通的几个原则。

（1）人际沟通的基本法则：
- 讲清楚；
- 听明白；
- 做正确。

（2）避免误入"听"陷阱：
- 先入为主；
- 打断他人，急于评价；
- 忽视非语言信息。

（3）听说的 80/20 原则：
- 80%的沟通时间用于倾听，且要用心去听，听懂对方的话；
- 20%的时间留给自己，20%的时间里尽量将要沟通的事情结合自己所听到的信息加以分析提出问题，进行有效沟通。

在沟通的过程中，掌握了沟通技巧之余，学会避免沟通障碍也很重要。

第一，养成以下四个习惯："反复确认"、"及时回复"、"定期反馈"和"阶段汇报"；

第二，为了保证信息的客观、全面，尽量减少信息传播的中间环节；

第三，通过完善信息内地和沟通方式，避免可能出现的误解和误会；

第四，克服沟通中的"位差效应"，上级应在沟通态度上主动减少位差。

小资料

人际交往沟通的 SOFTEN 法则

- S＝Smile，微笑，表示你很友好并乐意进行交谈。
- O＝Open Arms，张开双臂，表示很高兴见到你。
- F＝ForWard Lean，身子前倾，表明我对你的话很感兴趣。
- T＝Touch，接触，陌生人见面最容易接受的一种接触就是一个热情的握手，表示热情和友好的态度。
- E＝Eye Contact，眼神交流，表明你正在听对方说话，并且对其说的东西感兴趣。
- N＝Nod，点头，表明你正在听并且能理解对方的内容。

▶ 实践训练营

项目一：找到合适的距离

通过游戏，让参与者知道沟通应需要合适的距离，使双方通过沟通确定他们的最佳距离。

参与人数：所有人员，两两组合。

游戏道具：每一小组，配一把椅子。

游戏规则：

环节 1：两人一组，让其面对面站着，间隔 2 米，进行自我介绍；

环节 2：两人一组，让其面对面站着，间隔 0.3 米，继续进行自我介绍；

环节 3：两人一组，让其背贴背站着，继续进行自我介绍；

环节 4：两人一组，其中一人站到椅子上，另一人蹲坐地上，间隔 1 米，继续进行自我介绍；

环节5：两人一组，让其面对面站着，间隔1米，继续进行自我介绍。

游戏讨论：

人与人之间要如何保持合适的沟通距离才能保证沟通的效果？

项目二：撕纸与沟通

撕纸与沟通看似毫无关系的两件事被设计在一起，目的是为了根据这个游戏向大家展示沟通与否以及沟通是否到位将对结果产生极其大的影响。

参加人数：所有人员。

游戏道具：A4纸。

游戏规则：老师将A4纸发给每一个人，然后，然大家闭上眼睛，比且不许说话，这时老师告诉大家对纸张进行"折"或"撕"的处理，比如，老师先说：大家把纸从中间对折，然后再对折，撕掉一个角，最后，再展开一边，然后再次撕掉一个角……，直到老师认为可以结束为止，让所有同学睁开眼睛，展开自己手中的纸，比一比和旁边的同学有什么不同之处。

游戏讨论：

1. 你认为自己最后的纸张和别人的是否不一样？如果不一样，你认为原因在哪里？
2. 你认为只是同从命令，而不询问和沟通是否对最终的结果有影响？影响之大是否能决定项目的成败？

第三节 团队精神与团队合作能力

一位畅游南美洲的游客曾见过一种奇观：游客们点燃干燥的原始草丛，把一群黑压压的蚂蚁围在当中，火借风势，逐渐蔓延，蚂蚁开始混乱，逐渐便变得有序，迅速扭成一团，像雪球一样朝外滚动突围。外层得蚂蚁被烧得"噼啪"直响，死伤无数，但蚁球仍然勇猛向外滚动，终于突出火圈。这就是我们常说的团队精神。

团队是商业社会中最重要的作战单位。一般情况下，人们都会将团队比喻成一架机器，那么一个人最多也就是一个零件，甚至只是一个螺丝钉。IBM公司的总裁托马斯·沃森曾经说过，成功的秘诀有三个：第一，团队精神；第二，团队精神；第三，团队精神。

美国工作协会以国内100家大公司的领导者为研究对象，就在公司中哪种技巧最重要进行了调查。结果显示，团队合作排在第一位。这些业界的领军人物都认为团队合作比劳资关系、招聘和培训等传统领域更为重要。因此，要想在一项工作中取得成功，必须具有团队精神，使自己成为团队中的得力成员或领导者。

一、团队精神与团队合作能力的含义要点

（一）团队

团队是由两个或两个以上、相互依赖的、承诺共同的规则、具有共同愿望、愿意为共同的目标而努力的互补技能成员组成的群体，通过相互的沟通、信任、合作和承担责任，产生群体的协作效应，从而获得比个体成员绩效总和大得多的团队绩效。团队有几个重要的构成要素，总结为5P。

- 目标（Purpose）。团队应该有一个既定的目标，为团队成员导航，知道要向何处去，没

有目标团队就没有存在的价值。可以把大目标分成小目标,具体分到各个团队成员身上,有效地向大众传播,让团队内外的成员都知道这些目标,以此激励所有的人为这些目标去工作。
- 人(People)。人是构成团队最核心的力量。不同的人通过分工来共同完成团队的目标,在人员选择方面要考虑人员的能力如何,技能是否互补,人员的经验如何。
- 团队的定位(Place)。团队的定位包含两层意思:团队的定位,团队在企业中处于什么位置,由谁选择和决定团队的成员,团队最终应对谁负责,团队采取什么方式激励下属;个体的定位,作为成员在团队中扮演什么角色?是制订计划还是具体实施或评估?
- 权限(Power)。团队当中领导人的权力大小跟团队的发展阶段相关,一般来说,团队越成熟领导者所拥有的权力相应越小,在团队发展的初期阶段领导权是相对比较集中的。
- 计划(Plan)。计划的两层面含义:目标最终的实现,需要一系列具体的行动方案,可以把计划理解成目标的具体工作程序;提前按计划进行可以保证团队工作的顺利进行。只有在计划的引导下团队才会一步一步地贴近目标,从而最终实现目标。

在当今世界的市场,不能指望个别人能通晓所有的知识,甚至所有的问题。因此,企业需要让具有不同技能和经验的员工组成团队,让这些团队成员一起讨论如何解决问题,并做出决策。这些小组被赋予各种名称,如自我导向团队、自我管理团队、交叉功能团队等。

(二)良好团队的条件及特征

几乎所有研究团队合作的专家都认为,良好的团队应该具备以下条件:
- 合作而非竞争的氛围。
- 所有成员的积极参与。
- 所有成员为团队的成功做贡献。
- 结果与过程并重,即既要重视需要完成的任务,又要重视完成任务所需的团队合作和社交技巧。
- 团队成员同舟共济、互相依赖的信念。
- 每个成员对团队的成功或者失败都负有责任的信念。
- 鼓励承担适度风险和创造性。
- 良好的沟通。
- 自由发表意见,认为分歧和偶尔出现矛盾不一定有害。
- 由队员自己进行阶段性评估,使他们乐于通过评估进行必要的改进。

作为一支高效团队,斯蒂芬·罗宾斯(1994)认为它具有以下 8 个基本特征:
- 明确的目标。团队成员清楚地了解所要达到的目标,以及目标所包含的重大现实意义。
- 相关的技能。团队成员具备实现目标所需要的基本技能,并能够良好合作。
- 相互间信任。每个人对团队内其他人的品行和能力都确信不疑。
- 共同的诺言。这是团队成员对完成任务的奉献精神。
- 良好的沟通。团队成员间拥有畅通的信息交流。
- 谈判的技能。高效的团队内部成员间角色是经常发生变化的,这要求团队成员具有充分的谈判技能。
- 合适的领导。高效团队的领导往往担任的是教练或后盾的作用,他们对团队提供指导和支持,而不是试图去控制下属。
- 内部与外部的支持。既包括内部合理的基础结构,又包括外部给予必要的资源条件。

(三) 团队精神

团队精神,就是团队成员共同认可的一种集体意识,是显现团队所有成员的工作心理状态和士气,是团队成员共同价值观和理想信念的体现,是凝聚团队、推动团队发展的精神力量。通俗地讲,团队精神就是"人人为我,我为人人""团结互助、平等互爱"的精神。团队精神并不仅是群体的集合,还是拥有共同目标的集体创造出来的精神。

美国著名的管理学家彼得·圣吉在其著作《第五项修炼》中提出企业"共同的愿景",意思是说一个企业必须有一个共同的目标。这个目标能够引导大家共同去追求和努力。每个团队成员的行为则是团队精神价值的源泉。在知识经济时代单凭个人的力量去实现社会价值是远远不够的,要善于借助群体的助力,将个人的心智潜能充分释放。团队力量会产生相乘的效果。一个人若能将团队精神内化为积极进取的主动意识,将提升内在的精神力量与人格魅力,并能赢得更多的朋友与理解,极大拓展个人职业发展的空间。

- 团队精神的基础——挥洒个性。团队创造团队业绩。团队业绩来自于哪里?从根本上说,首先来自于团队成员个人的成果,其次来自于集体成果。一句话,团队所依赖的是个体成员的共同贡献而得到的实实在在的集体成果。这里恰恰不要求团队成员都牺牲自我去完成同一件事情,而要求团队成员都发挥自我去做好这一件事情。也就是说,团队最不可忽视团队高效率的培养,团队精神的形成,其基础是尊重个人的兴趣和成就。设置不同的岗位,选拔不同的人才,给予不同的待遇、培养和肯定,让每一个成员都拥有特长,都表现特长。

- 团队精神的核心——协同合作。一次,联想运动队和惠普运动队进行攀岩比赛。惠普队强调的是齐心协力,注意安全,共同完成任务。联想队在一旁,没有做太多的士气鼓动,而是一直在合计着什么。比赛开始了,惠普队在全过程中几处碰到险情,尽管大家齐心协力,排除险情,完成了任务,但因时间拉长最后输给了联想队。那么联想队在比赛前合计着什么呢?原来他们把队员个人的优势和劣势进行了精心组合:第一个是动作机灵的小个子队员,第二个是一位高个子队员,女士和身体庞大的队员放在中间,殿后的当然是具有独立攀岩实力的队员。于是,他们几乎没有险情地迅速完成了任务。可见团队的一大特色是团队成员在才能上是互补的。共同完成目标任务的保证就在于发挥每个人的特长,并注重流程,使之产生协同效应。

- 团队精神的最高境界——凝聚力。全体成员的向心力、凝聚力是从松散的个人集合走向团队最重要的标志。在这里,有着一个共同的目标并鼓励所有成员为之而奋斗固然是重要的,但是,向心力、凝聚力来自于团队成员自觉的内心动力,来自于共识的价值观,很难想象在没有展示自我机会的团队里能形成真正的向心力;同样也很难想象,在没有明了的协作意愿和协作方式下能形成真正的凝聚力。那么,确保没有信任危机就成为问题的关键所在,而损害最大的莫过于团队成员对组织信任的丧失。

二、培养团队精神与团队合作能力

(一) 主动表达和沟通

表达与沟通能力是非常重要的,不论自己做了多么优秀的工作,不会表达,不能让更多的人理解和分享,那就几乎等于白做。"行胜于言"主要是强调做人应该多做少说,但现代社会是个开放的社会,好想法、好建议要尽快让别人了解、让上级采纳,才能为团队做贡献。所以要抓住一切机会锻炼表达能力,积极表达自己对各种事物的看法和意见,并掌握与人交流和沟通的艺术。

(二)选择好角色,积极参与

每一个人都有成功的渴望,但是成功不是等来的,而是靠努力做出来的。任何一个单位都不喜欢只知道听差的人,我们不能被动地等待别人告诉自己应该做什么,而应该主动去了解社会需要我们做什么,自己想要做什么,然后进行周密规划,并全力以赴地去完成。

(三)投入自我,全心付出

几乎所有的团队都要求成员具有敬业的品质。有敬业精神,才能把团队的事情当成自己的事情,有责任心,才能发挥自己的聪明才智。个人的命运是与所在的团队、集体连在一起的。要有意识地多参与集体活动,并且想方设法认真完成好个人承担的任务,养成不论学习还是工作都认真对待的好习惯。有才能但不敬业的人,终究没人敢用。

(四)尊重多样性,以团队利益为重

在工作环境中,团队通常由具有不同背景的人组成,一是因为今天的劳动力资源多种多样,二是因为多样性是有益的。根据调查结果显示,多样性能够提高团队的创造力和决策力。但是如果成员间的差异太大,也很难完成一个共同的目标,很难在一起工作。所以团队精神不反对个性张扬,但个性必须与团队的行动一致,要有整体意识、全局观念,考虑团队的需要。团队成员要互相帮助,互相照顾,互相配合,为集体的目标而共同努力。

➢ 实践训练营

项目一:团队小游戏——坐地起身

坐地起身是一个很经典的团队游戏,通过游戏可以提高大家相互间的配合、包容以及增加相互的沟通,让大家了解相互合作的重要性。

参与人数:1~15人。

游戏规则:

环节1:一个人单独坐到地上,然后起立;

环节2:六人一组背对背的坐在地上,必须是屁股贴地坐下,然后,相互间挽着胳膊,一起站起来;

环节3:十人甚至十五人一组,再次坐到地上,相互间挽着胳膊,一起站起来。

游戏点评:坐地起身游戏能够培养大家的团结精神,游戏中将检验团队中会否出现领导者的角色,带领大家完成游戏,而成员间如何配合完成,也是此游戏的体验之处。

项目二:团队游戏——解手链

解手链游戏可以让同学们体会在解决团队问题方面都有什么步骤,聆听在沟通中的重要性,以及团队的合作精神。

参与人数:所有人员,10~15人组成一组。

游戏规则:

1. 老师让每组圈着站成一个向心圆;

2. 老师说:"先举起你的右手,握住对面那个人的手;再举起你的左手,握住另外一个人的

手;现在你们面对一个错综复杂的问题,在不松开的情况下,想办法把这张乱网解开"。

3. 大家一定可以解开,但答案会有两种:一种是一个大圈;另一种是两个套着的环。

游戏讨论:

1. 你在开始时的感觉怎样,是否思路很混乱?
2. 当解开了一点以后,你的想法是否发生了变化?
3. 最后问题得到了解决,你是不是很开心?
4. 在这个过程中,你学到了什么?

项目三:团队小游戏——无敌风火轮

无敌风火轮是一个团队小游戏,玩法很简单,利用报纸和胶带制作一个封闭式大圆环,大圆环立起来以后可以容纳全部团队成员站在大圆环内,边走边滚动大圆环。

游戏人数:所有人员,8~10人组成一组。

游戏道具:足够的报纸、宽胶带、剪刀。

游戏规则:

1. 风火轮制作:每组都分配足够的报纸、胶带一卷、剪刀一把,制作本小组的风火轮,风火轮需能让所有组员都站进去;
2. 每小组需让风火轮滚动起来,前进8米,在此过程中保证风火轮报纸不能破损。

游戏点评:培养团队成员的一致、密切合作、克服困难的团队精神;培养计划、组织、协调能力;培养团队相互信任和理解。

第四节 自我管理

自我管理是指个体对自己的目标、思想、心理和行为等表现进行的管理,是自己把自己组织起来,自己管理自己,自己约束自己,自己激励自己,最终实现自我奋斗目标的一个过程。自我管理能力强的员工,无论在什么样的企业与组织都会受到欢迎和重用。事业成功,从学会自我管理开始。

下面,我们将从时间管理、情绪管理以及压力管理三个方面给大家介绍自我管理。

一、时间管理

美国有一位著名的大学教授,曾经向数百人提出这样一个问题:"如果今天是你生命中的最后一天,你会做什么?"结果,很多人回答的是后悔没有多读点儿书,没有好好地约束自己,没有尝试新的事物,没有多花点儿时间与家人相处,等等。这些结果都说明一点:受访者均后悔没有好好利用时间、争取时间,并利用这些时间做应该做的事。成功人士秘诀之一就是善于管理自己的时间。

(一) 时间管理的含义

时间是一种特殊的资源,它是不可移动的,没有办法储存,也无法增加,借不到、买不到、租不到,始终以稳定的速度前行,然后无法阻挡地消失。根据自己的价值观和目标来管理时间,是一项重要的自我提升技能,它能让人们控制生活、善用时间,朝自己设定的方向不断前进。

所谓"时间管理",就是在充分认识时间的性质和价值的基础上,科学、合理、有效地利用时间资源,以产生最大的效益。时间管理的对象不是"时间",而是使用时间的人,是个人对自己选择怎样使用时间进行管理。

(二)时间管理的关键

时间管理的关键就是事件的控制,即把每一件事情都能够控制得很好,时间管理是在日常事务中常用的一种有目标的、可靠的工作技巧,例如,如何安排自己的生活,怎样去规划自己的职业生涯或者工作的步骤,其中的关键都是如何合理有效地利用可以支配的时间。

生活中很多人都有一句口头禅:"我没有时间"。那他到底什么时候有时间呢?成功者与失败者最大的差异在于,失败者总会说,"我没有时间";而一个成功的人,他一定会说"自己能腾出时间来"。赢得时间,就可以赢得一切。时间管理的关键就是对事情的控制,只有把事情控制得很好,才能够赢得时间。

(三)时间管理的优先矩阵

帕累托原则是由 19 世纪意大利经济学家帕累托提出的,其核心内容是生活中 80% 的结果几乎源于 20% 的活动。比如,20% 的客户给公司带来了 80% 的业绩,可能创造了 80% 的利润,世界上 80% 的财富是被 20% 的人掌握着,世界上 80% 的人只分享了 20% 的财富。因此,要把注意力放在 20% 的关键事情上。

根据这一原则,我们应当对所要做的事情分清轻重缓急。把事件按其紧迫性和重要性分成四个象限,形成时间管理的优先矩阵(图 8-2)。

	紧急	不紧急
重要	A 重要 紧迫	B 重要 不紧迫
不重要	C 紧迫 不重要	D 不紧迫 不重要

图 8-2 时间管理的优先矩阵

紧迫性是指必须立即处理的事情,不能拖延,重要性与目标是息息相关的。有利于实现目标的事物都称为重要,越有利于实现核心目标,就越重要(图 8-3)。

	紧急	不紧急
重要	A 危急 紧急状况 有限期压力的计划	B 学习新技能 建立人际关系 保持身体健康
不重要	C 某些电话 不速之客 某些会议	D 琐碎的事情 某些信件 无聊的谈话

图 8-3 时间管理的重要性与紧迫性示意图

第三象限的收缩和第四象限的舍弃是众所周知的时间管理方式,但在第一象限与第二象限的处理上,人们却往往不那么明智。很多人更关注于第一象限的事件,这将会使人长期处于高压力的工作状态下,经常忙于收拾残局和处理危机,这很容易使人精疲力竭,长此以往,既不利于个人也不利于工作。理想的解决办法是扩大第二象限事件的解决,因为第一象限与第二象限的事本来就是互通的,第二象限的扩大会使第一象限的事件减少。处理第二象限时由于时间比较充足,效果就会比较好。

(四) 培养时间管理的能力

1. 确立目标

目标是衡量一个人行为的尺度。目标使我们明确为什么做事,我们将要从中获得什么。没有目标,即使时间计划和工作方法再完美无缺,也无济于事。只有给自己设定好了目标,才会在繁杂的日常生活中保持清醒的头脑;有了目标,即使工作压力再大,也会遵照正确的优先原则,充分发挥自己的能力。这一法则不仅适合工作,同时也适合生活。若想使整个人生获得成功,就必须给自己画一幅生活蓝图:明确工作及生活目标,并努力达到这一目标(图8-4)。只有这样,今天的付出才会取得明天的成功,生命之树才会结出令人满意的果实。

2. 先做最重要的事情

要把自己有限的时间集中在处理最重要的事情上,切忌每样工作都抓,切忌平均分配时间。每天花 20 分钟将一天中要做的事情分轻重缓急记录下来,就可以节省至少 1 小时的用于记住这些事情的时间。怎样分出事情的轻重缓急呢?艾森豪威尔按照重要性和紧迫性两个标准制定了优先原则,也称为艾森豪威尔原理(图8-5)。

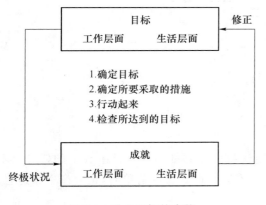

图 8-4　设立目标的步骤

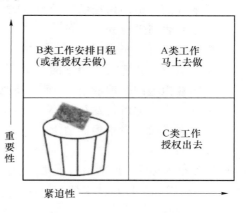

图 8-5　事物优先原则排列

- 既重要又紧迫的工作,必须马上亲自去完成(A 类工作)。
- 重要但不紧急的工作,可以先等一等,但应该列入计划,也就是说,安排好日期,或者有所保留地授权给他人(B 类工作)。
- 不重要但紧迫的工作,应该授权给别人去做,或者最后完成(C 类工作)。
- 既不重要又不紧迫的工作,一定要敬而远之(废纸篓)。

人们有不按重要性顺序办事的倾向,多数人宁可做令人愉快的或是方便的事。但是没有其他办法比按重要性办事更能有效地利用时间了。试用这个方法一个月,我们会获得令人惊讶的效果。人们会问,我们从哪里得到那么多精力?但我们知道,我们并没有得到额外的精力,我们只是学会了把精力用在最需要的地方,只是学会了合理有效地安排时间而已。

3. 勿轻言放弃

最浪费时间的一件事就是太早放弃。人们经常在做了 90% 的工作后,放弃了最后可以让他们成功的 10%。这不但输掉了开始的投资,还丧失了经由最后的努力而发现宝藏的喜悦。如果爱迪生在发明电灯的过程中,过早地因一次次的失败而放弃了,那我们不知还要等多久才能享受到电灯带给人类的光明和快乐;如果科学家不具有坚韧不拔的毅力,坚持数百次的试验,那"六六六"也不会过早问世了。1922年冬天,最终发现图坦卡蒙法老王墓地宝藏的探险家卡特几乎放弃了找到法老坟墓的希望,他的赞助者即将取消赞助费。他在自传中写道:"这将是我们待在山谷中的最后一季,我们已经挖掘了整整六个季度了,春去秋来毫无收获。我们一鼓作气工作了好几个月却没有发现什么,只有挖掘者才能体会这种彻底的绝望感。我们几乎已经认定自己被打败了,正准备离开山谷到别的地方去碰碰运气。然而,要不是我们最后垂死的努力一锤,我们永远也不会发现这远超出我们梦想所及的宝藏。"

正是再坚持一下,不轻言放弃使得卡特最终发现了近代唯一的一个完整出土的法老王坟墓。

4. 学会拒绝

生活中常常会有各式各样的人和事出乎意料地出现,以至于干扰到我们的计划。因此,珍爱时间者应当学会适时说"不",懂得拒绝的艺术,以保证自己人生规划的实现。关于如何拒绝,可以考虑这样做:

- 耐心倾听别人的要求。
- 如果你无法当场决定接纳或拒绝请托,则要明白告诉请托者仍要考虑多长时间。
- 显示我们对他的请托已给予慎重的考虑,我们已充分了解其重要性。
- 拒绝时表情上应和颜悦色。
- 拒绝时态度要坚定。
- 最好能对请托者提出拒绝的理由。
- 表明被拒绝的是他的请求,而不是他本身。
- 为其提供其他可行途径。
- 切忌通过第三者拒绝其请求。

5. 学会列清单

把自己要做的每一件事情写下来,这样做能让我们随时都明确自己手头上的任务。不要轻信自己可以用脑子把每件事情都记住。当我们看到自己长长的清单时,也会产生紧迫感。

6. 学会授权

授权是一种常常不被好好运用的时间管理技巧之一。这往往是因为人们在授权别人完成一项任务与放弃负责这项任务之间,分不清两者的区别。很多人对授权都有一种畏惧感,陷入这样一种怪圈:认为如果每件事都自己做,会更快更容易。对授权的畏惧感可能来源于对完美主义的追求,也可能是因为对授权对象缺乏信任。有些人认为承担越多的任务,自己所拥有的决定权就越大。授权一方面意味着把任务给别人做,自己却还负有责任,这一事实让很多人担惊受怕。该怎样克服这样的担忧,更好地授权呢?我们可以这样做:

- 清楚地交代需要完成的任务。含糊地讲述会增加犯错误的可能性。被委托者可能得出错误的前提和结论,这些都会导致不幸的后果。
- 用开放式问题检查他们对我们的理解程度。不用这样问:"行了吗?"或者"明白了吗?"如果他们没弄明白,他们可能不情愿承认。开放式问题用这些词语开头,如"谁""为什么……""什么""什么时候""哪儿""怎么做"等。用这些词语作为开头提出问题,就能够保证给出的答案不仅仅是用"是的"或者"不是"就能回答。
- 考虑一下他们已有的工作。是否有一些更重要的任务等着他们去完成呢?他们需要额外的信息吗?如果需要,确保他们能够得到那些信息,并且考虑一下哪些训练和帮助对他们完成任务有用,给他们支持。
- 经常给以鼓励。尽量告诉他们,我们对他们能够圆满完成工作有充分信心;提一提以前他们为我们或公司圆满完成的一些工作,以鼓励他们。
- 监控他们的工作进程。保持适当的尺度很重要。监督过严会让他们认为我们总是盯着他们,会损害他们的自信心;监督过松,又会让他们觉得我们对他们置之不理。事先和他们商量好,我们需要得到哪些反馈信息,多久反馈一次,这样,我们就会清楚地了解到事态的进展情况。

7. 安排"不被干扰"的时间

每天至少要有半小时到一小时的"不被干扰"的时间。假如我们能有一个小时完全不受任何人干扰,关在自己的空间里面思考或者工作,这一个小时可能抵过一天的工作效率。

8. 严格规定完成的期限

巴金森在其所著的《巴金森法则》中写下这段话:"你有多少时间完成工作,工作就会自动变成需要那么多时间。"如果我们有一整天的时间可以做某项工作,我们就会花一天的时间去做它,而如果我们只有一个小时的时间可以做这项工作,我们就会更迅速有效地在一小时内做完它。

9. 做好时间日志

我们花了多少时间在做哪些事情,把它详细地记录下来,早上出门花了多少时间,吃早餐花了多少时间……每天花的时间一一记录下来,我们会清晰地发现浪费了哪些时间。这和记账是一个道理,当我们找到浪费时间的根源,才有办法改善。

二、情绪管理

(一)情绪管理的含义

情绪管理是指通过研究个体和群体对自身情绪和他人情绪的认识、协调、引导、互动和控制,充分挖掘和培植个体和群体的情绪智商、培养驾驭情绪的能力,从而确保个体和群体保持良好的情绪状态,并由此产生良好的管理效果。

情绪的管理不是要去除或压制情绪,而是在觉察情绪后,调整情绪的表达方式。有心理学家认为情绪调节是个体管理和改变自己或他人情绪的过程。在这个过程中,通过一定的策略和机制,使情绪在生理活动、主观体验、表情行为等方面发生一定的变化。这样说,情绪固然有正面、有负面,但真正的关键不在于情绪本身,而是情绪的表达方式。以适当的方式在适当的情境表达适当的情绪,才是健康的情绪管理之道。

(二)情绪管理的作用

1. 有利于建立和谐的人际关系

和谐的人际关系有助于个体获得社会生活所必需的自我价值感、人格品质、理想信念以及社会赞许的行为方式,加快其社会化的进程。情绪在人际关系中起着信号、表达和感染的作用,是人际关系交往的重要手段。情绪的信号作用有助于个体对自我情绪进行认知、表达和调控,对他人情绪进行觉察和把握。具有较好情绪管理能力的人通常是拥有稳定可靠的人际关系的人。

2. 有利于身心健康

情绪与人们的身心健康有着密切的关系。一方面,不良情绪会造成生理机制的紊乱,从而导致各种躯体疾病;另一方面,不良情绪会抑制大脑皮层的高级心智活动,使人的意识范围变得狭窄,正常判断力减弱,甚至精神错乱、神志不清,导致各种神经症和精神病。相反,良好的情绪可以直接作用于脑垂体,保持内分泌的适度平衡,使全身各系统、器官的功能更加协调、健全,有利于身体健康。情绪管理能使人们通过对自己情绪的认知、调控来建立和维护良好的情绪状态、促进身心健康。

3. 有利于塑造健全人格

健全人格的情绪控制性特征表现为:情绪理性化、冷静、脾气温和、有满足感、与别人相处愉快。这不仅体现了情绪与人格密切相关,也说明了提高情绪管理能力对人格发展的重要意义。研究表明,对情绪的有效调节和控制能使个体保持良好、积极、稳定的情绪,有助于培养乐观向上、积极进取、百折不挠的良好品格;对自己和他人情绪的认知和理解有助于培养真诚友好、善解人意等良好性格。而不良情绪的泛滥会导致个体人格出现缺陷和障碍。

(三) 情绪管理的内容

1. 情绪的自我觉察能力

情绪的自我觉察能力是指了解自己内心的一些想法和心理倾向,以及自己所具有的直觉能力。

自我觉察,即当自己某种情绪刚一出现时便能够察觉,它是情绪智力的核心能力。一个人所具备的、能够监控自己的情绪以及对经常变化的情绪状态的直觉,是自我理解和心理领悟力的基础。如果一个人不具有这种对情绪的自我觉察能力,就容易听凭自己的情绪摆布,做出许多不合适的事情来。

2. 情绪的自我调控能力

情绪的自我调控能力是指控制自己的情绪活动以及抑制情绪冲动的能力。

情绪的自我调控能力是建立在对情绪状态的自我觉知的基础上的,是指一个人如何有效地摆脱焦虑、沮丧、激动、愤怒或烦恼等消极情绪的能力。这种能力的高低,会影响一个人的工作、学习与生活。当情绪的自我调控能力低下时,自己就是处于痛苦的情绪旋涡中;反之,则可以从挫折或失败中迅速调整、控制并且得以摆脱。

3. 情绪的自我激励能力

情绪的自我激励能力是指引导或推动自己去达到预定目的的情绪倾向的能力,也就是一种自我指导能力。它是指一个人为服从自己的某种目标而产生、调动与指挥自己情绪的能力。一个人做任何事情要成功的话,就要集中注意力,要学会自我激励、自我把握,尽量发挥出自己的创造潜力,这就需要具备对情绪的自我调节与控制能力,能够对自己的需要延迟满足,能够压抑自己的某种情绪冲动。

4. 对他人情绪的识别能力

这种觉察他人情绪的能力就是所谓同理心,即能设身处地站在别人的立场,为别人设想。同理心越强的人,越容易进入他人的内心世界,也越能觉察到他人的情感状态。

(四) 培养积极的情绪

在现实生活中,快乐的心情在于发现,在于体验,更在于培养。以下就是培养积极乐观情绪的实用方法。

1. 改变认知,发现快乐

德国精神科专家诺斯拉特·佩塞施基安博士所倡导的"积极心理认知法",就是通过改变个人的认知,让人在看待周围事物时,尤其是看待矛盾冲突和自身的不良情绪时,着眼于积极的方面来认知,尽量避免消极想象,挖掘自身潜在的能量,从中发现快乐。

具体做法:今天就停止抱怨,别和同学喋喋不休地发牢骚,别为他人的过失耿耿于怀,也不要抱怨自己的弱点,从积极方面来看问题。坚持一个星期内不说抱怨的话,坚持下去,我们会找到更多快乐!

2. 积极暗示,选择快乐

生活中充满了选择,有人选择痛苦,有人则选择快乐;有人选择逃避,有人则选择积极面对。积极心理暗示就是给自己一些积极、向上、健康、愉悦的刺激,让自己感受到这种积极刺激,用以激励自己。我们改变不了环境,改变不了别人,但我们可以改变自己,可以选择拥有一份好心情。

具体做法:早上起床,就有一个目标——心情愉快。起床后,一边洗漱一边在心里暗示自己:我要快乐! 每天都这样做,至少坚持三周,养成自己积极心理暗示的习惯,这样就会天天有好心情。

3. 忙碌有为,感受快乐

一个人无所事事时,就很容易想烦心的事,情绪就会受影响。一个人在忙碌中,忧虑就会烟消云散。所以说当发现自己处于不良情绪中时,要把注意力转移到学习和工作中来,让自己忙碌起来,分散消极和不良情绪,减轻烦恼,在忙碌中感受快乐。

具体做法:马上放下所有烦心的事情,列出自己早就想做的事,马上能做的就马上行动,如果需要有准备才能完成的,订好时间表一步一步完成,把烦恼埋没在忙碌当中。

4. 培养兴趣,增加快乐

当人们沉迷于自己感兴趣的事,达到忘我境界时,是最快乐的时刻。如果自己想多一些快乐,就要多培养一些有意义的兴趣爱好。体育运动能够产生一种称为"快乐素内啡肽"的物质,让人精神振奋,可以驱逐烦恼;欣赏音乐能够让人放松心情,科学研究证明,音乐能够促进人机体的放松,使免疫系统得到强化;幽默是快乐情绪的催化剂,幽默可以给别人快乐,自己也能快乐。

具体做法:每天坚持运动锻炼20～30分钟,常听听音乐,说说笑话,快乐会常伴我们左右。

5. 关爱他人,分享快乐

在别人需要帮助的时候,我们能给予别人关爱和帮助,使别人获取快乐的同时,我们也能分享快乐,这就是情感升华法的具体运用。情感升华法是指在遇到困境和挫折时,能自觉地把心理自救的力量引向对自己、对他人、对社会都有利的方面,在获得成功的满足时,不但摆脱了心理困扰,也获得了快乐。

具体做法:今天就为别人做五件好事,事情可大可小。

三、压力管理

压力是当人们去适应由周围环境引起的刺激时,身体上或者精神上的生理反应,它会对人们心理和生理健康状况产生积极或者消极的影响。许多企业管理者开始关注员工的压力管理问题,实施适当的压力管理能有效地减轻员工过重的心理压力,保持适度的、最佳的压力,从而使员工提高工作效率,进而提高整个组织的绩效。

(一) 压力的种类与来源

压力可以分成两类:内部压力和外部压力。内部压力来自于人的体内,包括人的态度、思想和情感。挫折和冲突最容易带给人压力。大学生会因屡次的挫折而产生压力；面临不安和恐惧时，也可能产生压力。外部压力来自于人的体外，包括学习、工作、人际关系、家庭、金钱以及健康状况等。与父母、老师、同学关系的不协调会产生压力；当学习任务太重或同时扮演多重角色，别人期望又过高时，也会产生压力。

（二）压力的危害

1. 压力过大容易产生消极悲观情绪

长期处于紧张压力的状态下，某些心理素质差的人会产生很强的挫败感。此外，身心疲惫时，人就会丧失竞争的勇气和做好事情的信心，从而产生莫名的烦恼、愤怒、抱怨和忧愁，不少人甚至会产生自杀的念头。

2. 压力过大容易引发饮食失调、免疫力下降

处于较大压力中的人，有的表现为厌食、食欲缺乏、胃部不适、腹泻、恶心或呕吐等。压力过大也会导致人免疫力下降。现代医学研究发现，人的情绪状态和机体的免疫系统之间有着特殊的关系。长期承受巨大紧张的压力，会对机体的免疫系统产生负面影响。人会出现各种症状，如烦躁不安、精神倦怠、失眠多梦、心悸、胸闷、四肢乏力、性功能障碍等。

3. 压力过大导致认知功能下降

长期处在过度压力状态下，个体的反应速度会下降，记忆力减退，对非常熟悉的事物的记忆和辨别能力下降。人难以进入聚精会神的状态，经常遗忘正在思考和谈论的事情，出现中途"思维断路"的现象。

4. 压力过大导致失眠

当生活中遇到压力时，无论是急性的还是慢性的，情绪处于紧张状态，首先受影响的就是睡眠。当承受的压力较大时，常常躺在床上辗转反侧、难以成眠，压力反应一再被激起，人也因此筋疲力尽。

（三）大学生常见的心理压力

1. 观念变革的压力

在改革开放不断深化和意识形态日益多元化的社会背景下，大学生每时每刻都会遇到价值观念、伦理道德、生活方式等方面新观念的冲击，从而引起大学生认识上的失调和观念上的动荡。这就要求大学生在观念上不断更新、与时俱进。

2. 经济负担的压力

目前，因家庭困难、经济紧张而陷入困境的大学生在学校占有相当大的比例。据统计，每年全国26.4%大学生支付不起学费，13.5%大学生甚至连生活费用都成问题。高额的学费和生活开支增加了他们的心理压力，甚至有的同学为了解决经济问题，走上犯罪的道路。这种现象在大学生群体中不但存在，而且有进一步加重的趋势。

3. 学习的压力

大学里的学习任务并不轻松，英语四六级考试、计算机等级考试以及考研、考博、出国等这些大小不一的考试让他们不能小视。

4. 择业、就业的压力

随着人才市场上供需关系的变化，大学毕业生就业形势的日趋紧张，人才市场和企业对大学生的培养规格和要求越来越高，大学生不得不考虑未来的就业问题。连续多年的扩招加大了大学生竞争就业的难度，就业形势变得更加严峻。就业已经成为大学生普遍关注的话题，也是形成大学生诸多压力中最主要的压力源。

5．人际关系的压力

人际交往是大学生活的一个重要方面，良好的人际关系能让人学习生活各方面都如鱼得水、左右逢源，相反，没有良好的人际关系常常让人感到局促不安、缺少自信。所以，大学生都需注意加强自己的人际交往能力，尽量克服由自身的性格习惯、民族风俗、生活习惯、语言等带来的人际交往障碍。所以，如何处理好人际关系常使大学生感到压力巨大。

6．身心发展的压力

大学生身心发展包含生理发展、心理发展及认知发展。从生理发展的压力来看，主要表现为性成熟与性冲动的压力、生理性自卑等方面。生理上的自卑会影响到个体的自信心，从而形成心理上的压力。青年人有旺盛的体力和精神，需要正确的宣泄途径，如果这个渠道不畅通的话，也会成为巨大的压力源。

（四）压力的自我管理

1．学会放松自己

放松是指身体或精神由紧张状态转换为松弛状态的过程。当压力事件不断出现时，有效的放松往往比休息效果更好。常用的放松方法有游泳、做操、散步、听音乐等。

2．提升自信心

大学生保持快乐并抵抗学习生活压力的一个重要因素就是自信心。当学习压力变大时，提高自信，坚持"我一定做得到"的想法是必要的。事实上，即使有实力，但如果缺乏自信，常有"我不行""我做不到"的想法，也会增大自己的压力。

3．加强沟通

平时要积极改善人际关系，特别是要加强与同学的沟通，压力过大时可以寻求他人的帮助。不要试图一个人把所有压力都承担下来。也可以主动寻求心理援助，如与家人朋友交流、进行心理咨询等。

4．心态调整

大学生要认识到危机即是转机，遇到困难，产生压力，可能是因为自己的能力不足，那么处理问题的过程就是增强自己能力的过程；另外也可能是环境或他人的原因，这时需要理性沟通解决，如果无法解决，也要尽量以积极乐观的态度去面对。乐观的态度不仅会稳定由压力带来的紊乱情绪，也较能使问题朝正面的方向解决。

5．坚持体育锻炼

体育锻炼可以明显地减轻压力。一方面，因为体育锻炼使身体健壮，精力充沛，抗挫折能力增强；另一方面，用以锻炼的时间减少了暴露于压力情境的时间。某些锻炼如散步、慢跑等也提供了一个"空闲"调整的机会，可以对问题加以反思，寻求解决问题的办法。体育锻炼应以适量和娱乐性为原则，过量的运动不但不能减轻压力，反而会成为新的压力源。

➢ 实践训练营

项目一：时间的投资

假设银行每天都有86400元进入你的个人账号，你会如何使用这笔钱？唯一的要求是：这笔钱必须当天用完，剩余的钱不能留到第二天再用。

① _____

② _____

讨论：其实，我们每个人都有一个时间的账号。每天清晨一睁开眼睛，一天24小时，86400秒的时间就摆在我们眼前，不需费力就能到手，也不需努力去争取，人人取用不竭。而每个人的成就，在于怎样善用每一秒对人生进行有益的投资。

项目二：小测试

本检查测试题目用于检测职场新人分清事情轻重缓急的能力：请在5分钟内根据自己第一印象选择唯一答案。

（1）周末，刚进入职场的你听说今年年底有去国外进修的机会，为了提高英语口语，你约好去主管家取英语磁带，突然得到消息称你的好友生病被紧急送往医院，你必须去医院照顾病人，这时你会：

  A．觉得有些恼火，决定哪儿都不去，主管很难约怕因为失约被主管误会，但又怕人们说你只顾提升而不顾朋友情义；

  B．不去拿磁带而去医院看好友；

  C．先去拿磁带，然后再去医院。

（2）你有完全属于自己的一个夜晚，没有任何事情，你会：

  A．听听音乐放松放松；

  B．想一想明天的做事计划；

  C．反省反省上周工作或学习得失。

（3）如果你还有3个月时间生活在世上，你会：

  A．尽量去做很多你经常想做而没做的工作；

  B．花时间去享受一下生活的快乐；

  C．尽量去寻访各地名医，力图挽救你的健康和生命。

（4）你已经躺在床上，准备提前睡觉，因为明天在重要的会议上有机会发言，这时有朋友来电话，邀请你去参加一个聚会，这时你会：

  A．告诉他明天你有重要会议，得早睡觉，坚决拒绝；

  B．想想时间还早，起床和他一道去聚聚就回家；

  C．委婉地谢绝。

（5）当一大堆事情被同事或主管推到你面前，你怎么处理：

  A．从不放弃，着手处理；

  B．偶尔想找借口放弃；

  C．经常会想放弃；

（6）你已经存够买房子的钱，但还没够买家具的钱，忽然听说有一套房子优惠出售，你会：

  A．先买下搬进去，将就住着，继续存钱买家具；

  B．想办法添置或者将旧家具翻新用着；

  C．暂时不买房子，这种大事还是一步到位省心舒服。

（7）在你的工作和生活中，你知道什么对你最重要：

  A．不知道；

  B．知道，但随着想法不断发生变化；

  C．知道，我能确定重要的东西。

（8）你觉得缺少下列哪一件东西时，最容易过得去？

  A．通信工具；

B. 交通工具；

C. 食品。

（9）房屋起火，逃生时只允许你带走下列三件东西其中一件，你将带走：

A. 食品；

B. 厨具；

C. 药品。

（10）泰坦尼克号如果是因为超重而下沉，你建议选下列哪样东西来减轻重量？

A. 一箱罐头食品；

B. 一箱书籍；

C. 一箱工具。

评分标准（表2-3）：

表 8-3

编号	A	B	C	编号	A	B	C
1	0	3	1	6	3	2	1
2	0	3	2	7	0	1	2
3	2	1	3	8	2	1	0
4	3	1	2	9	1	3	2
5	0	2	2	10	0	1	2

按照上述评分标准，如果你得分在25分以上，恭喜你，你区分事情的轻重缓急的能力强；如果你得分在18~24分之间，还不错，你区分事情的轻重缓急的能力正常；如果得分在17分以下，你需要尽快提高区分事情的轻重缓急的能力。

项目三：说说看

一位经理向全体职工宣布，从明天起谁也不准迟到。第二天，经理自己睡过了头，一起床就晚了。他开车奔向公司，连闯两个红灯，执照被扣。当他气喘吁吁走进办公室时，销售部经理来了，他问："昨天那批货发出去了没有？"销售部经理说："还没来得及，现在就发。"他一拍桌子，大声训斥了销售部经理。销售部经理满肚子不高兴回到了自己的办公室。这时文印秘书进来了，他问："昨天那份文件打印出来没有？"秘书说："没来得及，现在就去打。"销售经理又找到了出气口，严厉责骂了秘书。秘书忍气吞声一直到下班，回到家里，发现孩子躺在沙发上看电视，大骂孩子："为什么不看书做作业？"孩子带着极大的不高兴来到自己的房间，发现猫趴在地毯上，就狠狠地踢了猫一脚。

课堂讨论：在这个例子中，到底是谁惹的祸？是什么引起了这个连锁反应？如何才能使"愤怒的链条"不至于连接起来？